戏里戏外说历史

康保成 ◎ 著

中原出版传媒集团
大地传媒
大象出版社
·郑州·

图书在版编目（CIP）数据

戏里戏外说历史／康保成著.—郑州：大象出版社，2015.10
ISBN 978-7-5347-8613-6

Ⅰ.①戏… Ⅱ.①康… Ⅲ.①中国历史—通俗读物 Ⅳ.①K209

中国版本图书馆 CIP 数据核字（2015）第 241306 号

戏里戏外说历史
康保成 著

出 版 人	王刘纯
书名题字	王刘纯
责任编辑	李小希　张前进
责任校对	钟　骄
书籍设计	王晶晶

出版发行	大象出版社（郑州市开元路 16 号　邮政编码 450044）
	发行科　0371-63863551　总编室　0371-65597936
网　　址	www.daxiang.cn
印　　刷	河南新华印刷集团有限公司
经　　销	各地新华书店经销
开　　本	787mm×1092mm　1/16
印　　张	19
字　　数	296 千字
版　　次	2015 年 10 月第 1 版　2015 年 10 月第 1 次印刷
定　　价	38.00 元

若发现印、装质量问题，影响阅读，请与承印厂联系调换。
印厂地址　郑州市经五路 12 号
邮政编码 450002　　电话 0371-65957860-351

开场白

莫言说他就是"一个讲故事的人"。可是,自古及今,真正能把故事讲好的人有几个?

还记得多年前听人说,我们中国,除了地大物博、人口众多、历史悠久之外,就是还有一部《红楼梦》。于是就找来这部书读,大概当时年纪小,只觉得满篇都是少男少女青春萌动,三角恋爱,无病呻吟。没有惊险刺激、跌宕起伏的故事情节,没有悬念,趣味不足,所以,也就没了继续读下去的冲动。后来年长一些,进了大学中文系,才知道《红楼梦》的粉丝着实不少,研究这部书的著作,要比这部书本身多出不知几百倍、几千倍。至于研究的人是真有兴趣,还是附庸风雅,想要有一点发言权(据说《红楼梦》不读 n 遍没有发言权),就不得而知了。

现在轮到自己讲故事了,才发现当初自己真是年少气盛、无知无畏。要想把故事讲好,谈何容易! 即便是古人写的故事,你要重复一遍,讲得明白生动,也非得下一番功夫不可。

首先是故事的选择。古人讲过的故事汗牛充栋,你选哪一个? 即使本人关注较多的戏曲里,也有数不清的故事,究竟哪个能讲,哪个更动人?

其次是要对所讲的故事烂熟于心,倒背如流。在这基础上,才能驾轻就熟、左右逢源。没有这个本事,怎好献丑?

最后是讲故事的方式。在没有观众的录制现场,只有刺眼的聚光灯对着你,眼前一片黢黑。你和谁交流? 在这种场合你还能随机应变,妙语连珠?

于是,只能自说自话,背讲稿,念讲稿。于是,言多必失,错谬、口误一堆。好在书稿可以纠错、补正。本人谨借此机会向读者诸君声明:凡电视节目与本书有出入者,以本书为准。

想起古代戏曲中的"题目正名""副末开场",都有介绍剧情的功能,其实也就是做广告。那么本人就权作一回明清传奇中的"副末",为本书做一下广告。本书第一部分主要讲的是——

人们都说杨贵妃名叫"杨玉环",不对,她的小名应该是"杨玉奴"。

人们相信杨贵妃是吃过鲜荔枝的,不对,第一个在中原宫廷里吃到鲜荔枝的人是宋徽宗。

唐明皇在纳杨贵妃之前让她入道,不是为了遮丑,而是志同道合,后来两个人还合演过"男女双修"呢!

史书中说,杨贵妃有"红杏出墙"之嫌,其实这都是诬陷、抹黑之词。

说杨贵妃死得冤,本人同意,但还要告诉您,她的确直接干预过朝政大事。

传说杨贵妃没有死,而是漂流到了日本,本书为您讲述这个传说的来龙去脉。

本书第二部分主要讲的是——

元曲《赵氏孤儿》悲壮惨烈,最先被欧洲人说成是"悲剧",王国维的认同是后来的事。

"搜孤救孤"本无其事,第一个讲述这个故事的人是司马迁。

历史上赵武(即传说中的"赵氏孤儿")的母亲赵庄姬与自己的叔公通奸,是赵氏被灭门的真正原因。

明代以后的人重新讲述这个故事,要么为程婴、屠岸贾"娶"老婆,要么为国君增添母亲、为公主增添侍女,都是为了自己讲故事的需要。

当代有人突然改口,说赵氏孤儿不报仇了。不报仇的故事还能叫"赵氏孤儿"吗?这玩笑开得有点大。

更大的玩笑是:《赵氏孤儿》被欧洲人翻成了没有曲的"元曲";而伏尔泰的《中国孤儿》则把男主人公写成了成吉思汗,他幡然悔悟,放下屠刀,主要的当事人都没有死,当然报仇也就不需要了。

本书第三部分主要讲的是——

杨家将的故事可以用八个字概括:事出有因,查无实据。

最早的李陵碑故事来自明初杂剧,但"金沙滩救驾"的故事并非空穴来风。

北宋开国功臣潘美因一念之差成为戏剧中十恶不赦的奸臣潘仁美。

佘太君最初被称作"令婆",北宋的"折太君"和这个艺术形象毫无关系。

  杨六郎原名"延朗",他排行不是老六,却因历史上曾经有过一个被长白山人惧怕的"六郎",而被辽人呼为现实中的"六郎"。

  历史上杨延昭的靠山不是八贤王,也不是寇準,而是宋真宗赵恒。

  传说中杨六郎的第二个妻子大刀王怀女最早竟是西域奇女子。

  从草莽英雄木桂英到巾帼英雄穆桂英,再到觉醒的女元帅穆桂英,她没有历史人物做原型。

  ……

  题目"戏里戏外说历史",本来奢望在谈戏的时候,引导读者和观众在阅读中思考我们所知道的历史是否真实。然而上述三项内容,没什么内在联系,纯属鸡零狗碎、东拼西凑,最多只能给大家茶余饭后增加一点谈资而已。烛影斧声,千古之谜;瞎子摸象,各执一端。只是摸到象腿,别把它当成象牙就成。

  不多啰嗦,好戏——开场了!

目 录

《长生殿》与杨贵妃

第一集 **贵妃芳名及其食荔枝之谜**..........2
杨贵妃"名玉环,小字太真"?
杨贵妃小名"玉奴"
杨贵妃为什么被叫作"玉环"?
"一骑红尘妃子笑"是用典
《天宝荔枝道》不可信
第一个吃到鲜荔枝的北方皇帝

第二集 **杨贵妃的两个情敌**
　　　　——虢国夫人与梅妃..........12
风流成性、蛮横霸道的虢国夫人
虢国夫人和唐玄宗
"梅妃"实无其人
杨贵妃"偷情"的传说不可信

第三集 **杨贵妃与"安史之乱"**..........22
罪魁祸首安禄山
杨国忠与安禄山
"安史之乱"是唐玄宗咎由自取
朝政腐败与"安史之乱"

"红颜祸水"与裙带关系
京剧《太真外传》中的贤妃

第四集　道教和杨贵妃"旅日"传说..........32
　　迷恋道教、追求长生的李隆基
　　揭开杨贵妃入道之谜
　　李杨爱情的道教基因
　　杨贵妃"旅日"传说
　　《长恨歌》与杨贵妃"旅日"传说

结束语　　..........41

《赵氏孤儿》纵横谈

第一集　惊心动魄的古典悲剧..........44
　　楔子：屠赵结怨　惨剧发端
　　第一折：公主托孤　韩厥放孤
　　第二折：程婴杵臼　谋划救孤
　　第三折：公孙捐命　程婴舍子
　　第四折：观画讲史　石破天惊
　　第五折：冤冤相报　强弩之末
　　艺术特征与成就
　　疏漏与瑕疵

第二集　《赵氏孤儿》的"史"与"戏"..........81
　　认识历史文学的三个原则
　　历史上的赵盾与晋灵公
　　《史记·赵世家》中的"搜孤救孤"故事
　　"烈妇"原来是"淫妇"——《史记》与《左传》的比较
　　"赵氏孤儿"故事的历史化

"赵氏孤儿"与《史记》中的复仇故事

第三集　历代戏曲对《赵氏孤儿》的改编..........113
　　南戏："孤儿"不孤　程婴娶妇
　　明传奇：肤浅庸俗　呆板典雅
　　京剧《八义图》：不见"八义"不见"图"
　　秦腔：卜凤的风采
　　京剧《赵氏孤儿》：后出转精　针线严密
　　豫剧《程婴救孤》：一吐衷曲　如泣如诉

第四集　话剧、电影对《赵氏孤儿》的改编..........140
　　人艺版话剧：颠覆传统　拒绝复仇
　　电影：合乎情理　波澜起伏
　　改编名著的关键：用戏剧手段呈现一个好故事

第五集　《赵氏孤儿》在欧洲..........156
　　欧洲十八世纪的"中国热"
　　一个没有曲的"元曲"法译本
　　欧洲人如何看待《赵氏孤儿》
　　哈切特的《中国孤儿》：醉翁之意不在酒
　　梅塔斯塔齐奥的《中国英雄》："很中国"的轻喜剧
　　谋飞的《中国孤儿》：回归复仇
　　歌德的《埃尔佩诺》：凭什么说我是你儿子？

第六集　伏尔泰和他的《中国孤儿》..........171
　　伏尔泰和他的中国情结
　　《中国孤儿》是对中国文化的"误读"？
　　《中国孤儿》的演出：不中不西，非驴非马
　　《中国孤儿》PK《赵氏孤儿》
　　英文版 PK 豫剧版

结束语 192

杨家将戏曲与宋辽战争

第一集　**悲情杨令公**..........194
最早的李陵碑故事
雍熙北伐，攻城略地
孤军深入，遇伏被俘
英雄末路，可歌可泣

第二集　**杨业传奇**..........204
"无敌"将军——刘继业
抗辽骁将——杨业
出奇制胜的四个"法宝"
"金沙滩救驾"的来由
赵光义对杨业之死的态度
民间的种种传闻

第三集　**从潘美到潘仁美**..........215
北宋开国功臣
逼杨业孤军深入的幕后指使者
潘美为什么要害杨业？
劣迹被夸大的潘仁美

第四集　**寻找"佘太君"**..........225
杨令公之妻——"令婆"
《元曲选》中的"佘太君"
"令婆"还是"太君"？

"佘赛花招亲"故事的来由
"佘太君"的原型为"折太君"说不可信

第五集　杨六郎历史档案..........235
　　杨六郎原名"延朗"
　　并非老六的"杨六郎"
　　抗辽有功，屡获晋升的杨延昭
　　杨延昭的靠山——宋真宗赵恒
　　杨延昭与"澶渊之盟"
　　杨延昭之子——杨文广

第六集　戏曲中的"杨六郎"..........245
　　抗辽故事戏：《杨六郎调兵破天阵》
　　在虚构的基础上再虚构：《寇準背靴》
　　杨六郎执法：《辕门斩子》
　　杨六郎招亲：《状元媒》
　　杨六郎的另一个妻子：大刀王怀女
　　杨六郎之死：《洪羊洞》

第七集　杨六郎的兄弟们
　　　　　——以《四郎探母》为中心..........257
　　关于杨五郎出家
　　杨四郎："身在辽营心在宋"的"卧底"
　　杨八郎：被拷贝出来的另一个杨四郎
　　京剧《四郎探母》的故事
　　《四郎探母》的主旨
　　《四郎探母》的故事来源
　　呼唤和平的《八郎探母》
　　别出心裁的《女探母》
　　向《四郎探母》叫板的《三关排宴》

第八集　**揭秘杨门女将**
　　　　——以穆桂英为中心..........274
　　　草莽英雄木桂英
　　　巾帼英雄穆桂英
　　　穆夫人和她的儿子杨文广
　　　不断被改编的"十二寡妇征西"
　　　杨排风和杨八姐的故事

结束语　..........285

后记　..........287

《长生殿》与杨贵妃

第一集　贵妃芳名及其食荔枝之谜

杨贵妃的话题是一个老生常谈的话题，也是一个常讲常新、魅力无穷的话题。从唐代说到现在，说了一千多年，后人可能还要再说下去。唐明皇李隆基从宠爱杨贵妃，到亲自下令赐死了杨贵妃，这一过程实在太具有戏剧性。虽然是被迫的，但唐明皇要是不点头，谁也不敢拿杨贵妃怎么样。就是从这一刻起，杨贵妃的故事就一传十、十传百，日复一日、年复一年地流传开来。在这个故事流传的过程中，好事者难免道听途说、添枝加叶，甚至无中生有。所以，人们印象中的杨贵妃，离她的历史真实面目就渐行渐远了。

清朝康熙年间，著名戏剧家洪昇完成了长达五十出的长篇传奇《长生殿》，这个剧本成为李杨爱情题材集大成的作品。作者阅读了自唐代以来正史、野史、戏曲、小说等文献中与杨贵妃相关的几乎所有内容，又加以精心筛选和艺术加工，完成了这部划时代的戏剧作品。《长生殿》中的杨贵妃第一次具有了与男主人公平分秋色的地位，甚至她的戏份比唐明皇还略多一些。剧中最动人的地方，必是杨贵妃的戏。今天，我们就以这部戏切入，来讨论历史上真实的杨贵妃与人们印象中的杨贵妃的关系。

先从贵妃的芳名说起。

杨贵妃"名玉环，小字太真"？

一提杨贵妃叫什么名字，相信很多人都会说："叫杨玉环啊！这还用问？"其实杨贵妃叫什么，从盛唐时期的文学作品、野史笔记到后来的正史如新旧《唐书》和《资治通鉴》都没有记载。直到她死后约一百年，公元855年，晚唐人郑处诲作《明皇杂录》才第一次说："杨贵妃，小字玉环。"宋代以后的各种野史、笔记、小说、戏曲也都跟着这么说，甚至于连"小字玉环"都懒得说了,直接说杨贵妃"名玉环"了。

《长生殿》就是这么说的。第四出《春睡》,杨贵妃上场自报家门,说自己"生有玉环,在于左臂,上隐'太真'二字。因名玉环,小字太真"。这段独白,在因袭前人说法的同时,又吸纳了一段明人笔记,加以改造利用。但这种描写,一看就不可信,哪有生下来臂上就有玉环的人?分明是编出来的神话。然而洪昇就是要神化杨贵妃,所以基本采纳了这段记载。

值得注意的是,《长生殿》说杨贵妃"名玉环,小字太真",与杨贵妃"道号太真"的传统说法不同,洪昇为什么要这样写呢?

我们知道,杨贵妃本是唐玄宗的儿子寿王李瑁的妃子,唐玄宗看上她之后,先送她入道,数年后再正式册封其为贵妃。"太真"就是杨贵妃入道时唐玄宗为她起的道号。洪昇创作《长生殿》,在史料取舍上的原则是"凡史家秽语,概削不书"。他认为,"道号太真"的说法隐含着公公娶了儿媳妇的事,这就是"史家秽语"。所以他把史料中的"道号太真"改为"小字太真",悄悄地删去了杨贵妃曾经入道的事实,而贵妃芳名,就直接叫"杨玉环"了。

通常认为,唐玄宗在正式纳杨贵妃之前让她入道就是为了掩人耳目,事实是这样的吗?我认为不完全是。因为唐王朝婚俗带有北方游牧民族的色彩,唐玄宗娶儿媳妇固然不体面、不光彩,但也不像后来想象的是多么了不得的乱伦问题。在唐朝,尤其是唐朝前期,类似的情况非常多。武则天原来是李世民的"才人",后来又成了李世民的儿媳妇——高宗李治的老婆;李世民在"玄武门之变"中诛杀了自己的亲弟弟李元吉,又把李元吉的老婆、自己的兄弟媳妇杨氏纳入后宫;唐肃宗的女儿郑国公主竟然嫁给了她的舅父张清;唐太宗的哥哥李建成、弟弟李元吉都和高祖李渊所宠幸的张婕妤、尹德妃淫乱,也就是儿子与小妈发生关系。这些事实,班班可考、历历在目,即使想遮掩也遮掩不住。所以唐玄宗让杨贵妃入道的主要目的并不是为了遮丑,而是和他迷信道教有关,这我们后面再说。

杨贵妃小名"玉奴"

那么,杨贵妃不叫"玉环"叫什么呢?根据文献记载,杨贵妃小名"玉奴"。中国人起名字有大名、小名之分,古代妇女因为较少参加社会活动,

除了一些名人之外，一般只有小名。从魏晋南北朝到唐宋，甚至到明朝，孩子小名的后一个字往往叫"奴"，带有昵称的意味，而且不分男女都可以叫。例如唐玄宗的爷爷高宗李治小名雉奴；唐玄宗的侄子、杜甫笔下的"饮中八仙"之一汝阳王李琎小名花奴；李白的儿子小名明月奴；白居易的小弟小名金刚奴；最有名的是唐玄宗时的著名歌手、《长生殿》中作为杨贵妃的侍女屡屡出现的念奴，大家都知道一个词牌名《念奴娇》，就是因她而起；明末拟话本有一篇《金玉奴棒打薄情郎》，女主人公姓金名"玉奴"。

中唐文言小说《周秦行纪》第一次提到："玉奴，太真名也。"《周秦行纪》的成书时间要早于《明皇杂录》，也就是说，杨贵妃小名"玉奴"的说法要早于她叫"玉环"的说法。到了宋代，两说一直并行，只不过"玉奴"的叫法没能引起关注而已。大诗人苏东坡在诗中说："宫中羯鼓催花柳，玉奴弦索花奴手。"（《虢国夫人夜游图》）这个"玉奴"，指的就是杨贵妃。花奴指汝阳王李琎，上面说过了。

明末，广东有位著名诗人兼书法家叫邝露，他提出了一个新鲜的说法，说杨贵妃"名玉奴，别字玉环"（《赤雅》），这就把两种说法兼起来了。清初著名作家尤侗所作的《钧天乐》传奇中有一个细节，是杨贵妃状告陈玄礼，她的申诉词是："大人在上，妾罪固当万死。但使三郎赐玉奴死，玉奴不敢不死，陈元礼何人，辄敢犯上，至使天子不能庇一妇人。自古臣弑君，子弑父，欲加之罪患无辞乎？"这里杨贵妃就是自称"玉奴"的。有意思的是，《钧天乐》的作者尤侗曾经应洪昇的要求为《长生殿》写过序。那他为什么要和洪昇"唱反调"，在作品中强调杨贵妃叫"玉奴"呢？这我们就不得而知了。

杨贵妃为什么被叫作"玉环"？

既然杨贵妃不叫杨玉环，为什么把"玉环"这个名字安到杨贵妃头上去了呢？我想主要的原因可能有两个：一个是与西王母的传说有关，另一个是与唐玄宗的父亲生前非常喜欢的一件乐器有关。

先说第一个原因。我们知道，唐人往往把唐玄宗比附成汉武帝，把杨贵妃比附成与汉武帝相交往的西王母或者另一女神上元夫人。白居易《长恨歌》第一句是"汉皇重色思倾国"，杜甫的诗"武皇开边意未已"（《兵车行》），都是用汉武帝代指唐玄宗。著名边塞诗人王昌龄回忆在骊山得到玄宗皇帝和杨贵妃的接见,在诗中写道:"甚悦我皇心,得与王母对。"(《宿灞上寄侍御玙弟》)诗中的"王母"指的就是杨贵妃。

西王母,其实就是后来民间传说中的王母娘娘的前身。传说舜即位时,西王母曾"遣使授舜白玉环"。("虞舜摄位,王母遣使授舜白玉环。"《太平广记》引《集仙录》)又传说西王母与上元夫人曾在七夕之夜降临到汉武帝的宫中传授其长生之道,而上元夫人号"阿环"。李商隐在诗中有"如何汉殿穿针夜,又向宫中觑阿环"(《曼倩辞》)之句,说的就是这件事。

刚才说到,杨贵妃道号"太真"是唐玄宗亲自命名的,然而早于唐玄宗的道教文献则把西王母称作"太真西王母"(葛洪《枕中书》),可见杨贵妃道号"太真"是唐玄宗从西王母那儿抄来的。这样的话,"玉环""阿环"的名字也就有可能从西王母或上元夫人那里移植到杨贵妃的身上。

再说第二个原因。

根据记载,唐玄宗的父亲睿宗李旦生前非常喜欢一把名叫"玉环"的琵琶。睿宗死后,唐玄宗把这个"玉环"琵琶用黄帕盖好,珍藏起来,平时不用。到安史叛军即将兵临城下,大驾即将西迁的时候,唐玄宗登上兴庆宫花萼楼,也就是他和诸王平时宴饮作乐的地方,四顾凄然,命人"进玉环"。侍者把琵琶安置好,乐工贺怀智调好琴弦,段善本弹奏。一曲弹完,唐玄宗欲行又止,恋恋不舍。这时一位年轻的歌手看出了唐玄宗的心思,主动向唐玄宗献上了一首歌曲,歌词是:"山川满目泪沾衣,富贵荣华能几时?不见只今汾水上,唯有年年秋雁飞。"(《次柳氏旧闻》)也就是说,唐玄宗父亲所爱,被唐玄宗珍藏不用而在国难当头时抚慰了他的情感的琵琶,和他最喜欢的宠妃杨贵妃竟然是同名,都叫"玉环"。大家想想这种可能性有多大?如果真是这样的话,当时或稍后一定会有人指出、有人评论,这是最好的谈资啊!但是没有,所以我们的结论是杨贵妃当时并不叫"玉环"。

凑巧的是,杨贵妃自己也擅长琵琶。或许正因为如此,人们才把睿宗、玄宗两代皇帝所珍爱的"玉环"琵琶,附会到唐玄宗所宠爱的、善弹琵琶的杨贵妃身上。晚唐诗人张祜作有《玉环琵琶》诗:"宫楼一曲琵琶声,满眼云山是去程。回顾段师非汝意,玉环休把恨分明。"这里采用了拟人化的写作手法,"玉环"分明是琵琶,却有人的感情。那么,"玉环"究竟是琵琶名,还是人名呢?已经不大好分得清楚了。把琵琶名附会成杨贵妃之名,大概就是从这里发端的吧。

"一骑红尘妃子笑"是用典

说过贵妃芳名,我们接着谈谈她有没有吃过鲜荔枝。

《长生殿》第十五出《进果》,写岭南和四川两地的驿使快马加鞭地往长安进献荔枝,一路上不知踏坏了多少庄稼,踩死了多少人,一位盲人算命先生脑浆都被踏出来了,两地驿使为了争夺马匹还打得头破血流。这样的写法,是在为安史之乱的爆发和李杨爱情悲剧做铺垫,在艺术上无可挑剔,而且也有史料为依据。不过这些史料都经不起检验。

中晚唐之交的著名诗人杜牧写过一首很有名的诗:"长安回望绣成堆,山顶千门次第开。一骑红尘妃子笑,无人知是荔枝来。"但杜牧的诗是文学作品而不是可信的史料,这一点国学大师陈寅恪说得很清楚:唐明皇和杨贵妃到骊山温泉宫都是在冬天,他们是去避寒而不是去避暑,他们从来没有在夏天到过骊山华清宫,但荔枝成熟是在夏天,所以杨贵妃不可能在华清宫吃到鲜荔枝。其实,"一骑红尘妃子笑"很可能是借用"千金一笑"的典故,因为周幽王为博褒姒一笑而烽火戏诸侯的事就发生在骊山。

那么,杨贵妃有没有夏天在骊山之外比如在长安吃过鲜荔枝呢?迄今为止,这还是一桩悬案。

诗圣杜甫是杨贵妃的同时代人,他曾经在四川的泸州、戎州亲手摘过荔枝,还写诗记过这件事,其中后两句是:"京华应见无颜色,红颗酸甜只自知。"(《解闷》之一)四川产的荔枝到了首都长安变成什么样了呢?是"无颜色";味道如何呢?是"酸甜只自知"。这其实是说味道已经变了,不新鲜了。

白居易的《长恨歌》把杨贵妃受宠爱的方方面面都写到了,白居易的朋友元稹的《连昌宫词》写杨贵妃受宠爱更加具体,但就是不提贡荔枝的事,难道不奇怪吗?

白居易不但吃过荔枝,而且他在四川忠州的时候还种过荔枝,并写过一首《种荔枝》的诗,他对荔枝的习性是非常了解的,所以才能在《荔枝图序》中提出荔枝"若离本枝,一日而色变,二日而香变,三日而味变,四五日外,色香味尽去矣"的著名论断。更值得关注的是,他还写过《题郡中荔枝诗十八韵》的长诗,除了对荔枝的枝叶、果实、色香味进行一番描述、评论之外,还写道:"已教生暑月,又使阻遐方","不得充王赋,无由寄帝乡",这是说荔枝产地离首都太远,而又不易保鲜,所以它不能向皇帝进贡,没办法到达京城。很显然,白居易之所以在《长恨歌》里绝口不提贡荔枝的事,是因为这个事在当时不可能发生。

而最早提到贡荔枝的中唐人李肇在《唐国史补》里是这样说的:

> 杨贵妃生于蜀,好食荔枝。南海所生,尤胜蜀者,故每岁飞驰以进。然方暑而熟,经宿则败,后人皆不知之。

这是说,荔枝在夏天成熟,一个晚上就不新鲜了、腐败了,那杨贵妃是怎样吃到鲜荔枝的呢?"后人皆不知之"。这里写得闪烁其词,让人感到神秘莫测。作者为什么这样写呢?我认为他不是故意为后人留悬念,而是他自己对这个传说似信非信。按照荔枝的习性,杨贵妃是不可能吃到鲜荔枝的,但民间又有这样的传说,那就记下来吧,但同时把自己的疑点也记下来了。

《天宝荔枝道》不可信

古代文献谈到唐天宝年间贡荔枝,有一个值得关注的地方,即唐代的文献都说杨贵妃所吃的荔枝贡自岭南,但到了宋代,人们的口风变了,几乎众口一词地说,进贡给杨贵妃的荔枝来自巴蜀。而这个说法的最早提出者,就是大名鼎鼎的苏轼。苏轼说:"永元荔枝来交州,天宝岁贡取之涪。"(《荔枝叹》)意思是说,汉和帝时候荔枝从岭南来,而唐天宝时则从巴蜀涪州来。

为什么唐代文献说杨贵妃吃的荔枝来自岭南,而晚了几百年的苏轼却说来自涪州呢?那是因为,苏轼到过岭南,深知岭南离长安路途太过遥远,从这里贡鲜荔枝到长安是不可能的。但另一方面,他对荔枝的美味印象太深刻了,于是写下"日啖荔枝三百颗,不辞长作岭南人"的诗句。要说杨贵妃没有吃过荔枝,多少会让人感到有些扫兴。能让天下第一佳人,吃上天下第一佳果,这才是锦上添花,相得益彰啊!

苏轼善于把美好的事物比作美女,"欲把西湖比西子,淡妆浓抹总相宜"是人人皆知的名句。他还曾经把荔枝比作传说中的闽王之女"十八

娘"。有一次他在杭州吃到友人从福州送来的荔枝,写词赞美道:"骨细肌香,恰是当年十八娘。"(《减字木兰花·西湖食荔枝》)所以对于苏轼来说,与其揭穿岭南山高路远,杨贵妃不可能吃到鲜荔枝的真相,倒不如编一个杨贵妃吃的是涪州荔枝的美丽谎言,毕竟涪州离长安距离较近嘛,所以他即兴在诗歌中表达了一个美好愿望,如此而已。

但是,不少人相信了这个美好愿望。当代有位史学家著有《天宝荔枝道》一文,认为岭南贡荔枝是不可能的,但巴蜀是可能的。他还绘制了一幅"天宝荔枝道"图,认为这条最近、最可行的荔枝道约两千里,当时的急驿日行四百里,敕书日行五百里,驿送荔枝更加速至日行六百里乃至七百里,所以三天可到长安。这位史学家所推测的"荔枝道",是从荔枝产地乐温(今重庆长寿区),经垫江县、梁山县(今重庆梁平县),通州东境的新宁县(今四川达州开江县)、东乡县(今四川达州宣汉县东),再北经宣汉,越过巴山山脉,经洋川郡治所西乡县(今陕西汉中西乡县),再穿过子午谷到长安。

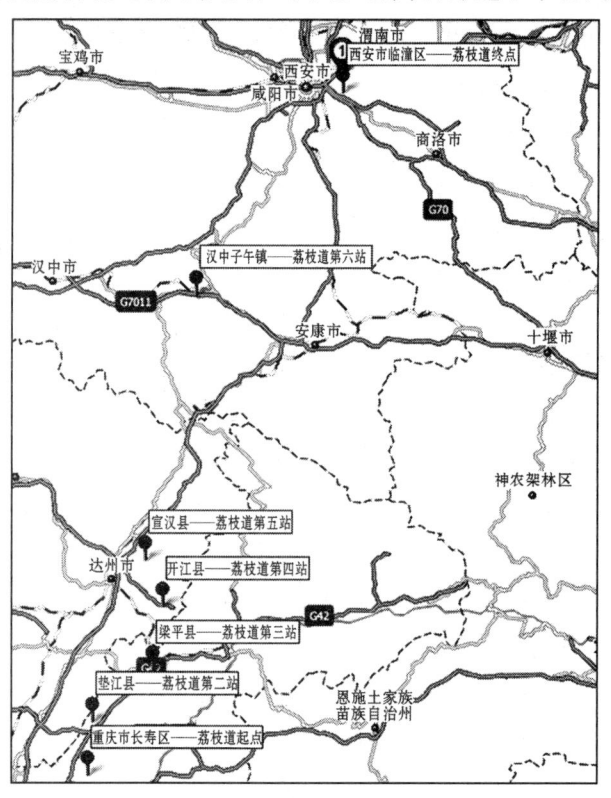

今人在现代地图上所绘的"天宝荔枝道"

我认为,这个说法还是太乐观了。因为唐玄宗、杨贵妃的同时代人李白说过一句人们都很熟悉的话:"蜀道之难,难于上青天。"这条道虽然距长安较近,但沿途要渡过长江、汉水等大河,穿越大巴山和秦岭等山脉,

秦岭子午谷上的古栈道

山高路险,非常难走。尤其是从西乡到长安的子午谷,全长七八百里,山高谷深,悬崖绝壁,栈道狭窄崎岖。当年魏延建议诸葛亮从这里袭击长安不被采纳,其主要原因就在于路途险要。可以想象,"赦书日行五百里"是极限,驿马在一般的道路上飞跑可以做到,但要带着荔枝翻越大巴山、秦岭谈何容易!驿送荔枝的速度只能比送赦书的速度慢,而不可能更快。上图是子午谷上的古栈道,在这样的路上每天能行多少里呢?

再说了,如果是送赦书,只需把赦书背在骑手的身上飞速赶路即可,但要送荔枝就不同了。荔枝是装在筐子里,再放在马背上飞驰的。这样的话每到驿站都需要换马,荔枝筐也要重新在马背上固定,都需要时间。

这说的还是晴天。若遇上雨天,骑手浑身被浇透,加上道路泥泞、险要,每天能走多少里呢?而荔枝成熟的季节,恰恰是南方多雨的季节。

人们出远门,总会遇到许多不可预料的困扰。二十世纪 80 年代中期还没有高速公路,我们乘汽车从广州去珠海,不到两百公里的路走了将近一天。因为珠三角河涌纵横交错,车开不了一会儿就得下车过渡,人和车一起上船,渡过河之后再乘车,很耽误时间。所以我的看法是:杨贵妃吃荔枝只是个比喻。就如同我们说现在的独生子女就像家里的"小太阳",他要天上的星星家长也会给他摘。杨贵妃吃荔枝就是这样的比喻,这样的夸张。

既然唐代在长安吃不到鲜荔枝,那为什么许多文献都记载了汉唐时期贡荔枝的事呢?

第一个可能,是把荔枝和龙眼搞混了。

龙眼又称桂圆,和荔枝相比,果实较小,外皮光滑,颜色发绿发黄,核大肉薄。作为水果,龙眼的味道一般不及荔枝鲜美,但遇到好的鲜龙眼则另当别论。苏轼写过一首《廉州龙眼质味殊绝可敌荔枝》的诗,诗中把龙眼和荔枝比作柑和橘。以往北方人搞不清荔枝和龙眼的区别,就像搞不清柑和橘的区别一样。

古代文献往往把荔枝和龙眼放在一起来写,有的文献称龙眼为"荔枝奴",有的文献说小荔枝就叫龙眼,还有的文献说,"龙眼荔枝"指的就是龙眼而已,与荔枝无干。

荔枝　　　　　　　　　　　　　　龙眼

南北宋之交,福建莆田人林光朝写过这样一首诗:"南人偏识荔支奇,滋味难言只自知。刚被北人来借问,香甜两字且酬伊。"(《答人问"忠恕而已矣"》)可见那时多数北方人的确不知荔枝为何物。

龙眼的保鲜条件没有荔枝那么苛刻,在自然条件下保存十多天没有问题。同时龙眼的药用价值很高,特别是用于妇女补血、养颜,效果极佳。传说杨贵妃生病了,什么东西都不吃,有人向唐玄宗推荐一种水果给杨贵妃吃,杨贵妃吃下去之后病就好了,唐玄宗因此给这种水果取名叫龙眼。那么,是不是杨贵妃本来吃的就是龙眼而被人搞错了呢?

第二个可能,是把"荔枝煎"当作鲜荔枝了。说起来实在凑巧,"一骑红尘妃子笑"的作者杜牧的爷爷、大史学家、唐德宗时候的宰相杜佑编撰的《通典》中记载,四川戎州每年六月要向朝廷进贡"荔枝煎"。(《通典》:"南溪郡贡葛十疋,六月进荔枝煎,今戎州。")什么是"荔枝煎"呢?就是将荔枝肉用蜜浸泡之后做成类似果脯一样的东西。"荔枝煎"是可以长久保鲜长途运输的。看来,杜牧有可能是把他爷爷所说的"荔枝煎"当成鲜荔枝了!是他小时候听爷爷讲故事听错了,还是长大后看爷爷的书看错了,还是他有意使用文学的夸张手法,故作惊人之语,我们已经无法考究了。反正,史学家爷爷说进贡的是"荔枝煎",而文学家孙子说成了"鲜荔枝",这大概就是真相。

第一个吃到鲜荔枝的北方皇帝

如此说来,在古代北方,是否就一定不能够吃到鲜荔枝呢?那也未必。唐人做不到的事情,宋人就有可能做得到。

宋梁克家《(淳熙)三山志》卷三十九记云:

> 宣和间,以小株结实者置瓦器中,航海至阙下,移植宣和殿。锡二府宴,赐御诗云:"密移造化出闽山,禁御新栽荔子丹。山液乍凝仙掌露,绛苞初降水精丸。酒酣国艳非朱粉,风泛天香转蕙兰。何必红尘飞一骑,芬芳数本座中看。"

也就是说,北宋宣和年间,福建向朝廷贡荔枝,把已经结了果实的小株荔枝树,移栽到一个大缸中,放置到船上,先航海,再走运河(汴河),到达京城开封后立即移植到宣和殿前。到果实成熟的时候,正巧新科进士放榜,天子设琼林宴款待群臣,宋徽宗得意地赋诗:"何必红尘飞一骑,芬芳数本座中看。"

宋徽宗的得意溢于言表,但他不知道,"一骑红尘妃子笑"只不过巧用了"千金一笑"的典故而已。而他,才可能是坐在中原的皇宫中就吃到鲜荔枝的第一人。

第二集　杨贵妃的两个情敌——虢国夫人与梅妃

上一集我们讲到,民间盛传杨贵妃名叫"杨玉环",唐玄宗为讨杨贵妃的欢心而令人从遥远的岭南或者巴蜀向她进献荔枝,这两件事其实都不靠谱。可见文学作品影响之大,有时候到了可以"改写"历史的程度。

今天,我们继续从《长生殿》入手,来认识一下历史上的李杨关系与文学作品中的李杨爱情有什么不同,从中也可以看出《长生殿》是如何处理矛盾冲突、如何刻画人物形象的。

常言说,"没有冲突就没有戏剧"。《长生殿》前半部写了两组戏剧冲突,一组是杨国忠与安禄山的冲突,另一组是唐明皇与杨贵妃的冲突。就李杨这对冲突来看,唐玄宗作为帝王,后宫佳丽三千是他的特权,而杨贵妃呢,却偏偏要挑战这个权威,她要求唐玄宗不能"出轨",要对她专一。这就是两人冲突的焦点。

在《长生殿》中,杨贵妃有两个"情敌",一个是她的亲姐姐虢国夫人,另一个是梅妃。作品通过她们之间的争风吃醋,把杨贵妃的任性写活了,而唐明皇在杨贵妃的凌厉攻势之下则步步退让。这样一来,原本属于帝妃的情爱被写成了平民的爱情,历史再一次被微妙地置换了。

作品第五出《禊游》写唐明皇与杨贵妃、杨国忠及杨贵妃的三个姐姐在三月初三一同到长安曲江旁游幸,安禄山在一旁瞧见,垂涎三尺地说:"唐天子,唐天子,你有了一位贵妃,又添上这几个阿姨,好不风流也!"又唱道:"群花归一人,方知天子尊。"虽然这个场面是虚构的,但却有一定历史依据。不过,《长生殿》只具体描写了唐玄宗和虢国夫人的关系,而对另外两位国夫人的事没有涉及。

杨贵妃入宫之后,常常在唐玄宗面前称赞她的姐姐虢国夫人相貌"天然无赛",长得比自己还漂亮。这就点燃起唐玄宗的欲望了,皇帝当然要风得风要雨得雨,于是便轻而易举地和虢国夫人发生了关系。请注意,如果是一般的帝王后妃关系,皇帝要临幸谁完全可以不考虑任何人的感受,不要说贵妃,就是皇后,也无权干涉皇帝床上的事。但《长生殿》把唐玄宗与杨贵妃的帝妃关系写成了平民关系,这既有一定的文献依据,更重要的是作者洪昇具有超越时代的妇女观和爱情观,他对杨贵妃充满了同情,而对李隆基则不乏谴责之意。

在洪昇笔下,互为情敌的两个人中,杨贵妃是受害者,而虢国夫人成了"小三儿"。杨贵妃有理由这样想啊:你们三个姐姐都是靠着我才如此风光,皇上是听了我的话才对三姐你暗渡春风的嘛!所以杨贵妃对虢国夫人可以有情绪,不仅如此,她还敢于抱怨唐玄宗,敢于恃宠撒泼、出言不逊。这样一来,结果可想而知,杨贵妃被唐玄宗赶出宫门去了。

但是呢,唐玄宗离开杨贵妃不到一天就受不了啦。他心神不宁,茶饭不思,也没有心情欣赏歌舞,而且无端地把劝他用膳和请他欣赏乐舞的小太监鞭打一通。另一头呢,被逐出宫的杨贵妃也为自己的一时冲动懊悔不已,决定剪下头发向唐玄宗谢罪。到这个时候,李杨二人方体会到谁也离不开谁。杨贵妃认识到自己的地位无非是"秋风团扇",随时都会被抛弃,而唐玄宗也明白在众多妃嫔中只有杨贵妃不可替代。作品写正当唐玄宗思念贵妃的时候,高力士肩上搭着杨贵妃的青丝进宫叩见来了。"身体发肤,受之父母",是不能轻易毁伤的呀。唐玄宗问明情由,感动得泪流满面,当即命令高力士在夜间悄悄将杨贵妃接回宫。这事为什么要在夜间进行呢?避人耳目呀。堂堂的皇上,位在九五,朝令夕改,让人看见,多没面子呀。

这场风波之后,李杨爱情便向前跨进了一步。唐玄宗的皇帝架子端不住了,他可以随心所欲地宠幸任何妃嫔的特权似乎也不复存在了。所以,后来他对梅妃的"临幸"只能是猫儿偷腥一般,一旦被"捉奸"便狼狈不堪,与平民的偷情没有两样了。

那么《长生殿》写唐玄宗与虢国夫人和梅妃的关系有没有历史根据呢?下面,我们就先来认识一下历史上的虢国夫人,以及她和唐玄宗的特殊关系。

风流成性、蛮横霸道的虢国夫人

根据文献记载,杨贵妃有三个姐姐,都被封为"国夫人"。大姐崔氏为

韩国夫人,三姐裴氏为虢国夫人,八姐柳氏为秦国夫人。什么是"国夫人"呢?"国夫人"是古代命妇中最高的封号,只有皇亲国戚才可能获得。杨贵妃的姐姐们被封"国夫人",绝对是沾了杨贵妃的光。

杨贵妃的这三个被封为"国夫人"的姐姐都长得特别漂亮,而其中虢国夫人不但姿色最出众,而且也最活跃、最放荡、最霸道、干涉朝政最多,其下场也最悲惨。

有一次,她看上了武则天时期的宰相韦嗣立家的旧宅院,就带人打上门去,进门之后与身旁的人说笑自若,如入无人之境,弄得韦家的人目瞪口呆。过了好一阵子虢国夫人才大模大样地开口问道:"听说这宅院要卖,售价多少啊?"韦家人说:"这宅院是先人留给我们的,我们不卖。"话还没说完,虢国夫人带的好几百人就冲进门来,掀瓦的掀瓦,拆梁的拆梁,韦家的人只好眼睁睁地看着自己的房屋被拆得一干二净。这架势,完全就是"强拆"呀!

虢国夫人的新房子就建在这块宅基地上,价值多少文献没记载,但光是工钱就两百万。待"装修"好了以后,虢国夫人一高兴,用金盏盛上碧色的宝石三斗,赏给工匠们。那就可以想象,她这豪宅有多么富丽堂皇了。

虢国夫人不仅霸道、奢侈,而且她的风流成性,在历史上也是出了名的。她原来的丈夫姓裴,丈夫死后寡居,没过多久就和从祖兄杨国忠勾搭上了,到了京师之后二人继续保持着通奸关系。有时候,二人"并辔入朝,挥鞭走马",以至于路人纷纷"掩目","无不骇叹"。大诗人杜甫诗云"杨花雪落覆白蘋",就是讽刺杨国忠和虢国夫人的乱伦行为的。

不仅如此,虢国夫人还经常养着"小白脸儿"。

根据文献,天宝中有一位贵人之妾叫达奚盈盈。有一次她丈夫病了,丈夫父亲的同僚就派自己的儿子千牛前来探视,结果盈盈与这位"帅哥"好上了,而且还把他藏在自己家的密室里很久不放他回家。千牛的父亲老是不见儿子回来,到盈盈家去找,却被告知"早就回家了呀",于是就告到明皇那里。明皇命令全京师搜索,盈盈知道藏不住了,就告诉千牛说,你出去后只要告诉明皇,你见到的人长相如此如此,所见到的家里的摆设如此如此,所吃的食物如此如此,就不会有事。果然,千牛出来之后,明皇大怒,追问千牛去了哪里。千牛就按照盈盈交代的话瞎编了一番,"上笑而不问",不追究了。因为千牛所说的人物相貌、家中陈设、所吃食物,都跟虢国夫人家里一模一样。过了几天,虢国夫人到宫里来,明皇就笑着问她:"你怎么藏着一个少年不放人家出来呢?"虢国夫人一点儿也没感到诧异,而只是"大笑而已"(宋王铚《默记》卷下)。为什么呢?因为她的确有这个事。达奚盈盈对她偷养"小白脸儿"的情况太熟悉了,对她和唐玄宗的关系也太了解了,就这样巧妙地把自己的事情转嫁给了虢国夫人。

虢国夫人和唐玄宗

贵为天子的唐玄宗竟然可以和虢国夫人开这样的玩笑,可见二人的关系非同一般。

《旧唐书·陈玄礼传》和乐史的《杨太真外传》都提到,天宝年间,唐玄宗在华清宫的时候,曾经"欲幸虢国夫人宅",因遭到陈玄礼的阻止而没有达到目的。后来,诗人张祜的一首诗把这层窗户纸给捅破了,诗是这样写的:

> 虢国夫人承主恩,平明上马入宫门(有的版本作"平明骑马入金门")。
> 却嫌脂粉污颜色,淡扫蛾眉朝至尊。

(《集灵台》之二)

诗中说,虢国夫人入宫承幸已经是明目张胆、招摇过市了。"淡扫蛾眉"是化淡妆,不是浓妆艳抹,也不是后来笔记中所说的"素面朝天",完全不化妆就去见天子。一方面虢国夫人对自己的相貌有信心,同时她又非常懂得化妆。"却嫌脂粉污颜色",妆画得太浓反而会掩盖相貌天然的美,所以只要"淡扫蛾眉"就可以了。人们都知道杨贵妃"天生丽质",看来虢国夫人的相貌绝对不亚于她妹妹,要不然唐明皇也不至于对她动心。

有人问了:虢国夫人如此明目张胆地进宫就不怕杨贵妃知道吗?明代著名诗人李东阳在诗中回答了这个疑问:"扫罢蛾眉上马迟,君王刚及退朝时。侍臣记得丁宁语,莫遣长生殿里知。"(李东阳《虢国夫人早朝图》)他说呀,虢国夫人进宫承幸是瞒着杨贵妃的,唐玄宗嘱咐身边的侍臣,千万别让杨贵妃知道这事。

但"天下没有不透风的墙",唐玄宗与虢国夫人的明铺暗盖不可能瞒太久。文献记载,杨贵妃至少有两次因惹怒了唐明皇而被扫地出门。第一次

是在天宝五载（746年）七月，杨贵妃刚被正式册封还不到一年；第二次是天宝九载二月。《资治通鉴》记载杨贵妃被逐出宫门的原因是"妒悍不逊"。《开天传信记》说"太真妃常因妒媚，有语侵上，上怒甚"，就让高力士把她打发回家了。人们有理由相信，杨贵妃的"妒悍""妒媚"，就是出于对唐明皇"出轨"的不满。而由于杨贵妃专宠之后只有虢国夫人一人曾经承幸，所以杨贵妃发泄的对象，杨贵妃的情敌，正是她的亲姐姐虢国夫人。《长生殿》对两人妒宠的描写，完全符合历史真实。

仅仅是私生活放荡也就罢了，毕竟这和朝政无关嘛，所以做这些事只会让人偷笑，不会民愤太大。但是，虢国夫人还和杨国忠沆瀣一气，干涉朝政，在这一点上，她比杨贵妃做得更自觉、更惹人厌恶。

文献记载，虢国夫人是杨国忠安插在唐玄宗身旁的密探、卧底。杨国忠想要讨好唐玄宗，通过虢国夫人，将唐玄宗的生活起居、情感好恶都打听得清清楚楚：

> 杨国忠者，太真妃之从祖兄也。其妹虢国夫人居中用事，帝所好恶，国忠必探知其微。帝以为能。

（宋真德秀《大学衍义》卷十九）

更过分的是，杨国忠竟然让虢国夫人"垂帘听政"，把国家任命官员这样的大事当儿戏，把朝廷命官当猴儿耍。

天宝十载十一月，杨国忠身为右相兼吏部尚书，可以说是一手遮天。他主持西京长安、东京洛阳两地选官，命令所有的候选者都先到自己私宅里注册登记。杨国忠坐在正中主持，叫左相陈希烈在边上坐着，而让虢国夫人姐妹在里屋垂帘观看，若有年纪老点的、身体有病的或者相貌丑陋的前来登记，虢国夫人姐妹就在帘幕内指名道姓地取笑他们。按惯例，候选的官员在登记后要经吏部审核，所以吏部侍郎韦见素和张倚都身穿紫袍在藩屏外并排坐于桌案后，如有事便起身快步向前回话。给事中凡事不但要请示杨国忠，还要请示帘内的虢国夫人。他对着幕帘说："这两个穿紫袍的主办这件事可以吗？"惹得帘后的虢国夫人等人哈哈大笑。（《续唐会要》）"吏部侍郎"相当于中组部副部长，地位很高，给事中为让帘后的虢国夫人等人看得清楚，竟然把他们称作"穿紫袍的"，连左相陈希烈也被晾在一边，而虢国夫人等人却为自己有如此大的权势开心得大笑！这种事就不是个人作风问题那么简单了,一旦传出去一定会惹得朝野上下怨声载道。

果不其然,安禄山发动兵变,恐怕将士们不服,最初就是打着"清君侧"的幌子起兵。"清君侧"名单上的第一人当然是杨国忠,而另外一个人,就是虢国夫人。兵变那天,安禄山当众"盛言国忠、虢国夫人罪恶。六军将士皆切齿,愿除其党,以解国难"(《册府元龟》卷一百八十一)。可见虢国夫人和杨国忠一样,早已经是臭名昭著、恶贯满盈了。

在"马嵬兵变"中,杨国忠被诛杀的消息传开,虢国夫人和杨国忠的老婆一起骑马逃到陈仓,县令薛景仙闻讯后带人追赶。虢国夫人逃到竹林中,杀死了杨国忠的妻子,然后抹脖子自刎。不料一时没死了,还有口气,被关入狱中,最后伤口出血,堵在喉管中窒息而死,下场够悲惨的。

《长生殿》第二十七出《冥追》,写杨贵妃看到虢国夫人的鬼魂正被小鬼儿押到地狱中去,算是对虢国夫人的结局有个交代,也呼应了文献的记载。

这里插一句。虢国夫人虽臭名昭著,但她的风流和漂亮,却成了诗人和画家的天然素材。唐代著名画家张萱的《虢国夫人春游图》,被称为十大传世名画之一。

《虢国夫人春游图》(右起第四,前排梳堕马髻者为虢国夫人)

"梅妃"实无其人

除了虢国夫人之外,《长生殿》中还出现了杨贵妃的第二个情敌——梅妃。

梅妃其人最早见于南宋人编写的小说《梅妃传》,故事梗概是这样的:

梅妃名叫江采苹,是福建莆田人,自幼聪颖过人,貌美无双。高力士出使南方,把十五岁的江采苹带回京城,献给唐明皇。江采苹有文采,擅写诗,又会跳《惊鸿舞》,唐明皇非常宠爱她,后宫其他的妃嫔全都不放在眼中

了。江采苹生性喜爱梅花，唐明皇就开玩笑地称她为"梅妃"。后来杨贵妃入宫，两人互相嫉妒、争宠。杨贵妃有心机，梅妃性格懦弱，竟被排挤到上阳东宫去了。明皇因想念梅妃，夜里派小太监将其叫到翠华西阁幽会。杨贵妃听说后赶来，唐明皇急忙披上衣服，把梅妃藏在帘子夹层里。不料床底下的一双女人鞋被杨贵妃发现了，于是大发雷霆。从此梅妃再次受到冷落。

有一次，外国使者来进贡珍珠，唐明皇就派人偷偷地送了一斛珍珠给梅妃。可是梅妃不领情，把珍珠退回给唐明皇，还写了一首诗，让送珍珠来的使者带给唐明皇。诗有四句：

明刊《惊鸿记》插图《两妃妒宠》

柳叶双眉久不描，残妆和泪污红绡。长门自是无梳洗，何必珍珠慰寂寥。

程砚秋扮演的梅妃

后来安禄山侵占长安，唐明皇出逃，梅妃死在乱兵手上。

《长生殿》中关于梅妃的描写，基本上是根据《梅妃传》改编的。

但实际上，梅妃其人不仅新旧《唐书》和《资治通鉴》没有只言片语的记载，而且唐代和北宋的笔记小说中也都没见到一点儿影子，这就十分可疑。另外，上阳宫在东都洛阳，而唐玄宗和杨贵妃一般住在长安，冬季避寒时住在骊山温泉宫，唐玄宗和杨贵妃怎么说去上阳宫就可以去的呢？这就露出了作伪的马脚。

不过，虽然梅妃未必实有其人，但类似梅妃那样，因杨贵妃受专宠而被唐玄宗疏远冷淡，甚至终生被禁闭在上阳宫的宫女、妃嫔,一定大有人在。白居易的《上阳白发人》诗序说,天宝五载以后,杨贵妃专宠,后宫再也无人进幸,许多貌美的妃嫔、宫女被迁置到上阳宫。其诗说:"未容君王得见面,已被杨妃遥侧目。"而梅妃,就是被杨贵妃排挤,幽闭在上阳宫的宫女、妃嫔的一个缩影。所以无论《梅妃传》还是《长生殿》,虽然不见得与历史文献相吻合,但却是符合艺术真实的。而且,这种虚构的艺术真实恰恰从本质上反映了历史真实。明传奇《惊鸿记》及1925年程砚秋编演的京剧《梅妃》,基本上都是根据南宋笔记小说《梅妃传》加工敷衍的。

杨贵妃"偷情"说不可信

前面说了,杨贵妃两次被驱逐出宫的原因是她公然发泄了对唐明皇"出轨"的不满。不过,文献中还有一个很特别的传说,即杨贵妃被逐是由于她自己的偷情。

这个离奇的传说,最早来自张祜的《宁哥来》一诗:"日映宫城雾半开,太真帘下畏人猜。黄幡绰指向西树,不信宁哥回马来。"宁哥,就是宁王李宪,原名成器,他是唐玄宗李隆基的哥哥,能诗歌,通晓音律,尤善击羯鼓,这一点和李隆基相同,另外他还擅长吹笛子。这首诗说,阳光透过蒙蒙云雾映照在宫城之上,杨贵妃站在窗帘之下想心事,但是又怕被人猜到。偏偏宫里的乐工黄幡绰猜到了,他往西边一指说:"宁王来了!"杨贵妃似信非信地朝西边看,宁哥是不是真的回来了?

这首诗暗示杨贵妃与宁王有私情,但宁王李成器开元二十九年(741年)就死掉了,根本没见过杨贵妃,这一点明代就有人指出了。退一步说,就算杨贵妃不满足于老夫少妻的生活,也应该找个年轻一点的不是吗?宁王比李隆基还大六岁,是李隆基的哥哥,本来应立为太子,因李隆基平乱有功,成器审时度势,让出了储君之位,因称"让皇帝"。就算他生前见过杨贵妃,但杨贵妃怎么可能对这个老头子有意呢?

《杨太真外传》换了一个说法,说杨贵妃有一次"窃宁王紫玉笛吹……因此又忤旨,放出。"这个说法让人感到莫名其妙:仅仅是偷吹了宁王的笛子怎么就"忤旨"了呢?清初褚人获在《隋唐演义》中做了进一步的想象和发挥:一次宴会,唐玄宗宴请诸王,席间宁王用他的紫玉笛吹奏一曲,宴会

后诸王散去,笛子落在了席间,杨贵妃顺手拿过宁王吹过的笛子吹奏,不巧被唐玄宗看到了,就问她:"汝亦自有玉笛,何不把它拿来吹着?这支紫玉笛是宁王的,他才吹过,口泽尚存,汝何得便吹?"贵妃把玉笛放下回答:"宁王吹过已久,妾即吹之,谅亦不妨。还有人双足被人勾蹁,以致鞋帮脱绽,陛下也置之不问,何独苛责于妾也。"这里所说的"双足被人勾蹁,以致鞋帮脱绽",指的是唐玄宗与梅妃偷情的事。唐玄宗勃然大怒,立马派高力士把杨贵妃扫地出门。

这样说来,还是由于杨贵妃的嫉妒、出言不逊,才冒犯了唐明皇。绕了一圈,又回到原地了:"出轨"的是唐明皇,无论第三者是梅妃还是虢国夫人,反正杨贵妃不能容忍,才导致了被遣送回家。从文献记载和情理上看,这个说法比较可信。而"红杏出墙"的说法根本上是栽赃杨贵妃,维护李隆基,不可信。

这里顺便讨论一下,杨贵妃和安禄山有没有暧昧关系?

据《资治通鉴》的记载,安禄山一次过生日,唐明皇和杨贵妃都赐了厚重的礼物。三天后,杨贵妃把安禄山召入后宫做"洗儿会",用一件锦绣做的大襁褓裹住安禄山,让宫人用彩舆抬着玩耍,后宫一片欢笑之声。唐明皇听到后亲自往观,不但不生气,反而很高兴,又赐给了杨贵妃一些"洗儿钱",也重赏了安禄山,从此安禄山"出入宫掖不禁,或与贵妃对食,或通宵不出,颇有丑声闻于外,上亦不疑也"。这件事情,新旧《唐书》都没有记载,而司马光修《资治通鉴》,采用的是晚唐五代的笔记。

但这完全是捕风捉影、无中生有之辞,切切不可信。在古代,皇上可以三宫六院,但他的女人却不容别人染指,能出入皇帝后宫的男性都得阉割,正所谓"卧榻之侧岂容他人酣睡"。更别说杨贵妃是他的专宠,不可能跟别人有染。从可信的史料分析,杨贵妃与安禄山见过面是有可能的,但一定是在公开场合,而且一定是与唐玄宗同在的场合。所谓"洗禄儿""与贵妃对食,或通宵不出",这样的描述完全是栽赃抹黑。

正如清代著名学者袁枚所指出的:"杨贵妃洗儿事,新旧《唐书》皆不载,而温公《通鉴》乃采《天宝遗事》以入之。岂不知此种小说,乃委巷谰言……何足为典要?"他还写诗说:"《唐书》新旧分明在,那有金钱洗禄儿?"(《随园诗话》卷二)

《长生殿》要为杨贵妃洗脱污秽,当然完全不采纳"洗禄儿"之类的无稽之谈。不仅如此,为了彻底洗脱杨贵妃与安禄山有私情的嫌疑,作品连安禄山拜见唐明皇、杨贵妃时"先母后父"的记载也不收录。所以在《长生殿》中,安禄山只是远远偷窥过、垂涎过杨贵妃的美貌,而杨贵妃则根本没见过安禄山。

在文学史上,元曲四大家之一白朴的杂剧作品《唐明皇秋夜梧桐雨》是一部受到广泛好评的作品。洪昇对这部作品的评价也很高,而且从中汲取了一些素材。但《梧桐雨》的楔子中,有"贵妃娘娘与安禄山做洗儿会"的场面。对于这样的描写,洪昇坚决摒弃不用。用他自己的话说,叫"一涉秽迹","绝不揽入"。而洪昇对唐玄宗的二三其德、沾花惹草,都给予了无情的曝光和谴责。

当然,唐明皇最大的负心还表现在马嵬事件中最终牺牲了杨贵妃的生命而保全自己,这我们下一集再讲。

第三集　杨贵妃与"安史之乱"

前两集中我们讲到,杨贵妃可能不叫"杨玉环"而叫"杨玉奴","一骑红尘妃子笑"可能是杜牧在用"千金一笑"的典故,其实用驿马贡鲜荔枝在唐天宝年间做不到,还讲到杨贵妃的姐姐虢国夫人曾经"垂帘听政",等等。讲这些干吗?把一千多年前的这些个支离破碎的陈年旧账翻出来有什么目的?简单地说:不是要你相信,而是要你思考、要你阅读。

因为,我们每个人的历史知识都是有限的,无论这些知识来自历史教科书还是古代的史书,都有可能是片面的甚至是错误的。一旦用另一只眼睛看历史,用心去阅读史书,装在你脑子中的这些个"历史知识",甚至多数人曾经确信无疑的所谓"常识",就有可能会被颠覆掉。我想这是我们需要思考的第一点。

第二点,我们是从历史剧《长生殿》的角度了解杨贵妃的,从中可以看出经典的历史剧对史料是如何处理的。这一点在中国有普遍意义,因为传统戏曲中历史题材的作品太多。一个成功的历史剧,在史料的甄别与筛选方面,一定有作者自己的理念贯穿始终,而不是把没有内在逻辑联系的史料拼凑起来炒成一个"拼盘"。还有,以往通过史书了解历史的人太少,多数人是通过听书看戏来了解的。历史剧里的历史一旦被接受,就可能"改写"真正的历史。所以我们了解历史还是要用心读书。

今天呢,我们来看看杨贵妃与"安史之乱"的关系。

从历史文献来看,杨贵妃的姐姐虢国夫人蛮横霸道,并且主动地干涉朝政,民愤极大。相对而言,杨贵妃则是被动地、甚至是被迫地卷入了政治,成为政治斗争的无辜的牺牲品。

然而,我国自古流行"红颜祸水"的观念。在"马嵬兵变"中,在生死考验的关键时刻,李隆基被迫把杨贵妃抛出去,自己保命。这种做法,赢得了一片喝彩之声。杜甫诗云"不闻夏殷衰,中自诛褒妲",刘禹锡诗云"官军诛佞幸,天子舍妖姬"。《旧唐书·杨贵妃传》则把杨贵妃称为"贼本",认为杨贵妃是酿成"安史之乱"的祸根。

但《长生殿》的态度截然相反。作品写杨贵妃在"马嵬兵变"唐玄宗难以自保的情况下,主动请死,使大局得以稳定。作品第三十三出马嵬坡土地唱:"若不是慷慨佳人将难轻赴,怎能够保无虞,护君王直向西川路。今日里中兴重睹,兀的不是再造了这皇图。"可见,《长生殿》中的杨贵妃之死不仅仅是无辜被杀,而且是为国捐躯,功莫大焉。

那么,实际情况究竟是怎么一回事呢?

罪魁祸首安禄山

"安史之乱"的罪魁祸首当然是安禄山。

一接触史料,我们就不难发现笼罩在这个人物身上的各种云遮雾罩的神秘色彩。首先是他的出生。

安禄山是营州人,营州在现在的辽宁锦州、朝阳一带。他的父亲是谁不可考了,只知道他母亲原本是突厥族的女巫,名叫阿史德。阿史德多年不育,有一次去祈祷轧荦山,感应而孕,生下来的这个孩子取名轧荦山,就是后来的安禄山。

安禄山一生中有好几次大难不死的经历,而且每次大难不死之后都能获得新的荣誉或新的升迁,非常神奇。第一次是在他刚出生的那个晚上,周围红光笼罩,众多野兽在四周发出吼叫。还有人看见"妖星芒炽落其穹庐",其实就是彗星拖着光亮的尾巴从天而降,直落到安禄山出生地附近。当时镇守这一带的唐朝大将张仁愿认为这是不祥之兆,"妖星"坠落意味着恶魔降世,就派人搜查新出生的婴儿。结果没有找到,于是"长幼并杀之",但轧荦山竟然因被人藏起来而逃过一劫。后来轧荦山的母亲嫁给了一个名叫安延偃的胡人将军,轧荦山就改名安禄山。

安禄山第二次大难不死是唐朝大将张守珪当幽州节度使的时候。安禄山一次因盗羊被抓捕,张守珪决定将其"棒杀",也就是准备把安禄山乱棍打死。禄山大呼:"您不是要消灭奚族和契丹这两个番邦吗?那干吗还要杀我这个对您有用的壮士!"张守珪看此人出言不凡而且相貌堂堂,就把他放了,留在帐下听用。按有的说法,安禄山相貌丑陋,这其实是后人对他

的丑化。《旧唐书》说安禄山相貌"肥白",《新唐书》说他"伟而皙"。什么是"伟而皙"?就是身材高大,皮肤白皙。唐人以肥为美,以白为美,所以"肥白""伟而皙",指的就是身材魁梧、器宇轩昂。可见,青年时代的安禄山,也算得上是"高而帅"了。不过他后来越长越肥,以至于"腹垂过膝",肚皮垂下来超过膝盖,体重达到350斤。无论史料中的这些描述是不是夸张,这都是以后的事了,他青年时代还是挺英俊的,起码很有"男人味儿"。民国初年,"暖红室"本《长生殿》中《褉游》一出的插图,就把现实中的安禄山画得很帅气,完全不像戏台上的大花脸。

在张守珪的手下,安禄山屡建奇功,在与契丹人的战斗中他的军队以一当十。所以安禄山越来越受到张守珪的重用,不但很快被提拔为偏将,而且被收为义子。

有一个传说是,安禄山曾在韩国公张仁愿——那个以为"妖星"坠落派人搜捕刚出生的安禄山而不得的大将——手下当差,一次张仁愿让安禄山给他洗脚,他脚下长了一颗黑痣,安禄山不由得多看了两眼。张仁愿很轻蔑地笑了,说:"这黑痣是我的贵相,你特别关注它,难道你也有吗?"安禄山很谦卑地说:"我是一个贱人,但很不幸,我的两只脚上也都有痣,比将军的颜色黑而且大,不知道这是什么兆头?"张仁愿立马让安禄山脱下鞋子,当看到其脚上果真有黑痣后大为惊异,就收安禄山做了义子,并向朝廷举荐他。这个传说是不是真实不重要,重要的是掌握唐王朝命脉的某些大人物看上了安禄山。

安禄山第三次大难不死就是唐玄宗直接干预的结果了。唐开元二十四年(736年),安禄山为平卢将军,在讨伐契丹的战斗中轻敌冒进,结果中了埋伏,全军大败,按军法当处斩。他的顶头上司幽州节度使张守珪本有直接行刑的权力,但张守珪的心情十分复杂,他觉得安禄山是个将才,杀了可惜,但按律法又必须处斩。怎么办呢?张守珪思来想去耍了个心眼,就把安

"暖红室"本《长生殿》第五出《褉游》插图

禄山押解到京师，听凭唐玄宗处置。意思是，皇上啊您看着办吧，您要杀了他，损失了一员大将，责任是您的；您要留着他，反正皇上比法大，金口玉言，由您一句话。以直言敢谏出名的宰相张九龄极力主张将安禄山立即处决。因为在这之前安禄山进京奏事的时候，张九龄曾经见过他，从其言行举止看出来此人绝非久居人下的等闲之辈，而是有野心的人，所以张九龄当时就曾预言"乱幽州者必此人"。这次张九龄在呈给唐玄宗的奏折中，说安禄山"狼子野心，面有逆相"，应当杀了他以绝后患。但唐玄宗最终选择留下他，只是免了他的官，让他戴罪立功。

杨国忠与安禄山

《长生殿》第三出《贿权》是描写安禄山被押解到京师听候宣判时向丞相杨国忠行贿的场面。作品让安禄山通过独白自叙其出身和经历，独白的内容多数都有文献依据，但安禄山向杨国忠行贿的情节完全是虚构的。因为，安禄山被押解到京师的开元二十四年（736年），杨贵妃还没有被册封，杨国忠也还没有到朝廷做官。

在《贿权》这一出戏中，安禄山一副可怜巴巴的样子行贿讨饶，杨国忠承诺得人钱财与人消灾。不过杨国忠还是有所顾忌的，他猜不透"圣上"的心思啊，万一老人家真的较起真来，严格按律法行事，不仅救不了安禄山，说不定还会牵连到自己。于是他眉头一皱计上心来，决定拿张守珪的奏折说事。原来张守珪在奏折中称，安禄山"通晓六番言语，精熟诸般武艺，可当边将之任"云云。杨国忠决定把这些评价上奏，请"圣上御前试验"，就是请唐玄宗亲自当面审查安禄山。

但唐玄宗收了奏折，根本没安排什么"御前试验"，他把这事交给杨国忠去处理，那结果就可想而知了。唐玄宗听了杨国忠关于安禄山的禀报之后立马下旨："赦其前罪"，"授职在京，以观后效"。

《长生殿》对李隆基颇多批判，其中之一就是揭露他的不作为而误信杨国忠的一面之词，赦免了失律当斩的安禄山。唐玄宗的养痈遗患、纵虎归山，是导致"安史之乱"爆发的重要原因之一，这在剧中一再被提起。

我们讲过，《长生殿》的上半部除了唐明皇与杨贵妃这一组冲突之外，还写了杨国忠和安禄山的冲突。

在作品中，杨国忠和安禄山的冲突，是因安禄山偷窥杨氏姊妹而起。唐明皇与杨贵妃、杨国忠及三位国夫人在曲江游幸时被安禄山瞧见，并且有垂涎三尺的表现。（参 24 页《禊游》插图）这种表现被杨国忠看到了，立刻怒火中烧，杨与安的矛盾由此而起。这个虚构的场景，反映了杨国忠与安禄山由于争权夺利而产生矛盾的历史真实。

第十三出《权哄》，写杨国忠与安禄山爆发冲突，二人一起"面见圣上"。本来是狗咬狗一嘴毛，而唐玄宗的判决是：既然你们将相不和，难以同朝共理，那就任命安禄山当范阳节度使，克期上任吧。这其实正中安禄山的下怀，他大摇大摆地赴任去了。杨国忠一面感到沮丧，一面又希望安禄山此去真的"做出事来"，到那个时候皇上就会相信我"忠言最早"。

在杨与安两人中，唐玄宗为什么支持安禄山呢？因为安禄山太懂得讨唐玄宗欢心了。

安禄山是个大肚皮，一次唐玄宗当面问他："你这个家伙肚子这么大，里面装的什么呀？"安禄山拍着肚皮回答："唯有一片赤心。"你想唐明皇听了能不高兴吗？

唐玄宗曾经让安禄山去见太子，安禄山见到太子不跪拜。左右的人催促他跪拜，他却拱手站立说："臣下我是胡人，不懂得朝廷中的礼仪，不知道太子是什么官。"唐玄宗解释说："太子就是将来的皇上，朕千秋万岁之后，代替朕做君主的人就是他。"安禄山说："臣下我实在愚笨，孤陋寡闻，只知道有陛下您一人，不知道有太子。"这话唐玄宗听了很是受用。

安禄山入朝，总是先拜杨贵妃，后拜唐玄宗，唐玄宗问是什么缘故，安禄山回答："我们胡人的习惯是先母而后父。"唐玄宗听后十分高兴。当时北方少数民族还保持着母系氏族社会的某些传统，有"先母后父"的习惯不奇怪。但安禄山这样做这样说却有他的目的，因为他深深懂得，讨好杨贵妃就是讨好唐玄宗。果然这种貌似朴素幼稚的回答收到了极好的效果，从此唐玄宗更加宠幸安禄山了。

"安史之乱"是唐玄宗咎由自取

《长生殿》中，安禄山一到边陲，就开始秣马厉兵，做谋反的准备。这种描写与历史文献完全吻合。文献记载，越是临近"安史之乱"爆发，唐玄宗对安禄山就越发信任、越发宠爱,"安史之乱"实在是唐玄宗咎由自取。

而另一方面,杨国忠为了显示自己"忠言最早",多次上疏"禄山必反",而且还让唐玄宗试探安禄山,进而鼓动唐玄宗削去安禄山的兵权。这些做法,都一一传到安禄山的耳朵里,加速了兵变的爆发。

天宝十三载(754年)正月,安禄山从北疆入朝到了长安。当时唐玄宗在骊山华清宫,杨国忠上言,这次安禄山就要反了,请陛下召他来朝见试试他,他若心虚一定不敢来。结果唐玄宗让人"召之","禄山闻命即至"。安禄山到华清宫一见到唐玄宗,就装出一副委屈得不得了的样子,哭得鼻涕一把泪一把,他对唐玄宗说:"臣本是一介胡人,只是受到陛下的信任才有今天的地位,但却不为杨国忠所容,恐怕难逃一死了!"这种拙劣的作秀,竟然骗过了唐玄宗,唐玄宗对安禄山连连抚慰,重加赏赐,还脱下自己的衣服亲自给其披上,安禄山受宠若惊。从此以后,有说安禄山谋反的人,唐玄宗都把他们捆绑起来送给安禄山治罪,因此朝野上下人人都知道安禄山要谋反,但人人都不敢说。

唐朝的节度使,相当于现在的军区司令加省长。安禄山身兼范阳、平卢、河东三镇节度使,相当于大军区司令加北方地区的最高行政长官。一旦他造反,后果不堪设想。

安禄山的权势对杨国忠也形成了威胁,于是杨国忠等人就想了一个主意,把安禄山调入京师为宰相,他所担任的三镇节度使,任命其他三人分别担任,以削弱安禄山的兵权。唐玄宗一开始表示同意,而且任命书已经写好,但却按下不发,而派一个叫辅璆琳的宦官拿着珍果去慰问安禄山,让他暗中观察边疆形势的变化。辅璆琳受了安禄山的贿赂,还朝后极力说边疆安定,安禄山忠诚奉国,没有二心。唐玄宗大为得意,对杨国忠等人说:"我说安禄山不会谋反吧?我对他不薄,他也一定会同样待我的,你们放心吧。"

朝政腐败与"安史之乱"

史书和《长生殿》,对安禄山的野心、杨国忠对矛盾的有意激化、唐玄宗对安禄山的纵容都给予了充分的揭露,认为这是"安史之乱"爆发的主要原因。但今天看来,唐天宝年间朝政的腐败更是造成"安史之乱"的重要原

因。唐玄宗纵情声色、不理朝政,李林甫、杨国忠、安禄山争权夺利、相互倾轧,杨氏家族乃至整个统治集团的腐化奢侈,以及社会上贪污、贿赂成风,贫富差距巨大——杜甫的名句"朱门酒肉臭,路有冻死骨"写的就是这个时期的现实。这些个因素层层叠加,积重难返,才最终酿成了"安史之乱"。

试想一下,如果辅璆琳没有接受安禄山的贿赂,而是向唐玄宗告发了安禄山准备兵变的实情,那唐王朝是不是可以防患于未然呢?如果不是利益集团与普通百姓之间巨大的贫富差距造成下层民众的强烈不满,那安禄山的造反就那么容易做到一呼百应、势如破竹吗?所以,读史观剧要思考,以防止知识的碎片化和表面化,这样才能真正做到"以史为鉴"。

"红颜祸水"与裙带关系

值得关注的是,史料和文学作品对于杨贵妃的参政也给予了淡化和选择性遗忘。

的确,杨贵妃是政治斗争的牺牲品,值得同情。但从史料看,这个女人多少还是参与了朝政的。除了借助于她的裙带关系使杨氏家族炙手可热这一条之外,她直接参与的政治斗争至少有两次。

第一次是参与了杨国忠与李林甫的争权夺利。

我们知道,天宝后期,宰相李林甫和杨国忠明争暗斗,互为仇敌。天宝十一载(752年),李林甫奏派杨国忠前往西南处理事务。而杨国忠担心自己出京后会遭到李林甫的暗算,哭着向唐玄宗请求留在京城,并由杨贵妃出面求请。唐玄宗安慰杨国忠说:"卿暂到西南处理事务,朕屈指待卿,还当入相。"国忠出京后李林甫得了重病,一个巫医为李林甫出主意说,你这是心病,见一下皇上就会好的。唐玄宗听说后想去探视,但由于杨贵妃就在唐玄宗身旁,乃至于"左右固谏",唐玄宗手下的人谁都不希望他去探视李林甫。于是唐玄宗就让人把李林甫弄到院子里,而自己则登上"降圣阁遥望,以红巾招之"。可以想象唐玄宗与李林甫的距离相当远,以至于互相看不清对方的面目,所以才用"招红巾"示意。杜甫《丽人行》诗中"青鸟飞去衔红巾",说的就是这件事。当年十一月,李林甫便死去了。从此杨国忠大权独揽,"公卿以下,颐指气使,莫不震慑"。

第二次是为杨国忠向皇上"衔土请命"。

"安史之乱"爆发后,唐玄宗本想御驾亲征,亲自带兵去征讨安禄山,让太子监国,而且连制书都起草好了。杨国忠听后大为恐惧,因为杨国忠在朝野内外已经名声扫地,他与太子的矛盾也已经非常尖锐了,让太子"监国"简直就是要他的命啊。杨国忠退朝后对杨家姊妹说起这件事,全家人哭作一团,最后杨贵妃"衔土请命于上"。什么是"衔土请命"?传说舜的时候,有一种鸟,可以衔土成坟。所以"衔土请命"就是以生命为代价,请求皇上不要让太子监国。于是唐玄宗的决心动摇了,已经起草好的制书也不再下发。可见,杨贵妃与天宝政治并不是毫无关系的。虽然她是身不由己,但"一荣俱荣一损俱损"这样浅显的道理她不会不懂。

如果说,《长生殿》的作者洪昇对"招红巾"一事可能有所忽略的话,那么他对于杨贵妃"衔土请命"一事绝不可能不知情。洪昇对《资治通鉴》太熟悉了,《资治通鉴》中记载开元年间"粟贱三钱",就这么几个字他都在剧中通过唐玄宗的独白说出来,怎么可能不注意到杨贵妃"衔土请命"这件大事呢?所以,不写这件事完全是洪昇的"选择性遗忘"。在洪昇看来:完全再现杨贵妃与政治的关系必然会使马嵬事件具有某种合理性而削弱其悲剧性,以爱情为主题必然要舍弃对杨贵妃有负面影响的所有事实。

京剧《太真外传》中的贤妃

以上我们讲到,在如何看待杨贵妃与"安史之乱"及她在马嵬坡殒命这件事上,有三种不同的态度:一是把杨贵妃看作妖孽、尤物,她的死是罪有应得。二是她的死是无辜的,是杨国忠等人作恶多端,使处于深宫的杨贵妃受到牵连。三是她在国家危难的关头主动请死,她的死是为国捐躯。三种不同的态度,决定了史书或文学作品做不同的叙事处理。此外,还有没有另外的叙事处理呢?

二十世纪20年代,由齐如山编剧、梅兰芳主演的京剧《太真外传》,就在《长生殿》的基础上又向前迈出了一步。

大家都知道梅先生的代表作《贵妃醉酒》。但《贵妃醉酒》只是一个片段而已,它表现杨贵妃久等唐明皇不来而无限惆怅、无限悲伤的情感,没有

涉及她和政治的关系。但《太真外传》就不同了。这个戏总共四本,每本十场,要演四个晚上才演得完。当年《太真外传》演出时非常轰动,场上从头至尾叫好声不断,观众看得如醉如痴。

《太真外传》中由梅兰芳扮演的杨贵妃在离地约一米高的旋转的圆盘上翩翩起舞

《太真外传》走的基本上是《长生殿》的路子,容量大,人物多,结构上李杨爱情与"安史之乱"交错发展。这个戏在《长生殿》的基础上进一步美化杨贵妃,让她成为一个"贤妃"形象,成为干涉朝政的"正能量"。她听说安禄山被任命为范阳节度使,唯恐放虎归山,后患无穷,就劝谏唐明皇收回成命。当她知道此事已经难以挽回,便想方设法安抚安禄山,而不是像杨国忠那样激安禄山造反。

第四本第五场,安禄山攻破潼关的消息传来,唐明皇决定死守长安,杨贵妃则认为长安无险可守,建议召集大臣们一道商议良策。当杨国忠幸灾乐祸地炫耀自己早料到安禄山会造反时,遭到杨贵妃的痛斥。她有两段台

《太真外传》中梅兰芳扮演的杨贵妃近照

词,第一段她说杨国忠:

> 想你身为首相,执掌大权,果能防患未然,何至渔阳兵起?平日无治国良策,早当奉身而退,才是正理!

第二段台词更尖锐:

> 自你拜相以来,只知招权纳贿,卖爵鬻官,早已人言啧啧。就是那安禄山造反,也未必非你逼迫而成。似你这等行为,就是万岁开恩,只恐百姓也未必饶恕于你!

杨贵妃义正辞严,表明她和杨国忠完全不是一路人,可最终还是难逃被诛杀的命运。而陈玄礼坚持要杀杨贵妃的唯一理由,还是她是杨国忠的妹妹的身份。这是她的宿命,也是她最大的悲剧。也许,《太真外传》的作者有意想把作品往"命运悲剧"上靠吧。

我们说过,《长生殿》在史料取舍方面堪称典范,但看来并不是没有改进的空间。因为尽管《长生殿》美化、仙化杨贵妃的意识非常明确,却还是要写到"安史之乱",写到杨国忠的所作所为及杨氏一门的奢侈腐化。杨贵妃对国家的动乱虽没有直接责任,也不能完全摆脱干系。《情悔》一出中杨贵妃的灵魂这样独白:"只想我在生前所为,那一桩不是罪案。况且弟兄姊妹,扶势弄权,罪恶滔天,总皆由我。"所以关于《长生殿》究竟主要是写爱情还是写政治的争论也就一直不断。不过,梅兰芳所扮演的杨贵妃,用"美"结束了争论。

看来,在历史剧如何选材方面,没有最好,只有更好。所以杨贵妃题材的历史剧一定会不断地被后人重新演绎。

第四集　道教和杨贵妃"旅日"传说

我们曾经讲到,李隆基在正式册封杨贵妃之前让她入道,其主要目的并不是为了掩盖公公娶儿媳妇的事实,而是和他迷信道教有关。现在,到了揭开这一谜底的时候了:李杨爱情的全过程,其实都和这一对帝王后妃迷恋道教、修炼道术紧密相关。而且,民间流行的杨贵妃死后羽化升仙与李隆基在仙界团圆、杨贵妃根本没死而是漂流到日本这两个传说,它们产生的根源也在这里。

迷恋道教、追求长生的李隆基

我们知道,道教是李唐王朝的国教,统治者以教主李耳的后裔自居。唐朝的开国皇帝李渊,就封老子为玄元皇帝。到了唐玄宗李隆基,对道教的迷信达到无以复加的程度。特别是开元后期,国家繁荣安定多年,唐玄宗做了近三十年的皇帝,开始怠于政事,像秦皇汉武一样追求长生不老。中唐诗人刘禹锡在诗中说:"开元天子万事足,唯惜当时光景促。三乡陌上望仙山,归作霓裳羽衣曲。"(刘禹锡《三乡驿楼伏睹唐玄宗望女几山诗,小臣斐然有感》)这几句诗概括了唐玄宗晚年迷恋道教、追求长生的真实情况。

唐玄宗总共使用过两个年号:开元、天宝。那么唐玄宗为什么在开元二十九年改年号呢?史载,这一年正月,有一位叫田同秀的参军上疏,说自己在丹凤门,也就是长安大明宫正南门的上空看见了老子,老子告诉他说,在函谷关尹喜旧宅第藏有灵符。唐玄宗派人前往搜寻,果然找到了灵符。

传说,老子曾经在函谷关应关令尹喜的要求写下《道德经》五千言,后来尹喜本人也成为道家学派的代表人物之一。田同秀说见到了老子,完全是看透了唐玄宗对道教的迷信,为投其所好编出来的谎言,所谓"灵符"也是事先埋藏好的。但唐玄宗竟然完全相信了,而且听从了朝中某些大臣的建议,把年号从"开元"改为"天宝",把发现灵符的桃林县改为灵宝县——现在河南省三门峡市的灵宝县就是那个时候改名的,田同秀从七品的参军升为五品的朝散大夫。

有了这样的先例,就不断有人效仿,故伎重演,屡试不爽。这些撒谎的骗子,都得到好处了,只有一个倒霉蛋,就是清河县人崔以清。他上言在东都洛阳天津桥北看见老子,老子说在某某地方藏有灵符。当时的东都留守王倕知道其中有诈,就把崔以清抓起来拷问,崔以清果然承认是造假。像这样的欺君之罪本应处死的,但唐玄宗只是流放了他。

此外,唐玄宗还不断召见道士,封官赏赐,并亲受法箓,拜道士为师,道士的地位迅速提高。先后被唐玄宗召进宫中的著名道士有罗公远、叶法善、吴筠、司马承祯、张果、李含光、李遐周等人。唐玄宗的亲妹妹玉真公主和金仙公主,以及他的女儿万安公主,都先后成了女道士。唐玄宗还差点把玉真公主嫁给道士张果,就是八仙传说中的张果老。

揭开杨贵妃入道之谜

这就不难明白,唐玄宗看中了寿王妃杨玉奴之后,为什么先让她入道。

文献记载,自开元二十四年(736年)唐玄宗的宠妃武惠妃死后,"后宫数千,无当意者",有人向他推荐了寿王妃杨氏,"上见而悦之,乃令妃自以其意乞为女官,号太真"(《资治通鉴》"天宝三载")。请注意"自以其意"几个字,也就是说,杨贵妃入道,是她自己请求的,而不是唐玄宗单方面强加给她的。

而且杨贵妃在入道之前,很可能已经有过修道的经历。以唐玄宗的名义所下的《度寿王妃为女道士敕》说:杨氏"虽居荣贵,每在精修,……特遂由衷之请,宜度为女道士"。这样我们就可以明白,"后宫佳丽三千人,三千宠爱在一身"的深刻原因了。杨贵妃不但相貌天生丽质,而且有过修道的经历,这恰恰迎合了唐玄宗的喜好。

天宝三载(744年)三月,唐玄宗命人在太白山采来白石,雕成两尊石像,一尊为老子像,另一尊为唐玄宗自己的像,侍立于老子像之右。这样,

神被帝王化,帝王也被神化了。而杨贵妃正式被册封,也恰恰是在同一年,这不会是偶然的。自此以后,唐玄宗对杨贵妃的宠爱,和他对道教的迷恋就相伴始终。在他们卿卿我我、海誓山盟的爱情生活中,二人共同修道,也成为必不可少的重要内容。

史载,杨贵妃对道教的迷恋不亚于唐玄宗。

从文献和唐诗对照看,杨贵妃入道的几年中,乃至被封为贵妃之后,对道教和道术,的确是勤于修炼的。刘禹锡《马嵬行》诗说杨贵妃"平生服杏丹,颜色真如故",透露了杨贵妃生前服丹药的事。另据文献记载,唐天宝中有一个叫孙甑生的人,善于用内功把四面八方的石头吸引过来合并在一起,把许多个鸡蛋摞起来,还善于"折草为人马,乘之东西驰走",杨贵妃对这些道术极感兴趣,经常把孙甑生召进宫来让他演示。(《明皇杂录》)

根据《旧唐书·玄宗本纪》,天宝元年十月,长生殿建成,又名集灵台。这就有问题了。长生殿是寝殿,集灵台从名字看应该是神殿或者斋殿,是祭祀的地方。这两个殿怎么会是一回事呢?原来,唐玄宗为了求长生,也为了祭祀方便,把寝殿和斋殿建在一起,称为"长生殿",又叫"集灵台"。晚唐张祜《集灵台》诗说:"昨夜上皇新授箓,太真含笑入帘来。"说的就是李杨二人半夜同到集灵台祭祀的事。由于集灵台与长生殿不分,斋殿与寝殿不分,所以李杨二人的性爱生活与尊道教、求长生的宗教体验便密不可分。

令人关注的是,杨贵妃和唐玄宗,很可能学习过男女双修。

天宝初年,有一个得道者叫王旻,据说年纪几百岁了,但相貌却像三十多岁。王旻的姑姑更神奇,据说已经七百岁了,但长得"貌如童婴"。而她长生不老的秘密就在于"善于房中术"。文献记载,唐玄宗和杨贵妃将王旻召入宫中,"旦夕礼谒,拜于床下,访以道术,旻随事教之"(《太平广记》引《纪闻》)。

一提起"男女双修"或"房中术",或许有人会想起金庸武侠小说中杨过和小龙女合体双修的故事。这本不是什么淫邪之术,而是道教上乘的双修功法,可以用来求长生。道教文献把这种功法说得很含糊、很神秘,但有一点是必需的,就是参与合体双修的一男一女,必须是虔诚的道教信徒,必须达到了一定的功力,必须心无旁骛、心无邪念。杨贵妃与李隆基具备了这样的条件,这就为"李杨爱情"注入了神秘的活力,成为他们谁也离不开谁的重要因素之一。

李杨爱情的道教基因

　　长期以来，人们对李杨爱情中的道教基因有所忽略。《长恨歌》后半部分，写太上皇李隆基令道士上天入地寻找杨贵妃的灵魂，终于在海上仙山见到了已经成仙的杨贵妃。以往，人们仅仅把这种描写看成是精诚所至，金石为开，是爱情的力量。其实，道士上天入地寻找杨贵妃的灵魂，本身就是一个典型的道教故事。我们说过，唐明皇在成仙修道方面追随汉武帝、模仿汉武帝。汉武帝在李夫人死后，曾让方士李少君用法术重现李夫人的形象，现在唐玄宗也要如法炮制，让道士寻找杨贵妃了。《长生殿·觅魂》一出，就是根据《长恨歌》后半部分写的，而且更加具象化、形象化了，看起来就像一场道坛法事。

　　第三十七出《尸解》，写杨贵妃死后，其灵魂随风飘荡，无限伤感地回到马嵬坡埋葬她的地方。不料天上的织女星捧着玉皇大帝的"玉旨"，向她宣布：你本是天上的太真玉妃，"偶因微过，暂谪人间"，现在劫难已过，凤业已消，"准授太阴炼形之术，复籍仙班，仍居蓬莱仙院"。"玉旨"宣读已毕，杨贵妃的尸体先是睁开了眼睛，接着手脚会动了，然后就会走了，杨贵妃死而复生了！她的肉身脱离了躯壳，获得了重生和升仙。

　　这个故事，是洪昇杜撰的。但道教早就有"尸解"之说。按道教的说法，一般的人只有一次生命，但得道的人可以死而复生，死而成仙，其尸体白日飞升，叫作"尸解"。

　　那么杨贵妃成仙之后去了哪里呢？《长恨歌》说："昭阳殿里恩爱绝，蓬莱宫中日月长。"《长恨歌传》则说杨贵妃最后归于蓬莱山太真院，而《长生殿》则说杨贵妃本来就是"蓬莱仙子"，最后回归到了"蓬莱仙院"。这个传说，进一步把李杨爱情故事道教化、神话化了。这就为解释杨贵妃死而复生、漂流到日本的传说找到了依据。我们下面再说。

　　杨贵妃在"马嵬兵变"中已经死亡，史书中记载言之凿凿，本来没有什么想象空间，唐代人只是对杨贵妃是怎么死的感兴趣。

　　在各种说法中，杨贵妃被勒死一说最为流行。《长恨歌传》说杨贵妃"仓皇辗转，竟死于尺组之下"。"尺组"是小官所系的腰带，在当时兵荒马乱的环境中，使用此物勒死人最为可能。《旧唐书·杨贵妃传》说，在陈玄

礼等人的劝谏加威逼之下，唐玄宗无奈，"与妃诀，遂缢死于佛室"。《资治通鉴》则记载，劝说唐玄宗赐死杨贵妃，高力士也有份，最后唐玄宗命令高力士把杨贵妃带到佛堂缢死，可能就是用"尺组"把她勒死的。

同样是被勒死，还有一说是杨贵妃缢死于佛堂的梨树下。《杨太真外传》写的是高力士把杨贵妃吊死的，而《长生殿》写的是杨贵妃自己上吊的。陈寅恪先生认为，这个说法，恐怕是受了《长恨歌》诗句"梨花一枝春带雨"的影响。

在有的民间传说中，杨贵妃是喝了毒酒而死。刘禹锡说，他有一次路过马嵬驿，看到了杨贵妃的坟墓，从马嵬驿当地的小孩子那里，得到一个传闻："贵人饮金屑，倏忽舜英暮。"（《马嵬行》）"饮金屑"，是喝了融有金屑的毒酒，这是古代君王令后妃自尽的一种办法，晋惠帝的贾皇后就是被逼迫饮了金屑酒中毒而死的。

此外，杨贵妃死于乱军之中的说法也很流行。《长恨歌》说"六军不发无奈何，宛转蛾眉马前死"，李益诗说"太真血染马蹄尽"（《过马嵬》），似乎说杨贵妃是在乱军中被马踏死的。杜甫《哀江头》诗有"明眸皓齿今何在，血污游魂归不得"句，似乎也暗示杨贵妃并不是被勒死，而是死在乱军之中了。

但无论如何，在唐代文献中，杨贵妃已经死掉了，唐人对这一点并没有产生什么疑问。

杨贵妃"旅日"传说

但不知从什么时候起，一个奇特的说法开始流行：杨贵妃并未死于马嵬驿，而是流落到民间去了，更有甚者说杨贵妃到了日本。

二十年前，我在日本九州大学任教，曾经实地考察了位于日本山口县大津郡油谷町二尊院的"杨贵妃墓"。所谓"墓地"是由乱石堆成的一个大约半米高、十几平方米大的台子，台中央矗立着一座被称为"五轮塔"的佛塔。没有墓碑，更没有碑文，只在"五轮塔"前立着一块木牌，上边用毛笔写着一段日语，标题是：充满着谜和浪漫色彩的杨贵妃之墓。正文大意是：

史书中记载，深受唐玄宗宠爱的杨贵妃，在马嵬佛堂被勒死了。但是，民间流传着实际上杨贵妃并没有死的传说，有名的《长恨歌》中也有令人想象她东渡日本的词句。根据江户时代的文献,杨贵妃乘船漂流到此地,不久死去,被当地的人埋葬在此处的佛寺。杨贵妃的灵魂思念唐玄宗,托梦给他。唐玄宗就命令手下一个叫陈安的人带着两尊佛像到日本寻找杨贵妃的墓地,但最终没能找到,便将二尊佛像安置在了京都的清凉寺。后来得知杨贵妃是埋葬在这里了,就又制作了完全相同的两尊佛像送到本寺院,故本寺院名叫"二尊院"。杨贵妃及其婢女的墓便修建于此。

在"墓地"前不远处,有一尊用汉白玉新雕成的杨贵妃像,高七八米,面朝着中国大陆的方向。

说实话,面对这样一个场面:没有墓碑,没有任何遗留物,仅有一块木牌,上面的字时间不会超过二十年,而杨贵妃雕像是西安美院的两位老师1993年设计监修的。我当时的想法是,即使"造假",也不会这么草率吧?

在日本待了一段时间之后,我发现杨贵妃的故事对日本的影响远远超出了我本来的预料。京都涌泉寺中的观音像被叫作"杨贵妃像",横滨金泽区有所谓"太真珠帘"被人收藏,和歌山有杨贵妃使用过的澡盆,长崎有她爱用的枕头,等等。我无意中在东京国会议事堂的院子里看到一棵树,树上挂了一块牌子,上面写着:杨贵妃树。

日本山口县大津郡油谷町二尊院的杨贵妃雕像

于是我开始在图书馆找资料。真是"不看不知道,一看吓一跳",以"杨贵妃"题名的日文书竟然有几十本之多。其中既有井上靖的历史小说《杨贵妃传》和一些严肃的学术著作,也有许多当代的侦探、凶杀题材的小说。其中渡边龙策的《杨贵妃后传》(1980年),正文前有一幅图,是日本著名画家上村松园1922年画的杨贵妃像。此书中译本名为"杨贵妃复活秘史"(1987年),讲述了杨贵妃复活后漂流到日本的经过,大致情节是:

在马嵬驿,杨贵妃并没有气绝身亡,而是被勒昏了,她苏醒之后被宫女谢阿蛮一行护送到扬州。谢阿蛮联系上了日本遣唐副使藤原。藤原十分同情杨贵妃的遭遇,希望回国时带杨贵妃前往日本。一番犹豫之后,杨贵

妃决定随遣唐副使东渡日本。

　　这部小说还提到了杨贵妃在日本的各种传说和"遗迹"，除了我们上面提到的之外，最吸引眼球也是最荒诞的一则传说是：杨贵妃到达日本的时候，正赶上日本宫廷发生叛乱，杨贵妃当上了日本王朝的女皇帝！

　　日本之外，中国香港作家南宫搏的小说《杨贵妃》（1973年），在全篇之后加了一个杨贵妃没有死的尾巴，题目叫"杨贵妃后传"，与渡边龙策所写的情节大致相同，而且早于渡边的书。所以，渡边书中有关杨贵妃复活并漂流到日本的描写，有可能是从南宫搏的作品中因袭而来。南宫搏的书后还有一篇附录，谈杨贵妃生死之谜，其中说道：1963年，一位日本少女在电视上自称是杨贵妃的后代。

《杨贵妃后传》封面

上村松园1922年画的杨贵妃像

《长恨歌》与杨贵妃"旅日"传说

为什么杨贵妃的故事在日本影响这么大？杨贵妃漂流到日本的传说是怎样产生的呢？简单地说，是由于《长恨歌》的巨大影响。

我们知道，白居易在日本的影响超过李白、杜甫，主要也是由于《长恨歌》。日本的长篇小说《源氏物语》中，大量引用了《长恨歌》和《长恨歌传》的原句，而且把男女主人公铜壶天皇和他的妃子比作唐玄宗和杨贵妃。这部书大约作于公元1001年到1006年之间，相当于北宋真宗时候，可见《长恨歌》很早就对日本产生了影响。其后，日本的其他文学作品受《长恨歌》影响的还有很多。而《长恨歌》，为杨贵妃漂流到日本留下了想象空间。

《长恨歌》写唐明皇从四川回銮想要改葬杨贵妃，但是呢，"马嵬坡下泥土中，不见玉颜空死处"，杨贵妃的尸体不见了。于是就让"临邛道士鸿都客"去找，结果是，"上穷碧落下黄泉，两处茫茫皆不见。忽闻海上有仙山，山在虚无缥缈间。"这座仙山在哪儿呢？"含情凝睇谢君王，一别音容两渺茫。昭阳殿里恩爱绝，蓬莱宫中日月长。"最终，杨贵妃和唐玄宗在蓬莱宫中团圆。可见这座仙山在蓬莱。而蓬莱，有一说就是日本。

传说，秦始皇时期，徐福曾率领三千童男童女，东渡蓬莱为秦始皇寻找长生不老药，最终滞留日本不归。这一传说的真实性姑且不论，但在日本，徐福的遗迹有二十多处，叫蓬莱的地名也有很多。如果你要去日本旅游，大概会去观赏日本庭院，日本庭院中必有一片湖水，湖中央的小岛往往叫蓬莱岛。日本作家田中博写了一本小说，书名是《东海有蓬莱——徐福传奇》，此书写徐福以给秦始皇找长生不老药为借口，历经千辛万苦，最终到达蓬莱岛——现在日本九州佐贺县筑紫平原。

这样，杨贵妃东渡日本的传说，其来历就清楚了：既然《长恨歌》说杨贵妃到了蓬莱，而蓬莱就是日本，所以杨贵妃到了日本。这就不难理解杨贵妃"旅日"之说被附会出来的真相了。关键在于，有人把《长恨歌》中的道教故事当真了。

清代赵翼批评《长恨歌》后半部分，也就是"方士访蓬莱"的部分，是把当时的民间传说写"实"了，"香山竟为时以实之，遂成千古耳"（《瓯北诗话》）。可见自古以来，把《长恨歌》当真的人还真不少。

但赵翼对《长恨歌》的批评不够客观,因为白居易对这个传说的描写本来是很有分寸的:"临邛道士鸿都客,能以精诚致魂魄",明明寻找的是杨贵妃的灵魂而不是她本人。道士在蓬莱宫见到的,是死后成仙的杨贵妃,"含情凝睇谢君王"是蓬莱仙子请道士带给太上皇的话。可见白居易清醒得很,李杨两个人再也不可能见面了。否则,何来的"天长地久有时尽,此恨绵绵无绝期"呢?把传说当真,是对《长恨歌》的误读,是对道教故事的误读。因此认为杨贵妃没有死,那想象力实在太丰富了。如果要再延伸一步,说杨贵妃逃亡到了日本,那就是在开"国际玩笑"了。

人们之所以幻想出杨贵妃没有死的传说,大概还有另外的原因。试想,那么漂亮、无辜的一个女人,活生生地成了政治斗争的牺牲品,实在可惜。我国著名学者俞平伯,二十世纪20年代末提出杨贵妃在马嵬事件中没死,而是逃到民间做了女道士;日本有一则传说,竟把搭救杨贵妃的人说成是陈玄礼。这些无稽之谈的后面所蕴含的,正是一般人都会有的同情弱者、怜香惜玉的情感。这种情感与"红颜祸水""妖姬"死有余辜的观念形成冲突。有时候,情感与观念的冲突同时并存在同一个人身上。例如大诗人杜甫就最典型,一会儿说"桓桓陈将军,仗钺奋忠烈","不闻夏殷衰,中自诛褒妲",一会儿说"明眸皓齿今何在,血污游魂归不得",这就是基于家国情怀的集体主义观念和同情弱者、怜香惜玉的个人情感形成的冲突。

至于《长生殿》,洪昇是确信杨贵妃死于"马嵬兵变"的。他非常明白他写的杨贵妃"尸解"成仙,与唐明皇月宫中重圆,最终归位于蓬莱宫只是一个神话、一个道教故事而已。但这样一个被虚构出来的"大团圆"的结局、"被团圆"的结局,是不是也有可能与《长恨歌》一道,成为杨贵妃没有死,而是漂流到日本的证据呢?从有些人的逻辑看,是完全可能的。

结束语

各位朋友,我们说过,杨贵妃的话题是一个说不尽的话题。在短短的四集中,我们从贵妃芳名讲起,直到贵妃之死,以及她死后的传说,都进行了重新阐释。特别是刚刚讲到,维系李杨爱情的重要因素之一,是二人对道教的迷恋,他们共同修道以求长生不老,所以互相之间谁也离不开谁,谁都不能找另外一个人代替对方。这些讲述,都有"揭秘"的味道。但同时我们也说了,这些讲述,不是要你相信,而是要你思考、要你读书。如果思考的结果、阅读的结果是你不认同我的说法,也没问题,我们可以一起讨论、争论。世上没有绝对的历史真实,相信我们的争论会进一步接近真实,仅此而已。

同时,我们也多次讲到,古典名剧《长生殿》在选材方面是很"任性"的。作者要美化和仙化杨贵妃,所有的史料都要为我所用,有利于我的就用,不利的就抛弃不用。《长生殿》的成功说明:历史剧不是历史,它完全可以成为"任人打扮的女孩儿"。当然了,这个"女孩儿"你把她打扮得怎么样,好看吗?漂亮吗?大家接受吗?这就是另外的问题了。

在这个专题即将结束的时候,我还想对《长生殿》作者洪昇的生平做一点补充。

众所周知,洪昇和清康熙年间另一著名剧作《桃花扇》的作者、山东人孔尚任被并称为"南洪北孔"。有意思的是,不仅这两部书都是历史剧,而且"南洪北孔"都为他们的作品付出了代价。孔尚任被罢官是因为写《桃花扇》,而洪昇被革去国子监生,以及后来酒醉失足落水而死,都是因为《长生殿》的缘故。

这两次事情的经过是这样的:

康熙二十七年(1688年),《长生殿》经多次修改后,终于搬上舞台而一炮走红。但到了第二年八月,却因在佟皇后的丧期内上演《长生殿》,而酿成了一场不大不小的案件。观看演出的许多名人都被革职,洪昇本人则被

抓进监狱，放出来后被国子监除名。时人有"可怜一曲《长生殿》，断送功名到白头"之句。洪昇在京师不快，不得已于康熙三十年返回故乡杭州。

康熙四十三年（1704年），江宁织造曹寅，就是《红楼梦》的作者曹雪芹的祖父，集南北名流为盛会，演出《长生殿》。曹寅对洪昇礼遇有加，让洪昇独居上座。三天后《长生殿》演毕，洪昇自江宁返钱塘途中，酒后登舟，堕水而死，享年六十岁。

我个人的看法，演《长生殿》之祸其实是一场文字狱。因为尽管洪昇想把这个剧本写成爱情主题，但作品难免涉及"安史之乱"。那些对安禄山及其麾下的北方叛军的描写，很容易使清朝的统治者产生联想，以为作品有影射之嫌。而洪昇之死，和传说中的李白之死一样，都是溺水而亡，又为我们这些后来人平添了些许无奈的感慨。

朋友们，关于杨贵妃与《长生殿》的话题到此就告一段落。谢谢大家！

《赵氏孤儿》纵横谈

第一集　惊心动魄的古典悲剧

今天要讲的是元曲《赵氏孤儿》。

我们通常所说的"元曲",其实包括了诗歌和戏剧这两种不同类型的文学样式;属于诗歌的是从诗词曲这个传统沿袭下来的,叫"散曲";属于戏剧的,用北方流行的曲调的叫"杂剧",用南方流行的曲调的叫"南戏"。《赵氏孤儿》是戏剧,用的是北曲,所以是杂剧。

说《赵氏孤儿》是悲剧,得先搬出祖师爷——中国戏剧史这门学科的开山祖师王静安(国维)先生,他在评论元杂剧时说:

> 其最有悲剧之性质者,则如关汉卿之《窦娥冤》,纪君祥之《赵氏孤儿》。剧中虽有恶人交构其间,而其蹈汤赴火者,仍出于其主人翁之意志。即列之于世界大悲剧中,亦无愧色也。
>
> (《宋元戏曲史》)

我们知道,中国有无悲剧的学术争论持续了好多年。以朱光潜、钱锺书等为代表的学者认为中国没有悲剧,我们来看朱光潜先生是怎么说的:

> 悲剧这种戏剧形式和这个术语,都起源于希腊。这种文学体裁几乎世界各大民族都没有,无论中国人、印度人或者希伯来人,都没有产生过一部严格意义的悲剧。中国的剧作家总是喜欢善得善报、恶得恶报的大团圆结尾,……仅仅元代(即不到100年的时间)就有500多部剧作,但其中没有一部可以真正算得悲剧。
>
> (《悲剧心理学》)

显然,朱先生对悲剧的界定比较严格。他以古希腊悲剧为标准,认为除了希腊以外,世界上各大民族都没有产生过悲剧。的确,古希腊悲剧具有独特的内涵与风格。它要求悲剧不仅要写主人公遭受苦难,而且这种苦难是一种不可避免、不可逆转的命运,甚至是主人公主动的选择,是个人意志、英雄气概使然。观众在看戏的过程中,不仅会对主人公不该遭受的苦难产生怜悯,而且还由于苦难命运的不可逆转而产生恐惧、震撼,以及由于主人公的意志而产生崇高感。这样的悲剧(例如《俄狄浦斯王》),中国的确没有。

但王国维说《窦娥冤》《赵氏孤儿》是悲剧,也不是随便下结论的。他在《红楼梦评论》中,曾对中国戏曲、小说中以大团圆做结局的作品及与此相关的民族精神提出批评,指出:"吾国人之精神,世间的也,乐天的也,故代表其精神之戏曲、小说,无往而不着其乐天之色彩。始于悲者终于欢,始于离者终于合,始于困者终于亨……若《牡丹亭》之返魂,《长生殿》之重圆,其最著之一例也。"然而,他却高度评价《窦娥冤》《赵氏孤儿》,认为这两个剧的主人公乃是出于自己的"意志",主动"蹈汤赴火",其自我牺牲、自我毁灭就是悲剧精神,不是一般的苦情戏所可比拟的。

应当指出,最早提出《赵氏孤儿》是悲剧的,是西方人。公元1731年,法国来华传教士马若瑟(Joseph Henri Marie de Prémare,1666—1736)在通读了《元曲选》中的一百个剧本后,将《赵氏孤儿》翻译成法文,其标题是"赵氏孤儿:中国悲剧"(Tcho-chi-cou-eulh,ou,L'orphelin de la Maison de Tchao,tragédie chinoise)。当时汉语里还没有"悲剧"一词,毫无疑问,在马若瑟看来,《赵氏孤儿》比较合乎欧洲悲剧的要求。不仅马若瑟,根据法译本转译或改编这个剧本的欧洲戏剧家,都无一例外地认同《赵氏孤儿》是悲剧的说法。

在国内,有人提出《赵氏孤儿》是"中国第一悲剧",我认同这个观点。中国的苦情戏很多:一对有情人苦苦相恋却始终不能成为眷属可以产生苦情戏,比如《梁山伯与祝英台》;一个负心汉,停妻再娶,可以产生苦情戏,比如《秦香莲》;一个女人死了丈夫,被迫将五个年幼的孩子分别送人,可以产生苦情戏,比如《星星知我心》。这些戏可以赚足观众的眼泪,但它们的主人公都不具备赴汤蹈火的精神,它们可以让人哭泣,但不能让人的心灵产生震撼,因而都称不上是悲剧。而《赵氏孤儿》是悲剧,因为它让人震撼。我的老师王季思教授二十世纪80年代主编了《中国十大古典悲剧集》,并撰写了颇有分量的《前言》,总结了中国古典悲剧的基本特点,我大体上同意这些观点。当然入选《中国十大古典悲剧集》的作品是否都很恰当还可以再讨论。

在讲元杂剧《赵氏孤儿》之前，应当先了解作者的情况。《孟子》说："颂其诗，读其书，不知其人，可乎？"这叫作知人论世。但是很遗憾，我们对作者的情况了解得很少。因为，相对于诗文而言，我国的戏剧、小说不仅成熟较晚，而且长期得不到重视，戏剧、小说作者的生平材料也很稀少。幸亏元末的钟嗣成写过一本名叫《录鬼簿》的书，记载了一些杂剧的剧目和作者的简单生平，我们从中知道《赵氏孤儿》杂剧的作者是纪君祥，大约生活在元代前期，是大都（今北京）人。他总共写过六个剧本，完整流传下来的只有《赵氏孤儿》一个。其他情况几乎一无所知。

但我们知道，元杂剧《赵氏孤儿》是我国最早的成熟的戏剧剧本之一。为什么这样说呢？因为第一，元杂剧这种形式产生之前，中国戏剧的大体情况是有戏剧无剧本，或者说有戏剧而没有成熟的剧本。第二，元杂剧虽然有了剧本，但流传至今被确认为元代刊行的剧本只有三十种，而《赵氏孤儿》就是其中的一种。

元代刊行的杂剧科白不全，有的剧本完全没有科白。严格说来，这样的剧本没有办法上演。有学者认为这是一种"单脚本"。所谓"单脚本"，就是只供一个主唱的脚色"正旦"或者"正末"排练、演出使用的剧本。这个

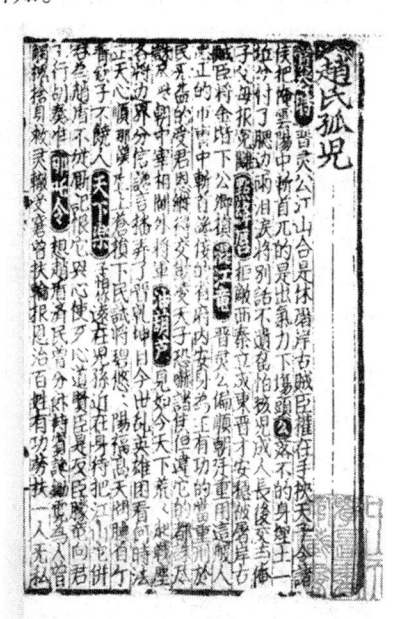

元刊本《赵氏孤儿》首页书影

看法大体可以接受，但有一个问题没有解决。就是元刊本中包括了少量非正旦、正末演唱的唱词。如果是"单脚本"，这些唱词似乎没有必要收进来。元刊本《赵氏孤儿》完全没有科介和宾白，只有唱词，仅看元刊本很难了解故事情节。所以在中外戏剧史上产生了巨大影响、受到极高评价的《赵氏孤儿》，应当是情节完整、科白齐全的明刊本。明刊本以明万历年间臧懋循整理并刊刻的《元曲选》本为代表。《元曲选》收入了一百种作品，纪君祥的《赵氏孤儿》就是其中的一种。

我们的介绍以《元曲选》本为主，并适当联系元刊本。

楔子：屠赵结怨　惨剧发端

元杂剧有"楔子"，什么是"楔子"呢？楔子本来是前尖后阔的小木片，用来密合加固上下或左右的物体，后来被借用为文学术语。明初朱有燉最早在杂剧中标明"楔子"，本来指的是四大套曲子（少数有五套曲子）之外的【赏花时】【端正好】或【柳叶儿】等单曲，与宾白无关，更与情节无关。到了《元曲选》，"楔子"就演变成了曲词科白、故事情节俱全的短小的过场戏。而置于全剧最前的"楔子"，相当于整出戏的序幕。

《赵氏孤儿》杂剧由五折一楔子组成，楔子在全剧之前，出场人物主要有三个：最先上场的是晋国大将屠岸贾，由"净"扮；接着上场的是驸马赵朔和赵朔之妻公主，赵朔由"冲末"扮，公主由"旦"扮。最后还有一个"外"扮演的"使官"出场。

大家知道，传统戏曲的脚色有"生""旦""净""末""丑"五大行当，不过元杂剧的脚色行当还没那么完善，分工也不如后世戏曲规范。元刊杂剧中只有"旦""末""净"三类行当，明刊本增加了"丑"。后人又总结出"杂"一类脚色，指孛老（老汉）、卜儿（老妇）、邦老（强盗）、孤（官员）、都子（乞丐）、俫儿（儿童）、驾（皇帝）等次要的配角。"冲末"本来不是脚色，而是冲场的意思，可以由末、旦、净中第一个上场的人担任，但在《元曲选》中已经是脚色名了。"外"在元杂剧中也不是脚色名，它与主唱的"正旦"或"正末"的"正"相对而言，

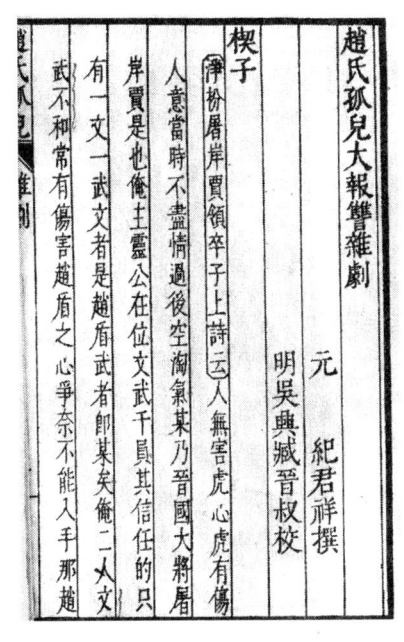

《元曲选·赵氏孤儿》首页书影

表示非主唱的男性或女性脚色，可以是"外末"，也可以是"外旦"。本剧楔子中的"外"是外末。

在一般情况下，元杂剧中只有"正旦"或"正末"可以唱，其他脚色只能

有念白,不能歌唱,这叫作"一脚主唱"体制。但在《元曲选》的少量作品中,楔子可由"正末""正旦"之外的脚色主唱。

按照元杂剧体例,脚色上场要先念四句韵文,叫作"上场诗";接着报出自己的姓名身份,叫作"自报家门"。《元曲选》的上场诗一般都和人物的年龄、职业、性格、处境有所关联。比如《窦娥冤》中蔡婆的上场诗是:"花无重开日,人无再少年。何须长富贵,安乐是神仙。"表明蔡婆是一位年事已高、安于现状的老妇。

在《赵氏孤儿》的楔子中,由"净"扮演的晋国大将屠岸贾照例念上场诗,自报家门:"人无害虎心,虎有伤人意;当时不尽情,过后空淘气。某乃晋国大将屠岸贾是也。"屠岸贾的上场诗,分明是斩草除根的意思,让人感到杀气腾腾、不寒而栗。接着是一大段独白,交代屠、赵两家交恶的由来和屠岸贾迫害赵氏一族的过程。在叙事文学中,这其实是一段倒叙。根据屠岸贾的独白,我们知道,晋灵公时,屠岸贾与赵盾一同辅佐灵公,都深得灵公信任,但二人"文武不和",屠岸贾遂生害盾之心,几次三番谋害赵盾。

第一次,他派一个叫鉏麑的勇士暗中行刺赵盾,鉏麑却触槐而死。

第二次,他把西域进贡的一只名叫"神獒"的大狗锁起来饿上几天,同时扎一个草人,穿上赵盾平时上朝穿的紫袍玉带、象简乌靴,在草人的肚子里装上狗最爱吃的羊心肺,然后把神獒放开,让神獒直扑草人,饱餐一顿,然后再把神獒锁住,饿几天后放出来,再让它直扑穿紫袍的草人。这样训练了一百天,上朝奏告灵公,说有西戎进贡来的神獒,可以辨识奸佞,见到奸臣便咬。灵公即命将神獒牵上来。此时赵盾身着紫袍玉带,正立在灵公身后。神獒冲着赵盾便咬,灵公言:"屠岸贾,你放了神獒,兀的不是谗臣也!"屠岸贾放开锁链,神獒便扑向赵盾,赵盾绕殿而走。这时恼了一人,乃殿前太尉提弥明。他一瓜锤打倒神獒,又一手揪住它的脑勺皮,一手扳住下颏子,将那神獒分为两半,赵盾得以脱身出殿。

请注意"提弥明"的读音。这同一个人,《左传》作"提弥明",《公羊传》作"祁弥明",《史记·晋世家》作"示眯明"。根据唐司马贞的《史记索隐》、陆德明的《经典释文》,提、祁、示三字古音相近,应读作 shí(实)。

第三次谋害紧接第二次。赵盾在提弥明帮助下脱身出宫想乘马车逃走,屠岸贾预先使人把赵盾马车的驷马摘了二马,双轮去了一轮,赵盾上车却不能行走。这时从旁来了一位壮士,用肩膀扛起车轴,另一臂赶起马车,"一臂扶轮,一手策马",把赵盾救走。救赵盾的壮士叫灵辄。原来,有一次赵盾下乡劝农，正遇灵辄在桑树下将要饿死，赵盾以酒饭相赐，这次灵辄见赵盾遇难便出手相救。赵盾虽逃过一劫，但屠岸贾上奏灵公，将赵盾一家三百口诛尽杀绝。

赵盾的最终下落屠岸贾没有讲，作品只在第二折借程婴之口说"驾单轮灵辄报恩，入深山不知何处"，用今天的说法就是失踪了、失联了。这种写法是不是作品的疏失，我们后面再讨论。

屠岸贾所说的这个故事，已经具有很强的戏剧性了。但是杂剧体制短小，很多内容不能够一一呈现。更重要的是作者主要想讲的故事、想表达的意义不在这里。按照元杂剧的体例，每个剧本末尾都有两句或四句对仗的韵文来总结剧情大意，叫作"题目正名"。元刊本《赵氏孤儿》的"题目正名"是："韩厥救舍命烈士，陈英（程婴）说妒贤送子；义逢义公孙杵臼，冤报冤赵氏孤儿。"明刊本的"题目正名"是："公孙杵臼耻勘问，赵氏孤儿大报仇。"

可见作者的意图在展现救孤和复仇的过程及在这一过程中主人公的自我牺牲精神。所以在元杂剧里，前面这个充满血腥气、让人不寒而栗的赵氏一族被灭门的故事只能是整出戏的序幕，用暗场处理，让剧中人交代一下就过去了，是救孤和复仇故事的背景。

《元曲选·赵氏孤儿》插图，两图右上角分别刻有"公孙杵臼耻勘问""赵氏孤儿大报仇"字样

南戏的《赵氏孤儿记》有四十四出，篇幅大大增加，于是赵氏被灭门的

故事完全放在明场,占了整个剧本的一半篇幅。这我们后面再说。

在杂剧里,作者让反面人物屠岸贾把这个故事说出来,增加了故事的可信性,同时也注意到故事的合理性。例如作品写鉏麑行刺赵盾一事,屠岸贾说:"某也曾遣一勇士鉏麑,仗着短刀越墙而过,要刺杀赵盾,谁想鉏麑触树而死。"读者和观众会莫名其妙:鉏麑为什么要触树而死呢?

在《左传》中,鉏麑因见到赵盾行为坦荡,合乎礼节,觉得杀掉忠臣或者背弃国君的命令同样是有罪的,于是选择自杀。这样的描写已经有了善恶之分,赵盾既是忠臣,那前来行刺的一方就是十足的大恶人。如果让屠岸贾自己这么说,就是承认自己是恶人了,所以作品不能"实话实说"。当然在元杂剧中坏人自我调侃自我奚落自我丑化并不是不可以。例如《窦娥冤》中赛卢医的上场诗是这么说的:"行医有斟酌,下药依本草。死的医不活,活的医死了。"《蝴蝶梦》中恶霸葛彪自报家门,说自己"打死人不偿命,只当房檐上揭片瓦"。这是漫画家的笔法,相声演员的惯技,拿自己开涮,用在插科打诨时可以,用在正经叙事时不行。所以屠岸贾不能承认自己是恶人,于是作品便暂时隐匿起鉏麑触槐而死的原因,到二十年后再让程婴告诉孤儿。

回到作品。屠岸贾要将赵家满门抄斩,但赵家还有一个人在世,就是赵盾的儿子驸马赵朔。由于赵朔身份特殊,"不好擅杀",所以屠岸贾只能"诈传"灵公之命,让赵朔自尽。屠岸贾的独白结束后,念四句下场诗:"三百家属已灭门,止有赵朔一亲人。不论那般朝典死,便教剪草尽除根。"念毕下场。接着,便是"冲末扮赵朔同旦儿扮公主上",场景自然从屠岸贾的大元帅府转换到驸马府。

请注意,戏剧既然要在场上搬演,就有一个时空转换的问题。元代的杂剧演出究竟是怎样变换场景的已经很难确切知道,但可以肯定的是,在一个套曲之内时间、地点均不转换,这一点在明刊本中也可以得到印证。《元曲选》的时间、空间转换,全发生在套曲之外,是由场上人物全部下场、再上场或由其他人物上场来改变的,这应当是受了南戏和传奇的影响。由于《元曲选》在套曲之外的空间很大,宾白科介俱全,故事较为复杂,所以每个段落(也就是楔子或折)中可以有两个以上的场景。在本剧的楔子中有两个场景,先在元帅府,后到驸马府。第一折有三个场景,即元帅府、驸马府内、驸马府门口。第二折的两个场景是元帅府和公孙杵臼的居处。第三折同。第四折已是二十年后,时间发生了变化,场景先后是郊外和程府。

上述场景的转换,全都是以人物的下场、上场来完成的。

驸马上场,先将屠、赵两家的恩怨再叙述一遍,而后引出公主身怀有孕,欲使她产下孤儿将来为赵家报仇的话题。其实观众对于屠岸贾如何迫害赵氏一门早已了如指掌,此处的重复叙述无非是为了加深观众印象,为后来的孤儿报仇作铺垫。此外,赵朔的重复叙述也是元杂剧脱胎于讲唱文学的痕迹。这种痕迹在全剧中留有不少,最典型的就是第四折程婴看图说赵氏家史。

前面说屠岸贾"诈传"灵公之命,于是由"外"扮演的"使命",带着所谓的"三般朝典"——弓弦、药酒、短刀,向赵朔宣读"圣命":"赵朔跪者,听主公的命:为你一家不忠不孝,欺公坏法,将惩满门良贱,尽行诛戮,尚有余辜。姑念赵朔有一脉之亲,不忍加诛,特赐三般朝典,随意取一而死。其公主囚禁在府,断绝亲疏,不许往来。兀那赵朔,圣命不可违慢,你早早自尽者!"

此处的"使命"应当就是宦官。屠岸贾虽说是"诈传"圣命,也得用君王身边的人才可使人信以为真。我们看后来的戏曲中都是由太监(公公)宣读圣旨,就不难判断元杂剧中"使命"的身份。他们的品级虽不一定很高,但代表君王发号施令,有足够的威慑力,可以让三公九卿、元戎宰相俯首称臣,战战兢兢。

古代有"伴君如伴虎"的说法,形象而真实地道出了朝臣们朝不保夕、人人自危的状况。早晨赵盾上朝,还是一人之下,万人之上,是堂堂晋国宰辅。儿子赵朔是驸马,儿媳是公主,一家人何等富贵,何等荣耀!但转眼之间,"忽喇喇似大厦倾","昏惨惨黄泉路近"。让你死,还说是恩典,是赏赐,"三般朝典",任你选吧,可要快死!

药酒、短刀用来自尽不难理解,那"弓弦"是干什么用的?勒脖子上吊啊!旧时弓弦多用牛皮制成,坚硬而锋利,勒起脖子,可要比白绫、麻绳、草索干脆得多,也残忍得多!古人用弓弦自缢,史书中有载,据说南明政权最后一个皇帝永历帝就是在吴三桂的威逼下,用弓弦自缢的。

在赵朔和公主一番生离死别的对白中,赵朔对公主说:"若是你添个女儿,更无话说;若是个小厮儿呵,我就腹中与他个小名,唤做赵氏孤儿。待他长立成人,与俺父母雪冤报仇也。"生活中有这样给孩子取名字的吗?给自己未出生的孩子取名叫"孤儿"?恐怕没有。这就是艺术,为的是突出赵家被灭门的悲惨,点出日后赵氏孤儿大报仇的合理性。对于这个主旨,作

者不惜笔墨,再三强调。有道是"言之不足,故重言之;重言之不足,故嗟叹之;嗟叹之不足,故歌咏之"。作者不失时机,让赵朔接连唱了两支【仙吕·赏花时】。

前面说过,元杂剧"一脚主唱"体制在《元曲选》的楔子里可以灵活一些,所以《赵氏孤儿》的楔子可以由"冲末"扮演的赵朔主唱。在元杂剧中,若两支同样的曲牌紧挨着的话,那么第二支曲牌用【么篇】表示。在【么篇】中,赵朔再次表达对孤儿报仇的殷切期待:

分付了腮边两泪流,俺一句一回愁。待孩儿他年长后,着与俺这三百口,可兀的报冤仇!

赵朔的重言与歌咏,都是为后来的剧情张本、蓄势、铺垫。反过来说,假如全剧的结局不是赵氏孤儿大报仇,也就不能做到前后照应,从而犯编剧的大忌。

赵朔唱完之后,剧本提示"死科,下"。"科"是元杂剧中提示动作的术语,这里提示赵朔用短刀自杀而死的动作。动作完成之后,演员下场。

【么篇】所唱,是赵朔的临终遗言,也成为读者和观众的最大期待:孤儿如何躲避屠氏的搜捕成长起来,又如何为赵家报仇呢?在公主的痛哭声中,楔子这场戏结束,留下孤儿如何躲避搜捕为赵家报仇的悬念。

第一折:公主托孤　韩厥放孤

第一折首先上场的依然是屠岸贾。

屠岸贾听说公主怀孕的消息,唯恐她生下男孩,将来为赵家复仇。可是怕啥来啥,手下卒子来报,公主果然生下一个男孩,而且取名叫作"赵氏孤儿"。屠岸贾好恼,当即命令下将军韩厥先把府门把守好,待婴儿满月后杀死,有盗出孤儿者,"全家处斩,九族不留"。

问题是,屠岸贾为什么决定要待"婴儿满月后"才杀死他?按照民间风俗,妇女在坐月子的时候不允许任何人进入房间。有的地方把产妇的房间叫作"血房",认为每间"血房"都有"血房鬼",闯进房者,重则丧命,轻则倒运。这一风俗,想必在当时人人皆知,故不必在剧本中特意提示。所以,作品让屠岸贾做这样的决定,主要不是给救孤者创造时间和机会,更不是为了表现屠岸贾优柔寡断、心慈手软的一面。

接着是公主上场:"旦儿抱徕儿上,诗云"。注意,元杂剧中的"徕儿"一般指未成年的小童,极少指襁褓中的初生婴儿。例如《西厢记》中莺莺的弟弟欢郎,《窦娥冤》中窦天章年仅七岁的女儿端云,《鲁斋郎》中张圭的儿子金郎、女儿玉姐都是"徕儿"。而刚出生的婴儿一般用道具表示,这种婴儿道具叫"砌末"。本剧中公主怀抱的也应该只是道具,但却称"徕儿",值得研究。

公主用一段独白叙述她已经准备让赵家的"门下程婴"营救孤儿,因为赵家"家属上没有他的名字"。接着由"外"扮演的程婴便身背药箱登场。请注意,这是一个大关目:真正的主人公出场了。

前面说过,元杂剧采取"一脚主唱"制,"外"是与主唱的"正旦"或"正末"的"正"相对而言的,这个脚色不能主唱。这就是说,元杂剧中主唱的"正旦"或"正末"不一定是主角,而不主唱的"外"也不一定是次要角色。在《赵氏孤儿》中,程婴是真正的主角却没有唱,他的全部戏剧活动都是由动作、念白或者在别人的唱词中来表现的。

程婴上场自报家门:"自家程婴是也,元(原)是个草泽医人,向在驸马府门下,蒙他十分优待,与常人不同。"所谓"草泽医人",就是游走江湖的民间医生,居无定所,风餐露宿,地位低下。赵驸马将他收在门下,而且十分优待,超出了一般门下家人。在"屠岸贾贼臣将赵家满门良贱,诛尽杀绝"的关头,程婴的救孤就有了基础:正义感加知恩图报的义气。同时,既然是医生,他身背药箱进府就显得合乎情理,也只有身背药箱才能救走孤儿。作品安排得合乎情理。当然程婴这个时候还不知道公主召他进府的用意,也没打算救孤,他只知道公主生下一个男孩,恐难逃脱屠岸贾的搜捕,替公主担心而已。到公主向他"托孤"的时候,他的第一反应是:

屠岸贾贼臣闻知你产下赵氏孤儿,四城门张挂榜文,但有掩藏孤儿的,全家处斩,九族不留。我怎么掩藏的他出去?

应当说这个反应十分正常。接着是公主的再次苦苦哀告:"遇急思亲戚,临危托故人。""俺赵家三百口,都在这孩儿身上哩!"程婴再次推托,理由是:

假若是我掩藏出小舍人去，屠岸贾得知，问你要赵氏孤儿，你说道："我与了程婴也。"俺一家儿便死了也罢，这小舍人休想是活的。

这句话，把个活生生的公主直激得自尽而死。作品写公主听了程婴这句话后表白："罢，罢，罢！程婴，我教你去的放心。"随后"做拿裙带缢死科"。

我认为这是一处败笔。姑且不说程婴是否有意激公主自杀，仅就公主的自杀方式是用"裙带"上吊这一点看，在舞台上就很难表现。上吊自杀需要时间，程婴眼睁睁地看着公主自杀，这也太冷血了吧！

这公主究竟是晋灵公的什么人呢？是他的女儿还是妹妹呢？作品里没有说，甚至连她的名字都没有交代。但无论如何，她都是金枝玉叶。一代公主就这样惨死在亲哥哥或父亲做国君的王朝中，可见政治斗争多么残酷，也使作品的悲剧气氛更浓。后来的一些改编本，大概觉得元杂剧中程婴激公主自尽不合理，或者是要为场上"保留"一个旦脚，于是改为公主没有死。但这样一来，"孤儿"其实就不孤了。究竟怎样改才好，还可以再讨论。

目睹公主自尽以后，程婴把孤儿放进药箱，下场。这时，奉命把守府门的下将军韩厥上场，表示场景已经从驸马府内转换到驸马府门口。

韩厥由主唱的"正末"扮演，在自报家门和简短的独白后唱【仙吕·点绛唇】套曲。这套曲子由十支曲牌组成，可分为前后两组。第一组由前四支曲牌组成，是韩厥尚未遇见程婴时的独唱，是自述，是心迹表白，表明他虽是屠岸贾的手下，却十分痛恨"贼臣"屠岸贾的做法，同情忠孝的赵氏一门。【油葫芦】一曲直接点出屠岸贾布置给他的任务和他执行任务时的矛盾心情：

【油葫芦】他待要剪草防芽绝祸根，使着俺把府门。俺也是于家为国旧时臣。那一个藏孤儿的便不合将他隐，这一个杀孤儿的你可也心何忍。（带云）屠岸贾，你好狠也！（唱）有一日怒了上苍，恼了下民，怎不怕沸腾腾万口争谈论，天也显着个青脸儿不饶人。

前四支曲子唱过，"程婴做慌走上"，与韩厥撞个满怀。接着写程婴与韩厥狭路相逢，十分有戏。程婴先是心怀鬼胎又不无侥幸心理，到孤儿被搜出后惊恐万状，跪地哀求。当韩厥表态可以放行时，却又疑神疑鬼，直至韩厥自刎身亡。韩厥虽有放走孤儿的思想基础,但这样做毕竟要承担极大风险、付出高昂代价。究竟是忠于职守,将搜出的婴儿献出去,还是舍命放走孤儿?从内心的犹豫不决、摇摆不定,到彻底转变立场,决心放孤救孤,这一心理过程外化为看得见、摸得着的戏剧语言和戏剧动作,也构成了他与程婴二人斗心计、斗智慧的戏剧性场面:

〔正末云〕小校,拿回那抱药箱儿的人来。你是什么人?

〔程婴云〕我是个草泽医人,姓程,是程婴。

〔正末云〕你在那里去来?

〔程婴云〕我在公主府内煎汤下药来。

〔正末云〕你下什么药?

〔程婴云〕下了个益母汤。

〔正末云〕你这箱儿里面什么物件?

〔程婴云〕都是生药。

〔正末云〕是什么生药?

〔程婴云〕都是桔梗、甘草、薄荷。

〔正末云〕可有什么夹带?

〔程婴云〕并无夹带。

〔正末云〕这等你去。

〔程婴做走,正末叫科,云〕程婴回来。这箱儿里面是什么物件?

〔程婴云〕都是生药。

〔正末云〕可有什么夹带?

〔程婴云〕并无夹带。

〔正末云〕你去。

〔程婴做走,正末叫科,云〕程婴回来,你这其中必有暗昧。我着你去呵,似弩箭离弦,叫你回来呵,便似毡上拖毛。程婴,你则道我不认的你哩!

我们说元杂剧脱胎于讲唱文学,有浓厚的叙述体色彩,但并不因此而否认元杂剧在整体上属于代言体的戏剧文体。尤其是《元曲选》,科白俱全,代言体特征更为显著。上面这段程、韩二人的智斗、交锋,就是一段精彩的戏剧冲突,非代言体、对话体不能完成。

韩厥是什么人？屠岸贾手下大将，此刻正是赵氏一家和程婴的死对头。他对程婴唱道："你本是赵盾家堂上宾，我须是屠岸贾门下人。"你看，泾渭分明，势同水火。他清醒得很，也精明得很，不是随便可以欺骗的。加上程婴掩饰不住的慌张，一番盘问，自然露出真相。在这里，两次"可有夹带"的询问，两次将程婴放走又堵截回来的描写，为演员施展演出技巧提供了极好的蓝本。特别是程婴的心理与行为：一听说放他走，便"似弩箭离弦"，一叫他回来，"便似毡上拖毛"。这种乍感松弛、复又紧张的心理与行为状况，演出来一定很精彩。

接着，韩厥从药箱中发现了婴儿，一个刚刚出生就遭"通缉"的活生生的小生命就摆在眼前，你看他：

【金盏儿】见孤儿额颅上汗津津，口角头乳食喷；骨碌碌睁一双小眼儿将咱认，悄促促箱儿里似把声吞；紧绑绑难展足，窄狭狭怎翻身？他正是：成人不自在，自在不成人。

在这里，婴儿的可爱、天真与无辜，可以说是跃然纸上。他来到人世间还不到一个月，蜷缩在窄小的药箱中动弹不得，额头上渗着汗水。他不言不语，只是睁着一双小眼睛盯着韩厥看。他在看什么呢？人间的善恶冷暖？父辈、祖辈的争斗搏杀？自己周围的险恶处境？这一切的一切他都应该懵然不知啊。但他为什么"似把声吞"？难道他想用沉默躲过搜捕？他为什么"睁一双小眼儿将咱认"，难道他知道"咱"操着生杀大权？末二句，巧妙地运用成语表达了对孤儿命运的担忧。"成人不自在，自在不成人"，本意是人要有所成就，必须刻苦努力；自自在在、舒舒服服，成就不了事业。这里则紧跟上面两句——婴儿在药箱中"紧绑绑难展足，窄狭狭怎翻身"——顺势而下，语涉双关，暗指婴儿的前途未卜，凶多吉少。

从修辞上看，曲中连续使用"汗津津""骨碌碌""悄促促""紧绑绑""窄狭狭"这些三字格的派生词，或拟声，或拟态，既生动形象，又自然朴实，表现出元曲与唐诗、宋词完全不同的风格特点。王国维说"元曲为中国最自然之文学"，能够"于新文体中自由使用新语言"。从这支曲子中，应该能体味出一二。

回到剧情。孤儿被发现，本应使形势进一步恶化，却促成韩厥彻底转变立场，参与到救孤的行列。他不说是搜出了孤儿，却说是："程婴，你道是桔梗、甘草、薄荷,我可搜出人……参来也。"古书不用标点符号,但我想在演出的时候演员念到"人参","人"和"参"之间应该有短暂的停顿,以制造气氛。

程婴见状,急忙跪地以实情相告,无非是把屠岸贾迫害赵氏一族的过程讲述一遍,以及乞求韩厥放走赵孤云云。对于读者或观众来说,这段讲述显得重复;对于韩厥来说,又显得多余,因为他已经下定放走赵孤的决心。这段讲述的价值在于形式新颖,在程婴"词云"后用一大段韵文讲述:

> 告大人停嗔息怒,听小人从头分诉:想赵盾晋室贤臣,屠岸贾心生嫉妒;遣神獒扑害忠良,出朝门脱身逃去;驾单轮灵辄报恩,入深山不知何处。奈灵公听信谗言,任屠贼横行独步。赐驸马伏剑身亡,灭九族都无活路。将公主囚禁冷宫,那里讨亲人照顾?遵遗嘱唤做孤儿,子共母不能完聚。才分娩一命归阴,着程婴将他掩护。久以后长立成人,与赵家看守坟墓。肯分的遇着将军,满望你拔刀相助。若再剪除了这点萌芽,可不断送他灭门绝户?

在实际演出中,这段叙述既不用唱,也不用一般的道白,而是使用韵白念诵。现在的昆曲、京剧演出也有韵白。戏曲界历来有"千斤念白四两唱"的说法,指的就是韵白的念诵。韵白念诵在说与唱之间,节奏适中,抑扬顿挫,听起来有独特的味道,许多戏剧场面是靠韵白的念诵出彩的。韩厥听罢程婴一番话,决心放走程婴和孤儿:"程婴,你抱的这孤儿出去。若屠岸贾问呵,我自与你回话",表现出一个"顶天立地的男儿"的气度。未料到风波又起,程婴刚走了几步,又转回来对着韩厥跪下了,说道:

> 将军,我若出的这府门去,你报与屠岸贾知道,别差将军赶来拿住我程婴,这个孤儿万无活理。罢,罢,罢!将军,你拿将程婴去,请功受赏。我与赵氏孤儿,情愿一处身亡便了!

这是对韩厥不放心呢还是要有意灭口呢?如果联系楔子中程婴激公主自尽的描写来看,此处程婴故技重演的可能性不是没有。这无疑有损于程婴的形象。作者为什么要这样写呢?能不能将程婴的话改成:"将军,你放走程婴与孤儿,屠岸贾那里如何交代呀?"这样写,韩厥照样可以和鉏麑

一样，从容选择死亡，而且对程婴的形象没有影响。后来的一些改编本就是这样写的。

在元曲中，韩厥在程婴一激之下，慷慨自刎，他的最后一曲唱词是：

【赚煞尾】能可在我身儿上讨明白，怎肯向贼子行捱推问！猛拼着撞阶基图个自尽，便留不得香名万古闻，也好伴鉏麑共做忠魂。你、你、你要殷勤，照觑晨昏，他须是赵氏门中一命根。直等待他年长进，才说与从前话本。是必教报仇人，休忘了我这大恩人。

说到这里，我想起了当代戏曲《秦香莲》中的一场戏——《韩琦杀庙》。陈世美派家将韩琦追杀秦香莲母子，韩琦却放走了他们自刎而死。在整部戏中韩琦的戏份并不重，可仅仅《韩琦杀庙》一出，就使这个形象光彩照人。韩厥的作为和韩琦一样，但发生在先，不知道《秦香莲》有没有从元曲中受到启发。而本剧中在韩厥之前自尽的鉏麑，虽然没有在明场出现，也给人留下了难忘的印象。

我还想起豫剧《卷席筒》中的张仓。他的亲生母亲为了使他能够继承遗产，一再加害与他同父异母的哥哥一家。善良的张仓不惜违背母命，一再关照兄嫂一家，甚至替嫂子去"死"。从儒家伦理来看，他违背了"孝"，却成就了"悌"。按说孝悌相比应当以孝为先，但我们却欣赏张仓的做法，因为在儒家的道德伦理之上还有一个最高层次的人性。张仓选择的不仅是悌，而且是善。

这样的形象之所以能够感动人，就是因为他们选择了人性中的善良，突破了某种道德规范的底线。所以，韩厥的自尽不是简单的"杀身成仁""舍生取义"可以概括的，他可能还要承受"不忠"的道德谴责。传统伦理要求对主人要"尽忠"，武将尤其以服从命令为天职。然而他却发现，差遣他的主人是邪恶的一方，而他要消灭的对手却是善良的、无辜的、无助的一方。他该怎么办？"忠诚"与"仁义"的冲突不可调和，他只有选择死。其实他选择死，也就选择了对主人的背叛。这是真正的悲壮，真正的崇高，具有浓烈的悲剧性，到今天依然具有感人的力量。

总之，韩厥自尽了，他死得大义凛然、轰轰烈烈。接着，程婴下场，第一折到此结束。

第二折：程婴杵臼　谋划救孤

第二折的第一个场面是屠岸贾定下搜孤、杀孤的计划。当手下向他报告公主与韩厥分别自尽的消息后，屠岸贾的反应是："韩厥为何自刎了？必然走了赵氏孤儿。"他定下的杀孤计划如下：

> 我如今不免诈传灵公的命，把晋国内但是半岁之下、一月之上新添的小厮，都与我拘刷将来，见一个剁三剑，其中必然有赵氏孤儿。可不除了我这腹心之害？令人，与我张挂榜文，着晋国内但是半岁之下、一月之上新添的小厮，都拘刷到我帅府中来听令。违者全家处斩，九族不留！

这是一个灭绝人性的计划。

从全剧的结构上看，屠岸贾下屠杀令是一个过场戏、垫戏，但却十分重要。不仅本折戏的核心内容，即程婴与公孙杵臼密谋救孤，就是为应对屠岸贾的灭孤、杀孤的，而且屠岸贾的狡诈与残酷，再次凸显出救孤与灭孤之间的较量是一场正义与非正义的较量。由此，救孤英雄的壮烈牺牲、赴汤蹈火，才显得有必要、有价值。他们救的不仅是赵氏孤儿，还有全晋国无辜的婴儿。屠岸贾的这个近乎疯狂的杀孤计划，后来一再从程婴口中说出来，增强了救孤与复仇的正义性、必要性。

屠岸贾下达命令之后下场，第二折的主唱者、正末公孙杵臼上场，自报家门之后唱【南吕·一枝花】。这个套曲共九支曲子，在程婴上场之前唱两支，表明公孙杵臼的立场与处境。

公孙杵臼与赵盾原为"一殿之臣"，位居中大夫之职，因不满屠岸贾专权而辞职归乡。但他并不是一个真隐士，而是一直在关注着朝中发生的事情，对屠岸贾迫害赵盾一家、驸马与公主双双自尽的事也都十分了解，但对事情的最新进展，也就是韩厥自刎、孤儿被救出、屠岸贾为灭孤下令将晋国所有的婴儿统统杀死还不知情。

公孙杵臼唱道："正遇着不道的灵公，偏贼子加恩宠，着贤人受困穷。若不是急流中将脚步抽回，险些儿闹市里把头皮断送。"矛头直指晋灵公，这在全剧中不多见。按照《左传》等史籍记载，谋害赵盾的正是晋灵公本

人。但元杂剧把这一情节淡化了、改造了，似乎罪魁祸首是屠岸贾，他屡屡"诈传"灵公之命行事。公孙杵臼的唱词提示我们，迫害赵盾一家，屠岸贾在台前，晋灵公才是真正的"后台老板"，是元凶，是主谋。可见作为一位退休老臣，他比谁都清醒。后来的话剧改编本，更把屠岸贾、赵盾都写成了晋灵公的棋子，而公孙杵臼则十分清醒。这样的写法，应当是受了元曲的启发。

【梁州第七】一曲，表明公孙杵臼与炙手可热的屠岸贾势不两立的鲜明立场：

【梁州第七】他、他、他在元帅府扬威也那耀勇，我、我、我在太平庄罢职归农，再休想鹓班豹尾相随从。他如今官高一品，位极三公，户封八县，禄享千钟，见不平处有眼如蒙，听咒骂处有耳如聋。他、他、他，只将那会谄谀的着列鼎重裀，害忠良的便加官请俸，耗国家的都叙爵论功。他、他、他，只贪着目前受用，全不省爬的高来可也跌的来肿，怎如俺守田园学耕种，早跳出伤人饿虎丛，倒大来从容。

话分两头，正当公孙杵臼庆幸自己能够过上优哉游哉的隐居生活时，程婴神色慌张地上场，白云："程婴，你好慌也；小舍人，你好险也；屠岸贾，你好狠也。"这是程婴的内心独白，是心理活动。怎么办呢？怎样才能挽救赵氏孤儿的生命？于是他想到与赵盾交厚现退职在吕吕太平庄隐居的公孙杵臼。

不过，虽说程婴自信没有看错人，但一进门就谈救孤的事情，还是过于唐突。所以当公孙杵臼问他"你来有何事"的时候，程婴的回答是："在下见老宰辅在这太平庄上，特来相访。"这不算是试探，只是宕开一笔引出话题而已。果不其然，二人三言两语便进入正题。程婴的确没有看错人，当公孙杵臼知道了事情的真相，便迫不及待地问："那孤儿今在何处？""休惊吓着孤儿，你快抱的来。"表明他对孤儿非常关切。当程婴打开药箱，公孙杵臼看到眼前的孤儿，唱【牧羊关】一曲：

【牧羊关】这孩儿未生时绝了亲戚，怀着时灭了祖宗，便长成人也则是少吉多凶。他父亲斩首在云阳，他娘呵死在冷宫。哪里是有血性的白衣相，则是个无恩念的黑头虫。你道他是个报父母的真男子；我道来，则是个妨爷娘的小业种。

这支曲子没有再去描述孤儿的外貌,而更多地想到孤儿的身世。他没出生就被灭族,现在刚满月已经是父母双亡,还有比这种处境更可怜更无助的吗?接着几句,是用长辈的语气,表达对孤儿爱恨交织的复杂感情。程婴口口声声要孤儿长大为父母报仇,可事实上,眼前的危机还没过去,能不能躲过这一劫还不知道,但他已经把他的爹娘"妨"死了、克死了,起码他母亲是为他而死的。"白衣相",即白衣卿相,指尚未发迹的读书人;"黑头虫",民间传说黑头虫吃父母,比喻忤逆不孝。"小业种"犹言"小冤家",是长辈对晚辈爱极而生恨的说法。

接着,程婴向公孙杵臼提出:一为"报赵驸马平日优待之恩",二为"救晋国小儿之命",要用自己刚出生一个月的婴儿,假冒赵氏孤儿,要公孙杵臼去向屠岸贾告密,说程婴藏着孤儿,让屠岸贾"把俺父子二人,一同处死",再由公孙杵臼把孤儿抚养成人,为赵氏一家报仇。于是出现公孙杵臼与程婴对话的场面:

〔正末云〕程婴,你如今多大年纪了?
〔程婴云〕在下四十五岁了。
〔正末云〕这小的算着二十年呵,方报的父母仇恨。你再着二十年,也只是六十五岁。我再着二十年呵,可不九十岁了,其时存亡未知,怎么还与赵家报的仇?

这话说得合情合理,于是公孙杵臼顺理成章地提出程婴舍子、自己舍命的救孤方略。就是依旧让程婴的孩子冒充赵氏孤儿,"藏"在公孙家,再由程婴去出首告密,说公孙杵臼是藏孤者。

程婴听到公孙杵臼要舍命,首先是感动,为自己连累了这位白发苍苍的"老宰辅"而歉疚,接着便说出了自己的担心:

若是屠岸贾拿住老宰辅,你怎熬的这三推六问,少不得指攀我程婴下来。俺父子两个死是分内,只可惜赵氏孤儿终归一死,可不把你老宰辅干累了也?

公孙杵臼的回答是：

【二煞】他把绷扒吊拷般般用，情节根由细细穷；那其间枯皮朽骨难禁痛，少不得从实攀供，可知道你个程婴怕恐。〔带云〕程婴，你放心者。〔唱〕我从来一诺似千金重，便将我送上刀山与剑锋，断不做有始无终！

于是，这个存孤救孤的计划，就这么决定下来。公孙杵臼与程婴先后下场，第二折结束。

这里有两个问题：第一，程婴是否有权力牺牲自己的孩子？第二，程婴决定舍去自己的亲生儿子，难道就不和自己的妻子商量一下吗？

这两个问题，既有联系又有区别。先说第一个，有人认为，程婴没有权力结束一个幼小的生命，哪怕是自己儿子的生命；程婴的行为，是用一个孩子的死换取另一个孩子的生，是不把自己的孩子当孩子，这不仅不值得褒扬，不值得肯定，而且还带有奴性意识，应当批判。

我认为，这是少数当代人基于自己的人生观、价值观提出来的一种看法，安不到古人头上去。针对这个说法，我最想问：人有权力结束自己的生命吗？如果回答是否定的，那还有什么"自我牺牲"？如果回答是肯定的，程婴也就有权力牺牲儿子的生命。账应当这样算：真假赵氏孤儿至少要死一个，才能换取全晋国所有婴儿的生命，所以假孤儿的死换取的绝不仅仅是另一个婴儿的生。

可能有人会问：那就不能让真孤儿去死吗？可以呀。但这样一来还有什么"自我牺牲"？赵家的事赵家自己解决嘛！还有什么悲剧精神？要知道，婴儿此时刚刚出生，还处于混沌状态，没有生命意识。谁最能决定他的命运？当然是给了他生命的父母。舐犊之情不仅是人类的天性，也是动物的天性，常言说"虎毒不食儿"，程婴怎么能不珍惜儿子的生命呢？在下一折戏里，他是忍着巨大的悲痛看着儿子被杀掉的。正是这种超乎常人的"蹈汤赴火"精神，成为本剧最感人的亮点，感动了中国人，也感动了外国人；感动了古人，也感动了当代观众。

现在谈第二个问题，就是程婴舍子为什么不和妻子商量。在《赵氏孤儿》杂剧中，程婴是没老婆的，所以他的决定不可能征得"妻子"同意。按理说，他应该有老婆。没老婆，他儿子从哪里来？在第一折，程婴明明对公主说过：你要是告诉屠岸贾是你把孩子给了程婴，"俺一家儿便死了也罢"。

这"一家儿",至少应该有儿子、有老婆。赵氏孤儿有母亲,程婴的儿子也应当有母亲才合情理。

杂剧不让程婴妻子出现,无非是这么几个原因。第一是作者有大男子主义,他可能认为程婴自己就可以对舍子救孤的事做主,不需要和老婆商量,不需要她出现。第二是潜在的奴性意识,作为驸马的赵朔不能没老婆,但一个区区"草泽医人"有没有老婆可以忽略不计。第三就是基于剧本的容量来考虑的。杂剧结构短小,程婴和妻子的冲突可能会节外生枝,冲淡主题。我愿意认同第三个原因,从好的方面去推测作者。

假如程婴的妻子在戏里出现,麻烦就来了。她有程婴那么高的觉悟吗?她舍得自己的亲生儿子吗?一定不舍得,儿子是母亲身上掉下来的肉啊,她一定比程婴更疼爱儿子,她一定会和程婴闹。这样一来,"戏"不就出来了吗?事实上,从元明南戏《赵氏孤儿记》开始,不少同题材的作品都给程婴"娶"老婆了。伏尔泰的《中国孤儿》就是从这里引发戏剧冲突的,这样的写法更符合人情、人性,也更有戏剧性。

不能说南戏的作者一定没有大男子主义和奴性意识,一定比杂剧作者思想进步,而南戏篇幅长、容量大却是事实。如果把程婴和妻子的冲突也放进只有五折戏的杂剧中来,救孤、报仇的主旨一定会被冲淡。元杂剧限于篇幅,为突出主线,删减头绪,只有把这个场面略去不写。

第三折:公孙捐命　程婴舍子

第三折主要写程婴与公孙杵臼在屠岸贾面前演出"苦肉计""双簧戏",通过斗智斗勇,付出了生命的代价,骗过屠岸贾,保住了赵氏孤儿。

这一折还是屠岸贾先上场,他下了屠杀令,在等消息。这时程婴来向屠岸贾出首告密,说公孙杵臼藏着孤儿,本应高兴的屠岸贾却脸色一变:

> 咄!你这匹夫,你怎瞒的过我?你和公孙杵臼往日无仇,近日无冤,你因何告他藏着赵氏孤儿?你敢是知情么?说的是万事全休;说的不是,令人,磨的剑快,先杀了这个匹夫者!

程婴不慌不忙,从容应对:

告元帅，暂息雷霆之怒，略罢虎狼之威，听小人诉说一遍咱。我小人与公孙杵臼原无仇隙，只因元帅传下榜文，要将晋国内小儿拘刷到帅府，尽行杀坏。我一来为救晋国内小儿之命；二来小人四旬有五，近生一子，尚未满月，元帅军令，不敢不献出来，可不小人也绝后了。我想有了赵氏孤儿，便不损坏一国生灵，连小人的孩儿也得无事，所以出首。

屠岸贾万万没想到，他的"宁肯错杀三千，不肯放过一个"的屠杀行动，竟成了程婴救孤计划中应付自己的最好说辞。他只好暂时收起对程婴的怀疑，率领部下包围了公孙杵臼居住的吕吕太平庄。

这折戏的"正末"依然是公孙杵臼，他主唱的【双调·新水令】套曲有两个重要特点：一是曲白相生，推动剧情渐渐向高潮发展；二是描摹情景逼真，尤其是从公孙杵臼口中描摹程婴的神情举止，十分生动，堪称真正的"剧中之曲"，称得上是元曲中的精品。

公孙杵臼"藏"的是假孤儿，但又是活生生的真婴儿，更重要的是，他还是在场的"告密者"程婴的亲生儿子。把假孤儿当成真孤儿，需要假戏真做；把亲生儿子当作别人家的孩子，需要掩饰真情。所以这场戏要比周瑜打黄盖那场"苦肉计"复杂得多、难演得多，是一场虚中带实、险象环生、惊心动魄的戏，很能考验演员的功底。

屠岸贾指责公孙杵臼窝藏赵孤，并指使手下毒打公孙杵臼。公孙杵臼一边矢口否认，一边反问："这事是谁见来？"当屠岸贾回答"现有程婴首告着你"时，公孙杵臼立刻骂道："元（原）来这程婴舌是斩身刀！"这是程婴与公孙杵臼二人合演的"双簧戏"，意在掩盖他们合谋救孤的真相。既然是有意"窝藏"，就不会轻易承认，否则会引起怀疑。这是做戏给屠岸贾看。

要是到这里就停止拷问，命令部下搜查公孙的住处，那就显得屠岸贾太无能，很多该出戏的地方没出戏。实际上屠岸贾很狡猾，他命令程婴拷打公孙杵臼，理由为：公孙杵臼私藏孤儿是你出首的，就由你来行杖。这一招程婴没有想到，于是推托："小人是个草泽医生，撮药尚然腕弱，怎生行的杖？"屠岸贾马上逼问一句："程婴，你不行杖，敢怕指攀出你么？"这句话太尖锐，直捣问题要害，程婴再也无法推托，只得动手拷打公孙杵臼。

程婴拷打公孙杵臼，有点像周瑜打黄盖。但周瑜打黄盖没有屠岸贾那样的恶人在旁边察言观色，东吴众将领被蒙在鼓里一齐为黄盖求情，这正是周瑜和黄盖都求之不得的。只有一个诸葛亮看破了玄机,却又一言不发,他不想戳破这层窗户纸儿,不想坏周瑜的事儿,所以这场戏完全按照周瑜预先设计好的程序进行。但程婴拷打公孙杵臼却不是这样。二人虽然都做出了牺牲的准备,并且要"演戏"给屠岸贾看,却没料到屠岸贾命令程婴拷打公孙杵臼,这样一个突如其来的招数,使这出戏的"导演"顷刻间换了人,变成了屠岸贾。不是程婴他们想怎么"做戏"就怎么"做戏",一切得听屠岸贾的。于是,关目急转直下:由程婴与公孙杵臼设计好的"双簧戏"立马变成了在屠岸贾监视下被迫上演的"苦肉计"。

程婴被迫拿起杖子。屠岸贾说你拣的这根棍子太细了,你是"怕打的他疼了,要指攀下你来";程婴换了一根粗的,屠岸贾又说:你拿起大棍子来,三两下打死了,死无对证。程婴只好换了不粗不细的中等棍子。这意味着程婴只能用力拷打公孙杵臼,痛打、毒打、实实在在地打,把他打疼又不能打死,活活折磨他。通常只有仇敌才这么做,如今发生在最要好的朋友之间,屠岸贾还不时地在一旁挑唆:"公孙杵臼老匹夫,你可知道行杖的就是程婴么?"接着就在旁边冷眼观看。

公孙杵臼也没有料到程婴会如此毒打自己,年迈的老人忍不住酷刑,几乎说出真情,于是出现下面的惊险场面:

〔正末唱〕【得胜令】打的我无缝可能逃,有口屈成招,莫不是那孤儿他知道,故意的把咱家指定了?〔程婴做慌科〕〔正末唱〕我委实的难熬,尚兀自强着牙根儿闹;暗地里偷瞧,只见他早唬的腿脡儿摇。

这是说老公孙快要挺不住了,就要把程婴供出来了。程婴吓得浑身哆嗦,腿肚子直打战,观众也禁不住紧张起来。请注意,在舞台上,公孙杵臼的唱,是唱给观众和程婴听;程婴的表演,是演给观众和公孙杵臼看。这时候屠岸贾在戏外,对这一切充耳不闻,闭目塞听。这是中国戏曲的表演特点。在戏曲表演中,只有观众是"全知全觉"者,而剧中角色随时可以跳出戏外。要是让屠岸贾看到程婴的表情,听到公孙的唱,二人的合谋就当场露馅儿了。接下来,到公孙杵臼唱【水仙子】时,屠岸贾才入戏,但也依然可以随时出戏:

【水仙子】俺二人商议要救这小儿曹。〔屠岸贾云〕可知道指攀下来

也。你说二人,一个是你了,那一个是谁?你实说将出来,我饶你的性命。〔正末云〕你要我说那一个?我说我说。〔唱〕哎,一句话来到我舌尖上却咽了。〔屠岸贾云〕程婴,这桩事敢有你么?〔程婴云〕兀那老头儿,你休妄指平人!〔正末云〕程婴,你慌怎么?〔唱〕我怎生把你程婴道,似这般有上梢无下梢。〔屠岸贾云〕你头里说两个,你怎生这一会儿可说无了?〔正末唱〕只被你打的来不知一个颠倒。〔屠岸贾云〕你还不说,我就打死你个老匹夫!〔正末唱〕遮莫便打的我皮都绽、肉尽销,休想我有半字儿攀着!

这支曲子最能体现元曲曲白相生的特点。每句唱词后都插上道白,道白之后再引出唱词,形成一问一答、循环往复的句子结构,推动情节向前发展,并不断制造戏剧性。"俺二人商议要救这小儿曹",这是公孙杵臼在屠岸贾和程婴严刑拷打下的供词,程婴听后心惊肉跳自不待言,屠岸贾立即追问:"你说二人,一个是你了,那一个是谁?"场上气氛顿时紧张起来,观众的心随之提到了嗓子眼儿。公孙杵臼接着唱:"哎,一句话来到我舌尖上却咽了。"这是"独白",写公孙杵臼的心理活动,屠岸贾和程婴都没听到,观众听到后不禁透出一口长气,悬着的那颗心放下了。屠岸贾再问:"你头里说两个,你怎生这一会儿可说无了?"观众再次为公孙杵臼担心,且看他怎样回答:"只被你打的来不知一个颠倒"——我被你打糊涂了,是语无伦次呀!

上面这段戏,写得非常精彩。场上的三个人物,公孙杵臼在经受肉体的拷打,毕竟年迈体弱,一度不堪忍受酷刑,几乎说出实情。程婴在经受着心灵的煎熬,打在公孙杵臼身上,疼在程婴心上;同时他既担心公孙杵臼挺不住,又怕屠岸贾看出破绽。屠岸贾则乐得作壁上观,同时程婴和公孙杵臼的每一个细小的表情都逃不过他的眼睛,一发现线索便紧追不舍,究根问底。在古典戏曲里面,这样的戏剧场面是很少见的。围绕在这三个人物之间波澜起伏、险象环生的戏剧性场景,牵动着观众和读者的心,逐渐推出了戏剧高潮。

公孙杵臼的一时软弱让人揪心,同时也可能产生疑问:二人合谋的时候,公孙杵臼不是发过誓吗?什么"一诺似千金重,便将我送上刀山与剑锋,断不做有始无终",怎么关键时候掉链子啊?其实,即使是英雄人物,也是有血有肉的,更何况公孙杵臼年迈体弱,熬不过酷刑是完全可以理解的。他喊疼,他在昏迷之中几乎露出马脚,但最紧要的关头他还是挺过来了,这才显得更可信、更可敬。若要把他写得在严刑拷打面前没有任何感觉,那就不是人了,失去了真实感。

挨过了酷刑,另一幕让人惨不忍睹的场面立即出现了。屠岸贾的手下搜出了"赵氏孤儿",屠岸贾怒不可遏,对着婴儿连砍三剑。不用说,这时候最难过的就是程婴,但他的眼泪只能往肚里吞。按照元杂剧的体例,本折只能由"正末"扮演的公孙杵臼一人唱,所以现场的惨状、程婴复杂的心理活动和外部表情,主要通过公孙杵臼的唱词描摹出来:

> 【梅花酒】呀,见孩儿卧血泊。那一个哭哭号号,这一个怨怨焦焦,连我也战战摇摇。直恁般歹做作,只除是没天道!呀,想孩儿离褥草,到今日恰十朝,刀下处怎耽饶,空生长枉劬劳,还说甚要防老。
>
> 【收江南】呀,兀的不是家富小儿骄。见程婴心似热油浇,泪珠儿不敢对人抛。背地里揾了,没来由割舍的亲生骨肉吃三刀。

孤儿被当场搜出来,可见程婴的举报属实,接下来轮到老公孙捐躯了。他在以头撞阶前唱道:

> 【鸳鸯煞】我七旬死后偏何老,这孩儿一岁死后偏何小。俺两个一处身亡,落的个万代名标。我嘱付你个后死的程婴,休别了横亡的赵朔。畅道是光阴过去的疾,冤仇报复的早。将那厮万剐千刀,切莫要轻轻的素放了。

这段唱,当然也只有观众知、程婴知,屠岸贾则懵然不知。这是对程婴的再次嘱托,也再次为日后的复仇作铺垫。明朱权评纪君祥剧作的风格为"雪里梅花"(《太和正音谱》),主要是从曲的风格方面来讲的,但用来评价公孙杵臼的人格及唱词风格,也十分合适。

老公孙一头撞死,屠岸贾志得意满,不仅对程婴完全失去了戒心,而且大加赞赏:程婴呵,要不是你来举报,我怎能除得了赵氏孤儿。程婴回答:我与赵氏无冤无仇,之所以出首告密,一是为救晋国众婴儿,二是为救我自己的孩子。于是屠岸贾决定让程婴到他家中做门客,由于他"年近五旬,尚无子嗣",所以拟将程婴的"孩子"(赵氏孤儿)收为义子,并承诺将来让这个孩子因袭他的官位。屠岸贾的慷慨"赏赐",对程婴来说并不是什么好事,每天与虎狼为伴,该有多危险。稍不留神露出马脚,后果可想而知。但

屠岸贾的意志是不能违背的,所以本折戏以程婴答应进帅府而告结束。

这样一来,屠岸贾就对赵氏孤儿有了养育之恩。

元杂剧摆脱史料的束缚,创造了义子杀义父、为亲生父母报仇的悲剧,大概是想使结局更加痛快淋漓。明代的孟称舜称《赵氏孤儿》"是千古最痛最快之事,应有一篇极痛快文发之",大概指的就是这个结局。但元杂剧的作者大概不会想到,七百年后,就是因为屠岸贾抚养了赵氏孤儿,才有这样的作品出现:孤儿长大后拒绝复仇。

这是后话了。

第四折:观画讲史　石破天惊

这一折开场的时候,已经是二十年后。多少人前仆后继、流血牺牲救下来的赵氏孤儿已经长大成人,而且文武双全。他名义上是程婴的儿子,名叫程勃;又因为过继给屠岸贾做义子,所以又叫屠成,在本折戏中由主唱的"正末"扮演。

还是屠岸贾先上场,他的独白令人吃惊又担忧。在他的抚育、教导下,屠成"十八般武艺无一不精","这孩儿弓马倒强似我",而且他已经打算"就着我这孩儿的威力,早晚定计,弑了灵公,夺了晋国,可将我的官位都与孩儿做了"。假如这样一来,被忠臣烈士们寄予厚望的赵氏孤儿岂不成了乱臣贼子的帮凶?就屠岸贾的权势和程勃的懵懂来看,这不是没有可能。

接着上场的是程婴。他已经将以往发生的事画成了一个手卷。什么是"手卷"呢?就是只能卷舒不能悬挂的书卷或画卷。他准备在适当的时机,用看图讲家史的方式向赵氏孤儿说出真相。他知道,屠岸贾对赵氏孤儿有养育之情,而且在孤儿的眼中,他的义父还是一个"贤臣"。要想让孤儿倒戈,绝不是一件简单的事,所以必须精心准备。

接着"正末"扮演的孤儿上场,他主唱的【中吕·粉蝶儿】套曲共十三支曲子,在与程婴见面之前唱了两支,其中第一支曲子唱道:"引着些本部下军卒,提起来杀人心半星不惧。每日家习演兵书。凭着我,快相持,能对垒,直使的诸邦降伏。俺父亲英勇谁如,我拼着个尽心儿扶助。"第二支【醉春风】表明志向:"我则待扶明主晋灵公,助贤臣屠岸贾。"可见此时程勃不仅不明真相,而且是非不分。请注意,在元刊本里,这两句唱词为"俺待反故主晋灵公,助新君屠岸贾",前一支【粉蝶儿】更有"待教我父亲道寡称孤,要江山,夺社稷,似怀中取物"之语,赵氏孤儿已经打算帮助他的义父屠岸贾篡位了。两相比较,《元曲选》改得好一些。程勃虽然单纯,但还不至于堕落成助纣为虐的小野心家。再说,屠岸贾的篡位行为尚未付诸实施,这种绝密计划不会轻易泄露给任何人,更何况一个"嘴上没毛,办事不牢"的孩子。

  无论如何,在程婴痛说赵氏家史之前,孤儿对仇人屠岸贾是怀着一颗感恩、崇拜的心的。但毕竟程婴棋高一着。程勃上场时,程婴正为二十年前那场惨祸长吁短叹,也为自己痛失爱子流泪不止,这引起程勃注意,急忙问:"谁欺负着你来?对您孩儿说,我不道的饶了他哩!"程婴回答:"我便与你说呵,也与你父亲母亲做不的主。"这分明是话里有话,这里的"你父亲母亲"指的不是程婴和程妻。前面说过,在元杂剧里,程婴的妻子自始至终都没出现,程勃在名义上是没有母亲的,所以这里指的应当是孤儿的亲生父母——赵朔和公主。但粗心的程勃竟然没有听出来,也不去追问:"您说我母亲,她在哪里?"程婴的暗示没有起到作用,但激将法则起到了预期效果——告诉你你也不能为父母做主。程勃果然怒发冲冠,他唱道:"懒支支恶心烦,勃腾腾生忿怒。"并再三追问:"是什么人敢欺负你?"程婴支支吾吾,欲言又止,推说去后堂,一起身,将手卷失落在地。显然,这是程婴有意丢在地上的,他想先观察一下孤儿看到手卷后的反应。

  手卷从鉏麑不愿行刺赵盾触槐而死开始画起,接着是神獒扑盾、提弥明击犬,灵辄扶轮救盾,驸马赵朔自尽,公主托孤自缢,韩厥放孤自刎,赵氏一家三百口被屠岸贾诛尽杀绝,程婴与公孙杵臼合谋救孤,假孤儿被砍得血肉模糊,老公孙撞阶而亡,往事一一展现在孤儿面前。

  这一系列血淋淋的故事,立即引起孤儿的好奇心,画中主人公的悲惨遭遇,也赢得孤儿的同情和怜悯。在看到公主托孤、自缢的画面时,他的反应是:"这一个妇人抱着个小孩儿,却象要交付医人的意思。呀!元(原)来这妇人也将裙带自缢死了,好可怜人也!"当看到屠岸贾拷打公孙杵臼时,他自言自语地说:"那穿红的也好狠哩,又将一个白须老儿打的好苦也。"在【斗鹌鹑】曲中他唱道:"我则见这穿红的匹夫,将着这白须的来殴辱,兀的不恼乱我的心肠,气填我这肺腑![带云]这一家儿若与我关亲呵,[唱]我可也不杀了贼臣不是丈夫,我可便敢与他做主。"不过总的来看,此刻孤儿的好奇心大于同情心。因为他不知道画的究竟是什么故事,不知道主人公

是谁,更想不到这与他自己的身世相关。他唱道:"这画的是奚幸杀我也闷葫芦!"奚幸,是猜疑、纳闷的意思。孤儿急切想知道事情的真相。

孤儿的反应被程婴看在眼里,这正是他所需要的。他从后堂出来,开始向孤儿慢慢讲述二十年前这个惊心动魄的悲壮惨烈的故事。

程婴是讲故事的高手,也是做思想工作的高手。他不急于一上来就将真相和盘托出,而是从虚到实、循循善诱,一步步引导孤儿区分善恶、辨明是非。他还一再吊起孤儿的胃口——你要知道画的是谁吗? 那就听我细说实情。到最后火候到了,他才再次使用激将法,一举揭开赵氏孤儿身世之谜,做到水到渠成,万无一失。

一开始,程婴所卖的"关子"——"程勃,你要我说这桩故事,倒也和你关亲哩"——就强烈地吸引了孤儿,他本来就对画像疑窦丛生,听到这里自然更纳闷:和我"关亲"? 究竟是怎么一回事? 然而程婴似乎是在讲别人的故事。他先是一边指点画像,一边用"那人""那壮士"指代主人公,把鉏麑、提弥明、灵辄这些人的故事娓娓道来,只要孤儿想知道他们的名字,程婴是有问必答,全都告知。但一遇到屠岸贾和赵盾,则用"穿红的""穿紫的"代替。

程婴在创造时机。大家还记得,在楔子中,屠岸贾的独白也讲到鉏麑触槐的故事,但鉏麑为什么触槐却全然不提。现在这件事由程婴再次道出,讲法自然不同,他讲道:鉏麑"越墙而过,要刺杀这穿紫的。谁想这穿紫的老宰辅,每夜烧香,祷告天地,专一片报国之心,无半点于家之意。那人道,我若刺了这个老宰辅,我便是逆天行事,断然不可;若回去见那穿红的,少不得是死。罢,罢,罢……"这不仅在结构上补充了楔子中的故事,使鉏麑自杀显得可信,而且使这一故事一开始便有了明显的善恶之分。

在讲灵辄的故事时,程婴也详细讲述灵辄扶轮救盾的原因,也就是赵盾用酒饭救助桑间饿夫的故事,并提醒说:"程勃,这见得老宰辅的德量处。"孤儿渐渐明白,图中那"穿紫的"是忠心为国、体恤民生的好官,而"穿红的"是凶残狡诈、丧失人性的恶人。到这里,程婴试探着说出"赵盾"的名字:

〔正末云〕这壁厢爹爹,这个穿红的那厮好狠也,他叫什么名氏?

〔程婴云〕程勃,我忘了他姓名也。

〔正末云〕这个穿紫的,可是姓什么?

〔程婴云〕这个穿紫的，姓赵，是赵盾丞相，他和你也关亲哩。

"穿红的"就是屠岸贾，此时还不能说破。赵盾的名字可以说，但他和程勃的关系一旦捅破，真相就揭开了，此时火候不到，也不能说。所以用孤儿的一句话"您孩儿听的说有个赵盾丞相，倒也不曾挂意"，轻轻地避开了敏感话题，转入搜孤救孤阶段。当说到赵氏一家三百余口惨遭杀戮，驸马赵朔被逼自尽，"那穿红的"差韩厥围住驸马府的时候，程婴大着胆子说出了自己的名字：

〔程婴云〕……这公主有个门下心腹的人，唤做草泽医士程婴。
〔正末云〕这壁厢爹爹，你敢就是他么？
〔程婴云〕天下有多少同名同姓的人，他另是一个程婴。

这真是虚虚实实，真真假假。就这样，孤儿被一步步引导"入彀"。当说到韩厥自刎，放走程婴与孤儿，"那穿红的"要"将晋国内半岁之下、一月之上小孩儿"每人剁三剑时，程勃禁不住怒火中烧，大叫道："那穿红的好狠也！"程婴顺势讲出故事的最高潮，即自己舍子、公孙舍命的场面。接着不等孤儿反应过来，便一气贯注，用反问的口气，再对孤儿实行"激将"：

那穿红的得知，将公孙杵臼三推六问，吊拷绷扒，追出那假的赵氏孤儿来，剁做三段，公孙杵臼自家撞阶而死。这桩事经今二十年光景了也。这赵氏孤儿见今长成二十岁，不能与父母报仇，说兀的做甚！

这段念白可说是一贯而下、掷地有声。可以想见，在实际演出的时候，演员的语速越来越快，感情越来越激动，语调越来越高亢，加上打击乐的配合，一定具有振聋发聩的艺术效果。接着便是水落石出，石破天惊：

元（原）来你还不知哩！如今那穿红的正是奸臣屠岸贾，赵盾是你公公，赵朔是你父亲，公主是你母亲。〔诗云〕我如今一一说到底，你划地不知头共尾。我是存孤弃子老程婴，兀的赵氏孤儿便是你！

情节高潮过去，接着便是情感高潮。试想，当一个人从梦中醒来，知道

了自己竟然是这样的身世,自己叫了二十年的"义父",自己一贯视为"贤臣"的义父,竟然是一个杀人如麻的刽子手,而且还是杀害自己亲生父母、将自己一族斩尽杀绝的仇人,那会是一种什么情感?绝对是五雷轰顶,天塌地陷!——孤儿当场昏厥过去。

真相大白,程婴对孤儿的称谓也当即改变,连忙呼叫:"小主人苏醒!"这又是剧本作者的精细处。接着,孤儿连唱七支曲子,诉说心中的悲愤和报仇的决心。请看最后的两支:

【一煞】摘了他斗来大印一颗,剥了他花来簇几套服。把麻绳背绑在将军柱,把铁钳拔出他斓斑舌,把锥子生挑他贼眼珠,把尖刀细剐他浑身肉,把钢锤敲残他骨髓,把铜铡切掉他头颅!

【煞尾】尚兀自勃腾腾怒怎消,黑沉沉怨未复。也只为二十年的逆子妄认他人父,到今日三百口的冤魂,方才家自有主!

这样的复仇方式实在太过残忍。但既然是复仇,就难免超越理性、超越法律。中国有句俗话:"恨小非君子,无毒不丈夫。"用在这里很合适。一个"认贼作父"二十年的血性汉子,一旦知道了事情真相,复仇的感情如火山爆发,势不可当,这并不难理解。岂止是中国如此,大家熟悉《基度山伯爵》吧?邓蒂斯是怎样复仇的?他的仇人是怎样的下场?疯的疯,死的死,还牵连了不少无辜。更何况,这两段唱只是发泄情绪而已。究竟赵氏孤儿如何复仇,且看下一折。

第五折:冤冤相报　强弩之末

元刊本没有第五折,到第四折孤儿唱完【中吕·粉蝶儿】套曲便戛然而止,第五折是明刊本加上去的。

第五折的情节很简单:在魏绛的主持下,孤儿奉新国君悼公之命将屠岸贾拿住,用酷刑处死,悼公对韩厥、公孙杵臼、程婴一一褒奖赏赐,孤儿、程婴磕头谢恩,全剧结束。

由"外"扮演的晋国上卿魏绛首先上场,这个"外"应当是"外末"。根据他的独白,我们知道晋国已经改朝换代,新的国君悼公(这是作品中"针线不密"的地方,我们后面再谈)已经知道了二十年前那场冤案,又唯恐屠岸贾权势太大难以制服,于是命令孤儿"暗暗的"将屠岸贾抓获,并将屠氏一家"韶龀不留",全部处死。"韶龀"的本义是小孩换牙,后来代指幼童。屠氏一家被灭族,正与二十年前赵氏一家被斩尽杀绝一模一样,这叫作"以其人之道还治其人之身"。屠岸贾下场最惨,他是被钉上木驴后凌迟处死的。"木驴"是古代的一种刑具,分为两种,男用的钉尖朝上;女用的以硬木插入阴户。

在作者看来,只有这样处理才符合"大报仇""冤报冤"的主旨。

"正末"依然扮演孤儿,唱【正宫·端正好】套曲,共八支曲牌,曲词比较一般。原本值得期待的孤儿擒获屠岸贾的场面,也写得太简单:

〔屠岸贾云〕屠成,你来做什么?
〔正末云〕兀那老贼,我不是屠成,则我是赵氏孤儿。二十年前你将俺三百口满门良贱诛尽杀绝,我今日擒拿你个老匹夫,报俺家的冤仇也!
〔屠岸贾云〕谁这般道来?
〔正末云〕是程婴道来。
〔屠岸贾云〕这孩子手脚来的(快),不中,我只是走的干净。
〔正末云〕你这贼走那里去!

按理说,这一对"父子"突然间反目成仇,兵戎相见,应当戏份更多些才对。屠岸贾抚养了"屠成"二十年,当这个被他宠爱有加、生龙活虎的"义子"宣称自己就是二十年前早已"被杀"的"赵氏孤儿"时,屠岸贾应当表现得十分惊诧,应该有一个思索、适应的过程。凭什么说你就是"赵氏孤儿"呢?虽然程婴的话可信,但内中的隐情绝不是一两句话就能说得清的。大概是因为主要的矛盾冲突已经解决,尤其对于"全知全觉"的观众来说,"屠成"的话无可怀疑,所以这个场面就这么草草结束了。

明人说元杂剧最后一折往往是"强弩之末,其势不能穿鲁缟也"。就是说元杂剧的大结局往往写得没戏,就像射出去的箭,飞到最后,连薄薄的绢绸也穿不透了。《赵氏孤儿》第五折,就是典型的强弩之末。

艺术特征与成就

首先是剧本体制的创新。元杂剧以"四折一楔子"为通例,元刊本《赵氏孤儿》符合这个要求,到明刊本增加成五折一楔子。五折一楔子的剧本在《元曲选》中仅此一例。而脚色方面元杂剧的通例是"一脚主唱",主唱者"正末"或"正旦"一般扮演剧中的男女主人公。《赵氏孤儿》符合"一脚主唱"的通例,但进行了变通。首先是主唱者不是主人公程婴,其次是由一个脚色装扮不同的剧中人物,主唱的"正末"第一折扮演韩厥,第二折、第三折扮演公孙杵臼,第四折、第五折扮演孤儿。这种情况,在元杂剧中不多。著名的有《单刀会》,"正末"第一折扮乔公,第二折扮司马徽,第三折、第四折才改扮主人公关羽。

根据多数学者的意见,元代的戏班子规模较小,一般来说,每个戏班子只有一个"正末"、一个"正旦"。也就是说,无论主唱者扮演几个剧中人,都是由同一个演员扮演的。那在实际演出时怎样"改扮"呢?韩厥与公孙杵臼、赵氏孤儿这几个人,除了性别相同之外,在年龄、身份、性格方面差别很大,韩厥是一位中年武将,公孙杵臼是一位年过七旬的退休官员,孤儿是刚满二十岁的血气方刚的青年。要按现在的京剧行当,韩厥是花脸,公孙杵臼是白须老生,而孤儿是小生,可以由一个演员"改扮"吗?一般情况下不行,但特殊情况是完全可以的。这种情况叫作"一赶三"。例如著名京剧老生周信芳、高百岁、马连良都能够在《一捧雪》中先后扮演莫怀古、莫成、陆炳三个角色,高庆奎在《赤壁鏖兵》中先后扮演鲁肃、诸葛亮、关羽,李万春在《生死桃园》中先后扮演关羽、刘备、赵云,还有李少春、厉慧良等也常演"一赶二""一赶三"。

我们在元杂剧《赵氏孤儿》中找到了"一赶三"的源头。这种演法对演员的要求很高,不但要求其演技全面、嗓子好,还要求其一定要身体棒、体力好。演员必须在下场之后很短的时间内卸装、改装,再度上场,然后下场后再度改装、上场。一出戏演下来,肯定累得够呛。

不过,元杂剧往往在每折戏之间,插演一些小节目,如杂技、舞蹈之类,可以给演员提供化装和休息的时间。

《赵氏孤儿》杂剧的第二个特色是节奏快、有悬念,戏剧冲突激烈,悲剧气氛浓厚。

　　与话剧和影视艺术相比,中国戏曲节奏慢,这可能是一些年轻人不喜欢戏曲的原因之一。中国戏曲有独特的艺术手段和审美特征,用唱、念、做、打出彩出戏,吸引观众。元杂剧在表演方面远不如后来的戏曲成熟,但对曲的重视、以曲为本位的特点已经形成,因而作家重视唱词而忽视故事情节,也忽视念白。不过《赵氏孤儿》杂剧的节奏相当快,念白也写得好。

　　在楔子中,屠岸贾的大段独白实际上是在讲故事,钽麂的触槐而死,提弥明与恶犬的搏斗,灵辄在千钧一发之际扶轮救盾,三个故事都围绕屠岸贾与赵盾的矛盾冲突相继展开,环环相扣、一气呵成。接着是驸马的自尽、公主的自尽、韩厥的自尽、假孤儿程婴之子的被杀、公孙杵臼撞阶自尽,这些惨烈的场面令人目不暇接,你说节奏快不快?而且从驸马的自尽开始,那些悲惨的、一次次横尸台上的场面,都是演员"现身说法"演出来的。虽然戏曲表演不像影视艺术那么写实,但总有表示"杀"和"死"的动作,这就使观众在"听戏""听曲""听书"之外,还能够领略"看戏"的感觉,经受较为强烈的视觉冲击。这在传统戏曲中是不多见的。

　　本剧的细节描写也很到位。前面已经分析过,程婴与公孙杵臼从在屠岸贾眼皮底下合演"双簧戏",到在屠岸贾的严密监视和强制下被迫改演"苦肉计",三个人的语态、心态、神态的微妙变化,都得到了很好的揭示。

　　第三个特色是人物性格鲜明,这里主要谈程婴和屠岸贾。

　　程婴是全剧真正的主角,但按照元杂剧的体例,他不能有一句唱,所以程婴的形象主要靠道白和动作提示来塑造。

　　为救孤存赵,程婴以自己的亲生儿子代替赵氏孤儿惨遭杀戮,这种自我牺牲精神前面已经说过,不赘述。他不但有勇,而且有谋,与公孙杵臼共同策划并实践了一场轰轰烈烈、惊天动地的救孤、复仇行动。他与公孙杵臼合谋救孤,骗过了狡猾的屠岸贾。他把孤儿"过继"给屠岸贾为义子,让孤儿学得文武双全,为日后报仇作好了准备。他用看图讲家史的方法,循循善诱,将处在危险边缘的孤儿拉回到自己的阵营,为赵家报了大仇,为国家除了一害。

　　还有一点,是作品虽然没有强调,但读者和观众可以想象的,就是程婴卧薪尝胆、忍辱负重的精神。试想,他和公孙杵臼合谋救孤,只有两个人知道,而公孙死后,知道真相的就剩下他一个人。牙齿咬碎往肚里吞,他只能背着卖主求荣、背信弃义的骂名忍辱偷生二十年。在《史记·赵世家》里,

公孙杵臼问程婴："立孤与死孰难？"婴曰："死易，立孤难耳。"公孙杵臼说："子强为其难者，吾为其易者。"程婴这二十年，的确过着生不如死的生活。后来许多改编本都强化了这一点，写得很动人。例如京剧让魏绛拷打"卖主全求荣"的程婴，发现打错了再道歉。魏绛有一段很有名的唱腔"我魏绛闻此言如梦方醒"，十分动人。豫剧《程婴救孤》里有一首儿歌："老程婴，坏良心，他是一个不义人；行出卖，贪赏金，老天有眼断子孙。"程婴听后心如刀绞。这个戏还运用灯光布景，随着儿歌的响声，程婴的胡须变白，多少个岁月就在骂声中逝去。这些都充分挖掘出原著潜在的精神实质，使程婴的形象更加感人。

但程婴的形象有瑕疵。前面已经说过，公主向程婴托孤时，程婴怕公主向屠岸贾说出真相，致使公主自缢而死。紧接着，韩厥明明已经放走了程婴和孤儿，但程婴转回来对着韩厥下跪说："我若出的这府门去，你报与屠岸贾知道，别差将军赶来拿住我程婴，这个孤儿万无活理……"于是韩厥也自刎身亡。

程婴为什么要三番两次这样做？作者为什么在他极力肯定和表彰的正面形象上加上负面的东西？我猜测，作者是为了表现程婴的精明，一不留神出现了败笔。

公主和韩厥必须得死，他们不死不足以表现剧情之悲、孤儿之"孤"。此外从情节上看，他们都是孤儿逃脱的知情者，他们在，可能让屠岸贾的搜捕、日后真相的揭出横生枝节。所以无论程婴怎么说怎么做，公主和韩厥都会自尽。问题是，他们的自尽应当是自愿的，而不是让程婴用话激他们自尽。

再看屠岸贾。除了第五折以外，楔子和前四折戏都是反面人物屠岸贾首先出场，给读者和观众留下极深印象。在中国戏剧中，反面人物总有独特的装扮、独特的语言风格、独特的行为举止。所以反面人物更能吸引观众的眼球，他在舞台上一出现就"有戏"了。在《赵氏孤儿》中，正面人物总是围绕着屠岸贾的灭赵搜孤计划，见招拆招、兵来将挡。

屠岸贾的性格特征是残忍而狡诈。

他要对赵家斩草除根，连刚出生的婴儿也不放过。为了除掉一个赵氏孤儿，他不惜杀死全晋国的婴儿。当听说公主与韩厥分别自尽的消息后，屠岸贾的第一个反应是："韩厥为何自刎了？必然走了赵氏孤儿。"当程婴向他出首公孙杵臼藏着孤儿时，屠岸贾立刻发问："咄！你这匹夫，你怎瞒的过我？你和公孙杵臼往日无仇，近日无冤，你因何告他藏着赵氏孤儿？"

屠岸贾命令程婴亲自拷打公孙杵臼,暗中观察两人的表现。程婴拿细棍子时他说打得太轻,拿粗棍子时又说想打死杵臼死无对证。当公孙杵臼不小心说出"俺二人商议要救这小儿曹"时,屠岸贾立即追问:"你说二人,一个是你了,那一个是谁?"

屠岸贾虽然狡猾,可他使用的依然是常规思维,他万万想不到,为了救助别人的孩子,程婴竟然牺牲自己的亲生儿子,公孙杵臼竟然舍掉自己的性命。程婴和公孙杵臼的行为是难以想象的超常行为,所以他们是英雄。用常规思维对付超常行为,屠岸贾必然会失败,他斩草除根的计划必然破产,二十年后他也遭到全家被诛杀的报应。

第四个特色是吸收了民间说书艺术。

在戏曲的道白中吸收说书艺术的成分,《赵氏孤儿》是个典型。这在楔子中屠岸贾的那段独白和第四折程婴对孤儿的讲述中表现得很明显。例如楔子在讲述提弥明击杀神獒时这样叙述:"争奈傍边恼了一人,乃是殿前太尉提弥明,一瓜锤打倒神獒,一手揪住脑勺皮,一手扳住下嗑子,只一劈,将那神獒分为两半。"这不像屠岸贾的语气,很像是说书人的语气。

第四折程婴为赵孤叙述往事:"傍边转过壮士,一臂扶轮,一手策马;磨衣见皮,磨皮见肉,磨肉见筋,磨筋见骨,磨骨见髓,捧毂推轮,逃往野外。"这更是典型的说书语气。

此外,第四折还使用了看图说书的形式。

看图讲故事最迟在唐代变文讲唱中已经使用,有的学者甚至把这种形式上溯到先秦两汉。但是,像《赵氏孤儿》杂剧这样,程婴实际上作为一个说书者,边指着一幅幅图画,边向听讲人解释,从而把一个完整的故事生动地叙述出来,这在元代以前的文献中是不多见的。这不但增加了故事的生动性、具体可感性,还增加了故事的可信性。

为什么这样说呢?我们前面已经分析过,孤儿作为屠岸贾的义子,已经被收养了二十年,程婴要把真相揭露出来,要使孤儿相信他所说的是真的,让孤儿掉转"枪口"对屠岸贾"开火",实在不是一件容易的事。当然有一个前提已经具备了——程婴是孤儿名义上的"生父"。但"生父"说的话就一定可信吗?毕竟屠岸贾与孤儿不是一般关系,程婴已经把孤儿"过继"给了屠岸贾。"过继"就是由于自己没有儿子而把同族弟兄的儿子领养过来算作自己的儿子,从而继续自己的血脉,这与一般"义父""义子"的关系是不同的。若养父死亡,被过继者要披麻戴孝为养父送终,并立即可取得

死者的遗产。屠岸贾在第四折说，要借助"儿子"的威力，"弑了灵公，夺了晋国，可将我的官位都与孩儿做了，方是平生愿足"。孤儿在唱词中说："俺父亲英勇谁如，我拼着个尽心儿扶助。"可见屠岸贾已经把孤儿当成亲儿子，孤儿也把屠岸贾当成了亲父亲。就是在这样的情况下，精明无比的程婴才使用了看图讲故事的方式。

　　程婴是做思想工作的高手，这我们前面已经讲过。但图画是否能增加故事的可信性呢？我认为答案是肯定的。古时候没有照相、录像技术，绘画就成为可资佐证的形象资料。研究北宋的城市文化，《清明上河图》可以为证。宋代有一部书叫《宣和博古图》，该书著录了宋代皇室在宣和殿收藏的自商代至唐代的青铜器八百多件，有各类鼎、尊、彝、瓶、壶等。因为当时没有照相技术，只能把它们画下来，这部图录成了当今考古工作者的必读书。清代乾隆年间的《西清古鉴》性质相同，是把清代宫廷所藏的古代青铜器照原样画下来。这可以叫作"以画为证"。那么，程婴苦心孤诣据实所画的手卷，怎么不能增加故事的可信性呢？

　　现在有了照相技术，我们可以认为"以画为证"有些不可思议。在打官司的时候，照片、录音、录像可以成为证据，绘画绝对不行。但其实照片照样可以造假呀！不是吗？那张有名的虎照不是把全国人民都玩儿了吗？现在认为"以画为证"不可思议，说不定若干年后，"以照片为证"也会过时，也会成为笑柄呢！

　　《赵氏孤儿》中的看图讲故事，对后来的小说、戏曲产生了影响。同题材的南戏、传奇自不必说，其他题材的戏曲也纷纷仿效。清焦循《花部农谭》说，地方戏中的《铁邱坟》，又名《打金冠》，其中的《观画》一出，"竟生吞《八义记》"。最有名的例子是《说岳全传》。在《说岳全传》里，宋金交战，宋军遇上了一个强敌，就是双枪陆文龙，"八大锤"都打不过他。但其实陆文龙并不是金国人。十六年前陆文龙生父陆登驻守的城池被金兀术攻陷，陆登自刎，陆文龙的母亲上吊，只有陆文龙和奶母被金兀术收养。岳飞帐下的王佐断臂打入金营，用同样的看图讲故事的方法向陆文龙说明真相。王佐不是陆文龙的生父，所以必须有个奶母作证。最终陆文龙归降了宋朝。这个细节与《赵氏孤儿》中的程婴看图讲赵氏家史十分相似，很可能《说岳全传》是模仿了《赵氏孤儿》。后来不少剧种都从《说岳全传》改编剧目，上演陆文龙的故事、王佐断臂的故事，比如京剧《八大锤》，有一场戏《说书》，完全采用看图讲故事的形式。

疏漏与瑕疵

程婴形象有瑕疵,本剧第五折为"强弩之末",这两点漏洞前面已经说过,不赘述。此外还有几处小的瑕疵应当指出来。

第一处:赵盾下落不明。楔子中屠岸贾独白,讲赵盾被灵辄救走之后,他便下令将赵盾全家三百口诛尽杀绝。赵盾究竟怎样了呢?没说。第四折程婴看图说赵氏家史,也不提赵盾下落。那赵盾是否与全家一起被杀了呢?看样子没有。因为第一折程婴对韩厥是这样说的:"驾单轮灵辄报恩,入深山不知何处。"但第三折公孙杵臼对屠岸贾的唱词却说:"你当日演神獒,把忠臣来扑咬。逼的他走死荒郊,刎死钢刀,缢死裙腰。"(【川拨棹】)不用说"刎死钢刀"的是赵朔,"缢死裙腰"的是赵朔之妻公主,那"走死荒郊"的一定是赵盾了。这样,在同一个戏里赵盾就有两种结局:一是被灵辄救走之后下落不明,一是死在荒郊野外了。为什么会这样呢?我估计很可能是多次修改留下的痕迹。

元刊本没有"逼的他走死荒郊,刎死钢刀,缢死裙腰"这几句,可以肯定是明本加进去的。元明南戏《赵氏孤儿记》第二十六出,写灵辄将赵盾背进深山,五个月后赵盾方听说一家被害的消息,悲痛而死。《元曲选》本"走死荒郊"的说法,或是受了南戏的影响。

第二处:公主托孤草率。第一折,在公主向程婴托孤之前,屠岸贾令韩厥把守府门后下场,然后公主上场有一段独白,说不知怎样才能把婴儿救出去,程婴不在赵家名簿,只有请他帮忙了。接着程婴身背药箱进入驸马府,说公主唤我不知何事,可能是产后需什么汤药,云云。这样一来,公主向程婴托孤是灵机一动,程婴背药箱进入驸马府是碰巧,对公主的托孤毫无思想准备。这样写显得太草率。救孤这样的大事,即使事先精心策划,尚不知是否能摆脱天罗地网,怎能如此匆忙?所以,从元明南戏开始,几乎所有的改编本都写程婴进府(或进宫)是事先策划好的,他背药箱进府明为应募为公主看病,实际上就是为救孤儿。不要小看了小小的药箱,在危急关头,只有它才能保孤儿平安哪!

第三处:程婴身背装有孤儿的药箱,匆匆忙忙走出驸马府,一见到是韩厥把守府门,心中暗喜,自言自语说:"天也可怜,喜的韩厥将军把住府门,

他须是我老相公抬举来的。""抬举",在这里是提携、提拔或者养育的意思。这样写当然没有问题,赵盾任首相,提拔过韩厥是完全可能的。况且还有史料为依据,这我们后面再讲。但全剧只有这一句台词提到此事,让人感到没头没脑,第四折程婴对孤儿看图讲故事的时候也没有一个字再提及此事。清初著名戏剧理论家李渔曾经提出"密针线"的要求,这里对"全知全觉"的观众没有交代清楚,属于"针线不密"的问题。

第四处:第四折和第五折在时间上本来接得很紧,第四折是程婴以看图讲故事的方式说动了孤儿,第五折就是孤儿报仇了。但剧本却写第四折还是在灵公时期,而第五折一下子到了悼公时期,从灵公到悼公,中间隔着成公、景公、厉公三代国君三十多年时间,就这么一下子跳过去了。这里先不说是否符合历史真实的问题,单说前后两折在时间衔接上的矛盾,显然是编剧的疏忽。很可能是明人在增加第五折的时候造成的一处"硬伤"。

总的来看,瑕不掩瑜,元杂剧《赵氏孤儿》是一个成功的悲剧作品。在我国,叫座儿的戏曲大致可分为两类,一类是"戏保人",另一类是"人保戏"。所谓"戏保人",就是戏好、本子好,有故事、有悬念、有冲突,细节好、合乎情理,能为演员的二度创作最大限度地提供依据。这样的戏,演员水平差一点也没关系。"人保戏"就是以大牌演员的表演技巧取胜。剧本一般,但只要由著名演员出场,观众就买账。戏曲往往为某一个演员量身定做,根据他的嗓音条件、表演特色来设计唱腔或者整场戏。同一出《贵妃醉酒》,梅兰芳演就叫座。你没听电影《梅兰芳》中的"三哥"说吗?"梅兰芳不是你的,也不是我的,他是座儿的。"反正只要梅老板出场,就轰动。《赵氏孤儿》杂剧属于前者,就是戏好,所以后来各剧种争相移植、改编,还对欧洲产生了影响。这样的剧本实在太少了。

第二集 《赵氏孤儿》的"史"与"戏"

从审美范畴来说,元杂剧《赵氏孤儿》是悲剧;从故事题材来说,它取材于历史,写的是春秋时期晋国的历史故事,是历史剧。中国的历史很长,有丰富的历史文献,也有老百姓的"口述历史",这为文学艺术提供了取之不尽、用之不竭的题材和素材。中国传统戏曲中历史剧为一大宗。所以,辨析《赵氏孤儿》的本事来源,对于认识历史文学中"史"与"戏"的关系,有普遍意义。

在这里,我想先谈一下认识历史文学的三个原则。

认识历史文学的三个原则

首先,要找到完全客观、真实的"历史真实"是不可能的。

在我国,文人印象中的"历史"从史书中来,不识字的百姓印象中的"历史"从戏曲说唱中来。长期以来,这两种"历史"之间的差距极大,甚至完全对立。历史文献有《资治通鉴》,民间说唱也有他们的"通鉴";历史文献有"二十四史",民间说唱也有"二十四史"。多年前我在河南罗山遇见过一个不识字的农民,能用当地方言说唱"二十四史","自从盘古开天地,三皇五帝到于今",讲得头头是道,但和正史对不上。清代史学家章学诚说,《三国演义》是"七实三虚",其实在我看来,《三国演义》中虚构的成分绝不止三成。

于是就形成了这么一个普遍的看法:史书中的"历史"可信、可靠,而文学中的"历史"不可信、不可靠。这话不能说没有道理。但进一步说,史书中的"历史"也只是相对真实而已。从远古至今,大量的信息被删减掉了、过滤掉了、淘汰掉了,我们今天能看到的,只是史书作者笔下的"历史"而已,只是支离破碎的"历史"而已。有的事情是"烛影斧声",千古之谜,永远

搞不清真相了。有的事情，以往被认为是"史实"的，随着新材料的发现或者新观念的产生，才知道根本没有那回事。例如，我们中国历来都是成王败寇，历史从来都是由胜利者书写的。一旦坐稳了皇位，就可以编造谎言、篡改历史。如《史记》写汉高祖刘邦的母亲"梦与神遇"，刘邦的父亲看见有条蛟龙趴在老婆身上，后来老婆怀孕，产下了刘邦。你不会相信这样的事吧？这条谎言的本质，在于强调君权神授，宣扬皇权统治的合法性。鲁迅说："史实在不断地证明着它只是一种'并无其事'。"（《且介亭杂文二集·从"别字"说开去》）这实在说得很深刻。

其次，承认历史真实的相对性，并不意味着放弃对本事的探求。

什么是"本事"？"本事"就是历史文学所依据的最初的文献所记录的史实。在叙事文学研究中，探求本事是不能缺少的。这需要发扬史学研究中的求真精神。在学术研究中，史料的缺失或者驳杂，观念的变异或者对立，乃至众说纷纭、扑朔迷离，本身就是一种诱惑。研究者通过甄别、考证、梳理、辨析、推测、猜想，不断地取得超越前人的成果，尽可能地接近历史，这是一种饶有趣味的具有创新意义的工作。完全"还原历史"是不可能的，但尽可能接近历史是可能的、必须的。对于文学史工作者来说，了解本事并不是目的，目的是要看从最初的本事到后来的文学作品是如何演变的，文学是如何利用、汲取、剪裁、改造本事的。

最后，"历史剧"的中心词是"剧"而非"史"。

和其他题材的戏剧相比，历史剧只不过取材于历史罢了，它在本质上是"剧"而不是"史"。任何一部历史剧，哪怕是严格意义上的历史剧，都充满虚构和想象的成分。所以评价一部历史剧的优劣，不是看它是否"忠于"历史，或在多大程度上"忠于"历史，而是看它虚构得是否合乎情理；不是看它是否发生过，而是看它有无可能发生。如果观众看了说这戏"虚假"，多半说的是剧中这事不可能发生，而不是没有发生过。如果多数观众接受了，把"戏"当"真"了，也不是说戏里的事情一定发生过，而是可能会发生，这其实是对本质真实、艺术真实的认同。

在这方面，以往存在不少误解。比如郭沫若提倡过的"为曹操翻案"，我认为就很没有必要，曹操的案也很难翻。如果要翻，许多三国戏就不能演了，《捉放曹》还能演吗？《三国演义》这小说还能读吗？当然新编戏可以翻案，郭老的《蔡文姬》，上海京剧院的《曹操与杨修》，这两年新拍的电影《赤壁》，其中的曹操形象都是重新塑造的，既与《三国演义》不同，也与历史文献中的曹操有很大距离。这说明,文学的最大特征是虚构,文学是镜中花、水中月,千万别拿它当真。

不光是戏剧、小说,诗词中也有一个真与假、虚与实的辨别问题。陈寅恪先生开创了历史学研究中"以诗证史"的研究方法,可见诗歌中的确蕴藏着大量的历史信息。但要是全拿诗词当真,就会掉到另一个陷阱中。例如岳飞《满江红》词中有"架长车踏破贺兰山阙",有人提出,岳飞抗金,怎么去"踏破贺兰山"呢?可见这首词是伪作。我以为这首词的真伪可以讨论,但仅仅拿地名说事儿,就显得证据不足。"贺兰山"是虚指、泛指,指的是北方少数民族的聚集地,不能看成是实在的地名。这种情况很多,不一一举例了。

总之,基于以上三个原则,我们对《赵氏孤儿》杂剧的本事问题作一番考察。

历史上的赵盾与晋灵公

前面已经讲过,《赵氏孤儿》杂剧所叙述的"历史"可分为三个部分。第一部分,是屠岸贾在楔子中的倒叙式的独白,讲述赵氏被灭族的经过,这部分先由屠岸贾讲出来,到第四折再由程婴进一步认定和补充。这是"讲"出来的"历史"。第二部分就是"搜孤救孤"事件,这是全剧的核心事件,是由演员进入角色"演"出来的"历史"。第三部分,是救孤之后的二十年,也是由演员"演"出来的"历史"。

我们先看第一部分,这一部分由三件事组成。第一件事,屠岸贾派人刺杀赵盾,刺客鉏麑触树而死。第二件事,屠岸贾训练神獒袭击赵盾,提弥明击杀神獒救了赵盾。第三件事,赵盾的马车被屠岸贾破坏,危急之中遇灵辄搭救。这三件事在《左传·宣公二年》《公羊传》和《史记》中均有记载,其中《左传》的记载可看成是《赵氏孤儿》的本事。但杂剧在《左传》的基础上,还适当汲取了其他文献和民间传说,进行了大量的艺术创造和艺术加工。

首先,按照史料的记载,派人行刺赵盾、用狗咬赵盾的不是屠岸贾,而是晋灵公本人。那么,晋灵公为什么要刺杀赵盾?他们二人是一种什么关系?杂剧并没有写到。为了辨析《赵氏孤儿》对本事的袭用和改造,我想先把话题稍稍扯远一点。

大家知道,春秋五霸之一的晋文公名叫重耳,他在即位之前曾遭"骊姬之谗"——他父亲晋献公的小老婆骊姬为了让她自己的亲生儿子继承王位,不断向献公进谗言、说坏话,甚至制造"桃色事件",致使重耳的兄弟太子申生被废被杀,重耳与他的另一个兄弟夷吾被迫出逃。重耳在外流亡十九年,历经许多艰辛方回晋国成就大业。赵盾的父亲赵衰跟随辅佐重耳,劳苦功高。重耳出逃到狄国时娶了季隗,赵衰则娶了叔隗,并生下赵盾。季隗与叔隗是两姐妹,所以晋文公与赵衰是连襟儿。赵盾是赵衰的儿子,而晋灵公是文公的孙子,赵盾与灵公的父亲襄公是表兄弟,所以赵盾应当是灵公的叔伯辈。但赵衰与重耳一起回到晋国后,又娶了文公的女儿为妻,与晋文公又是翁婿关系。赵衰与文公的女儿生下了赵同、赵括、赵婴,他们与晋灵公是同辈。但从赵盾这个角度说,他的生身母亲叔隗与文公的夫人季隗是两姐妹,所以尽管他的同父异母的弟弟与灵公同辈,但赵盾的的确确是灵公的长辈,年龄也比灵公大得多。

从婚姻史看,春秋时期尚处于从对偶婚向一夫一妻制的过渡时期,有所谓"烝""报"习俗。下辈男子娶庶母曰"烝",侄儿娶伯、婶母曰"报"。申生就是献公跟他父亲武公的小老婆齐姜所生,就是"烝"出来的。此外当时的婚姻具有很强的政治联姻色彩。周天子与诸侯之间,各诸侯国君主之间,诸侯与卿、大夫之间为了政治利益通婚,甚至旁系亲属、不同辈分之间为了政治利益而相互通婚,在当时都十分普遍。

秦晋两个诸侯国的统治者之间,就出现过多次通婚联姻的事情,"秦晋之好"后来成为一个成语。现在这个成语仅指两家结亲,不一定包含政治内容了。其实仔细考察,这个成语本来所包含的内容,以及它的婚姻观念和道德观念,都是现代人所不能接受的。秦穆公先娶了晋献公的女儿,成为夷吾、重耳两人的姐夫,后来又把女儿怀嬴嫁给了夷吾的儿子公子圉,这还算是一件亲上加亲的事。姑舅亲,现在属于近亲结婚,被婚姻法禁止,但在历史上长期流行,人们在观念上可以接受,况且夷吾与怀嬴的母亲只是同父异母,这种亲上加亲本无大碍。但后来晋惠公病重,公子圉生怕秦穆公为难他,不许他回国继位,便悄悄地逃跑回晋国当国君去了,而且与秦国不相往来。秦穆公很生气,为怂恿、说服重耳当上晋国国君,就把女儿怀嬴改嫁给重耳。这变成了什么关系呢?秦穆公先是夷吾、重耳两人的姐夫,接着变成了夷吾儿子的老泰山,后来又与重耳成为翁婿。对秦穆公之女怀嬴来说,她先嫁给公子圉,后嫁前夫的伯伯。对重耳来说,则是娶了自己的侄媳妇。当代人认为这是乱伦,但在当时并不罕见,赵盾与晋灵公的关系就是如此。

如上所述,赵盾与灵公的关系,是他父亲赵衰决定的。赵衰先娶了重耳的大姨子,论辈分他与重耳是同辈,但后来又娶了重耳的女儿。这里,应当把晋文公将女儿"下嫁"赵衰的行为看成是一种因感恩而"赏赐",或者是笼络人心的做法,总之是一种政治行为。

赵衰在文公去世后辅佐文公的儿子襄公,襄公六年(前622年)赵衰去世,赵盾登上晋国政治舞台,时年三十岁左右。第二年晋襄公去世,赵盾为正卿,执掌国政,权倾朝野。这时本应立襄公之子夷皋为国君,但赵盾却决定迎立住在秦国的襄公弟弟的儿子。夷皋的母亲抱着儿子到朝上撒泼哭闹,质问赵盾:"先君何罪?其嗣亦何罪?而外求君,将焉置此?"这使得赵盾不得不妥协而立夷皋为君,是为晋灵公。可见晋灵公与赵盾的矛盾,此时已经种下。

晋灵公与赵盾二人的关系,既是君臣关系,同时赵盾又是灵公的长辈、父辈。在灵公年幼的时候,晋国的实际权力是由赵盾掌握的。十四年后,也就是公元前607年,晋灵公夷皋成为一个品行不端的国君,经常受到赵盾的严厉斥责,这就形成君弱而臣强、君愚而臣忠的局面,有点类似于后世经常说的年幼的"昏君"与辅佐过前朝帝王的"相父"之间的关系,赵盾就像三国时期的孔明,而晋灵公就像"阿斗"。

《左传》说晋灵公"厚敛以雕墙",就是大量征收赋税来满足奢侈的生活,还从高台上用弹弓射行人,观看他们躲避弹丸的样子。厨师没有把熊掌炖烂,他就把厨师杀掉。对于这样的行为,赵盾看不下去,于是多次犯颜直谏,灵公对赵盾是又怕又厌烦又无奈,所以就下决心除掉赵盾。

由此可以知道,晋灵公之所以派人刺杀赵盾,直接原因是赵盾的犯颜直谏,但根子早在十四年前"立君"时已经种下,刺杀赵盾是灵公想从根本上夺回权柄。

灵公身为国君,若对赵盾不满,大可公开将其罢职,甚至处死,何必使用暗杀方式呢?可见,赵盾的专擅政权,赵氏家族势力之强大,已经令灵公不能或不敢公开处置赵盾。另外赵盾的性格刚强暴烈,当时有人说他是"夏日之日",说他的父亲赵衰是"冬日之日"。同是一个太阳,夏天的太阳可怕,冬天的太阳可爱。晋灵公对赵盾既恨又怕,于是便发生了"遣麑刺

盾"事件。这件事《左传》《公羊传》《史记》等文献都有记载，其中《左传》的说法最为人熟知：

> 宣子骤谏，公患之，使鉏麑贼之。晨往，寝门辟矣，盛服将朝。尚早，坐而假寐。麑退，叹而言曰："不忘恭敬，民之主也。贼民之主，不忠；弃君之命，不信。有一于此，不如死也。"触槐而死。

这是说鉏麑奉灵公之命一大早前往行刺赵盾，赵家的大门已经开了，赵盾穿好了朝服准备去上朝，因为天还早，便闭目养神。鉏麑想：赵盾不忘恭敬，勤于国家大事，是老百姓的主心骨，刺杀他是对百姓的不忠，不刺杀他便是对灵公不守信用，不忠、不信，占着一头，都不如死了好。于是触槐而死。

《国语·晋语》记此事与《左传》大同小异，不赘述。《公羊传》记载此事不提刺客的姓名，只说是"勇士某者"，而且此勇士的自杀方式不是"触树而死"，而是"刎颈而死"。《史记·晋世家》记此事非常简单，只说："公患之，使鉏麑刺赵盾。盾闺门开，居处节，鉏麑退，叹曰：'杀忠臣，弃君命，罪一也。'遂触树而死。"

前面说过，《赵氏孤儿》杂剧两次提到这件事。第一次是屠岸贾在独白中说的："某也曾遣一勇士鉏麑，仗着短刀越墙而过，要刺杀赵盾，谁想鉏麑触树而死。"只这一句话，非常简单，连鉏麑自杀的原因也没提到。第二次出自程婴之口，提到赵盾"每夜烧香，祷告天地"，鉏麑觉得赵盾是"一心报国"的忠臣，刺杀他是"逆天行事"，回去见屠岸贾也"少不得是死"，于是"触槐而死"。这样一比较，就可以知道，《赵氏孤儿》杂剧基本是以《左传》为本事的，但事件的主使人晋灵公被改成屠岸贾，却是受了《史记》的影响，这我们下面再说。

杂剧中屠岸贾训练神獒袭击赵盾一事，本来也是灵公所亲为，与屠岸贾没什么关系。《左传》记载，在鉏麑触槐之后：

> 晋侯饮赵盾酒，伏甲，将攻之。其右提弥明知之，趋登，曰："臣侍君宴，过三爵，非礼也。"遂扶以下。公嗾夫獒焉，明搏而杀之。盾曰："弃人用犬，虽猛何为！"斗且出，提弥明死之。

这就是说，晋灵公招待赵盾，却在酒宴上埋伏下士兵，准备杀掉赵盾。就像后来《史记》中的"鸿门宴"。赵盾的车右提弥明发现了这个阴谋，快步走上殿堂扶起赵盾便走，这时晋灵公唤出猛犬来扑咬赵盾。提弥明上前搏斗打死了猛犬，他自己也为赵盾战死了。所谓"车右"，就是古时车乘位在御者右边的武士。古时战车一乘有甲士三人：左面的"射"用弓箭，作远程攻击；中间的"御"就是驾驶员；右面的"车右"执戈盾，作近战防御。但主将坐在车上的时候，主将居中，御者居左，车右位置不变。此时车右是主人的贴身警卫，常由孔武有力者担当。

这件事，在《公羊传》和《史记》中也有记载。前面说过，《左传》中的"提弥明"，《公羊传》作"祁弥明"，《史记》作"示眯明"。仅从这个细节看，杂剧是以《左传》为本事的，但不排除受到《公羊传》细节的某些启发。《公羊传》是这样写的：

> 灵公……伏甲于宫中，召赵盾而食之。赵盾之车右祁弥明者，国之力士也，仡然从乎赵盾而入，放乎堂下而立。赵盾已食，灵公谓盾曰："吾闻子之剑，盖利剑也，子以示我，吾将观焉。"赵盾起，将进剑，祁弥明自下呼之曰："盾！食饱则出，何故拔剑于君所？"赵盾知之，躇阶而走。灵公有周狗，谓之獒，呼獒而属之，獒亦躇阶而从之，祁弥明逆而踆之，绝其领。赵盾顾曰："君之獒，不若臣之獒也！"

可见《公羊传》在细节描写上与《左传》很不相同。《左传》写提弥明发现了灵公的阴谋后大呼："臣下陪侍君王宴饮，酒过三巡还不告退，就不合礼仪了。"接着他上前扶赵盾下殿，又杀死了大狗，自己也战死了。《公羊传》则写灵公在酒宴上引诱赵盾说："我听说你的剑很锋利，请拿出来，我想看看。"赵盾正想拔出剑来时，祁弥明大呼："吃饱了就应该告辞，为什么在国君面前拔剑？"赵盾猛然醒悟，于是"躇阶而走"，就是绕着台阶逃跑。这时灵公唤出一条叫作"獒"的"周狗"，也绕着台阶追赶赵盾。危急之中祁弥明一脚踢翻大狗，又一把掐断了大狗的脖子。显然，《公羊传》的描写比《左传》更有戏剧性也更合理，就像《水浒传》中林冲带刀误入白虎堂一样。但大概还是由于杂剧篇幅太小的缘故，灵公引诱赵盾拔剑的细节并未被《赵氏孤儿》杂剧吸收。但"周狗"是能够"比周"之狗，就是可以像人一样合群，很听主人的话。这当然是训练的结果，所以杂剧写屠岸贾训练了神獒

一百天，以及提弥明"一手揪住脑勺皮，一手扳住下嗑子，将那神獒分为两半"的细节有可能受到《公羊传》的启发。

"獒"就是大狗，古代把身长四尺以上的大狗叫作"獒"。大家可能知道藏獒，常年生活在青藏高原，非常凶猛，据说能够轻易咬死美洲豹，但很听主人的话，能够像家人一样和主人相处。《赵氏孤儿》中屠岸贾对神獒的训练，就是扎一个草人，穿上赵盾穿的紫袍玉带，在草人的肚子里装上羊心肺，然后让神獒直扑草人。这是一种合理的艺术想象。因为朝堂上不止赵盾一个人，有什么理由让一条狗不咬别人而只对赵盾紧追不舍呢？所以增添这一细节，一方面突出了屠岸贾的狡诈和残忍，另一方面也使剧情更为合理，场面更为紧张。元曲中这个情节是"说"出来的，但后来的改编本往往放到明场表现。《左传》记獒扑盾只有五个字"公嗾夫獒焉"，《公羊传》的记载比《左传》详细："灵公有周狗，谓之獒，呼獒而属之，獒亦蹴阶而从之。"这就把"周狗"在赵盾身后紧追不舍的场面写出来了。

《史记·晋世家》把"提弥明"写作"示眯明"，其身份是晋国的厨师，《左传》中提弥明的身份是"车右"，而到杂剧中改成了"殿前太尉"；《左传》写提弥明战死，杂剧没有交代他的下落。

灵辄救护赵盾的故事也主要来自《左传》。提弥明战死之后，赵盾的危机还没过去，还在遭受追杀。这时补叙赵盾在一次田猎途中遇见桑间饿人灵辄并赐给他食物的往事。赵盾不仅给灵辄本人食物，还多给他一些让他带回家给他母亲吃，这也叫作"一饭之德"吧。在提弥明战死、赵盾仍在遭受追杀的危急关头，在灵公的士兵中，突然有一个人挺身而出，"倒戟以御公徒"。"倒戟"，就是倒戈，把武器倒过来，对着追杀赵盾的灵公的部下，这才救了赵盾。当赵盾问他叫什么名字的时候，灵辄回答我是"翳桑之饿人也"，说完就逃走了，不见了。

《吕氏春秋·报更》说，灵公令人追杀赵盾，其中一人跑得快，先追上赵盾，接着"还斗而死，宣孟遂活"。赵盾问他的名字，他说是"骫桑下饿人也"。《公羊传》也记载了这个故事，虽然很简单，但第一次提到了车，"有起于甲中者抱盾而乘之"，"赵盾驱而出"。《史记》记此事更简单，而且把灵辄的事也归到"示眯明"身上。所以杂剧中灵辄救盾的故事主要来自《左传》，同时吸取了《公羊传》中有关车的细节。《左传》中记载灵辄救盾的方式很简单，就是"倒戟以御公徒"几个字。《公羊传》虽然提到了车，但驾车的人就是赵盾自己。而《赵氏孤儿》杂剧，却说屠岸贾事先派人破坏了赵盾的马车,骖马摘了二马,双轮去了一轮,灵辄一臂扶轮,一手策马,把赵盾救走。那么,这些细节是从哪儿来的?

有学者指出,"灵辄扶轮"的故事,最早见于南朝梁时的小说《类林》(宋王观国《学林》卷七:"孙晨槁席,灵辄扶轮,皆出于《类林》。")但这部书早已散失,其中记载的"灵辄扶轮"故事也不知其详。敦煌遗书古类书《语对》记载说:

> 公怒,欲煞(杀)遁(盾)。遁(盾)走出门,将乘车。车一轮公已令人脱脚,唯有一未脱。辄扶遁(盾)上车,以手轴一头,驾半车而走,遂得免难。盾怪问之,辄曰:"昔桑下(饿)人也。"

请看,这里"灵辄扶轮"的故事已经很完整了,但破坏赵盾马车的人是晋灵公,而不是屠岸贾。《语对》的创作时间大约在唐神龙至景云年间(705—712年)。此外,唐代的其他文献也都简略地提到过这个故事。由此可知初唐时期,"灵辄扶轮"的故事已在民间广为流传(参姚小鸥《"扶轮"考》)。

我们说过,《赵氏孤儿》第四折程婴叙述这个故事时明显带有说书的痕迹。可能在唐宋时期,这个故事再度经过民间艺人加工,更加完整、更加生动了。可见,在《赵氏孤儿》杂剧"说"出来的这部分"历史"中,除了《左传》之外,剧作者还从民间说书中汲取了营养。

《史记·赵世家》中的"搜孤救孤"故事

下面,我们要讨论杂剧中"演"出来的这部分历史,就是《赵氏孤儿》杂剧中的核心事件——"搜孤救孤"的本事问题。

简单地说,"搜孤救孤"的本事基本上来自《史记·赵世家》,同时又做了艺术创造和艺术加工。

《赵氏孤儿》杂剧中的三个重要人物屠岸贾、程婴、公孙杵臼在《左传》《国语》等先秦史料中根本没有出现过。到司马迁的《史记·赵世家》,这三个人物一起出现,而"搜孤救孤"的故事也随之形成。

《史记·赵世家》先记载了赵氏被灭族一事:晋景公三年(前597年),

晋国司寇屠岸贾为了追究灵公被杀一案，不顾韩厥的反对，"不请而擅与诸将攻赵氏于下宫"，将赵朔、赵同、赵括、赵婴齐(《左传》称赵婴，本书在提到《史记》或以《史记》为蓝本创作的人物时称"赵婴齐"，其他情况均称"赵婴")等赵氏一家全部灭族，史称"下宫之难"。接着，就发生了"搜孤救孤"的故事：

在赵朔等人被杀之后，赵朔的妻子(成公的姐姐)当时怀有身孕，就到宫中藏匿起来，后来生下一个男孩。屠岸贾听说后在宫中搜索。赵朔的门客公孙杵臼和赵朔的朋友程婴谋划救孤，用他人的婴儿假冒赵氏孤儿，"藏匿"在公孙处，由程婴出首"告密"。于是假孤儿与公孙杵臼被杀，真孤儿则由程婴藏在山中。十五年后，景公患病，让人算了一卦，说是赵氏的冤魂在作祟，景公这才从韩厥口中得知赵孤未死，于是与韩厥谋立赵武——赵孤已有了自己的名字，曰"武"，"攻屠岸贾，灭其族。复与赵武田邑如故"。到赵武二十岁时，程婴不顾赵武的一再劝阻，毅然自尽，以报答二十年前"下宫之难"的遇难者，包括长眠于地下之公孙杵臼。

很显然，《赵氏孤儿》杂剧的核心事件——搜孤救孤，就是在《史记·赵世家》的基础上创作而成的。尤其是屠岸贾两次搜孤与公主藏孤，程婴与公孙杵臼商议救孤、合演双簧这两个情节，在《史记》中记载得十分生动，为杂剧的细节描写提供了重要的参考蓝本。先看屠岸贾的第一次搜孤和公主藏孤的细节：

居无何，而朔妇娩身，生男。屠岸贾闻之，索于宫中。夫人置儿绔中，祝曰："赵宗灭乎，若号；即不灭，若无声。"及索，儿竟无声。

请注意，这里的"居无何"，指的是赵朔被杀后不久。也就是说，孤儿赵武是赵朔的遗腹子。而身为公主的赵朔之妻，是冒着极大风险藏匿起孤儿的。很显然，杂剧《赵氏孤儿》就是在这个基础上，将公主塑造成一个烈妇的形象的。

"夫人置儿绔中"的"绔"，与现在有裆的裤子不同，而是"胫衣"，只有两条裤管而无裆，拉根带子系在腰上。现在有些地方还穿套裤，与古代"绔"的款式相近，只不过穿在长裤的外面。如果现在穿这种"裤子"，而又无外衣罩住，简直难以想象。其实，古人在绔的外面，往往用一条围裙状的服饰将下部遮住。上古之时，人们用兽皮或树叶把腰部以下围住，用作遮羞,写作"芾"或"韨",后来的"蔽膝"就是这种上古遮羞物的遗制。此外还有"裳"(cháng 常),也就是下裙,用于遮蔽下体。衣、裳、绔三者并用,就可以将身体全部覆盖住。由于"绔"都穿在里面,所以常用质地较差的布制成。有钱人穿的绔称"纨绔",纨是织造较为细致的生绢。"纨绔子弟"一词就由此而来,指富贵人家不务正业的子弟。

回到《史记》。赵朔妻把婴儿放在"绔中",外面再用围裙盖住,躲过了屠岸贾的搜查。这个细节,在舞台上不好表现,杂剧中完全没有出现。再看《史记·赵世家》中程婴与公孙杵臼商议救孤的细节:

> 程婴谓公孙杵臼曰:"今一索不得,后必且复索之,奈何?"
> 公孙杵臼曰:"立孤与死孰难?"
> 婴曰:"死易,立孤难耳。"
> 公孙杵臼曰:"赵氏先君遇子厚,子强为其难者,吾为其易者,请先死。"

这很容易让我们想起《赵氏孤儿》杂剧第二折中的细节,就是程婴先提出自己舍命舍子,让杵臼出首告密,杵臼以自己年岁太大为由,情愿自己舍命那场戏。所不同的是,《史记》中二人谋取的假孤儿是"他人婴儿",而杂剧中,则是程婴自己的儿子。杂剧的改造,进一步突出了程婴的自我牺牲精神,渲染了悲剧气氛。

杂剧的这种改动,可能受到另一个历史事件的启发。西周时,厉王是个有名的暴君,搞得"民不堪命",而他又不听谏臣邵公的劝告,终于引发了"国人暴动"。周厉王匆忙从镐京逃到周朝边境的彘(今山西霍县东北)避难。这一年是公元前841年,我国有准确的纪年就从这一年开始。厉王出逃时连儿子都没来得及带走,他的儿子此时尚年幼,被人带进邵公的家里。国人团团围住邵公家,要求交出皇帝的后代。危急时刻,邵公交出了自己的儿子,后者被国人杀死。十四年后,邵公在朝堂讲出当年真相,太子静即位,是为周宣王。宣王即位后,整顿朝政,使已经衰落的周朝一时中兴。杂剧将别人的儿子改为程婴自己的儿子,亦是将程婴与忠臣邵公相比,对赵孤寄予如同拯救周朝于衰落的周宣王一样重兴赵家的期望。

我们接着看《史记·赵世家》中程婴与公孙杵臼合演"双簧戏"、公孙杵臼与假孤儿双双被杀的场面:

程婴出，谬谓诸将军曰："婴不肖，不能立赵孤。谁能与我千金，吾告赵氏孤处。"诸将皆喜，许之，发师随程婴攻公孙杵臼。杵臼谬曰："小人哉程婴！昔下宫之难不能死，与我谋匿赵氏孤儿，今又卖我。纵不能立，而忍卖之乎！"抱儿呼曰："天乎天乎！赵氏孤儿何罪？请活之，独杀杵臼可也。"诸将不许，遂杀杵臼与孤儿。

这个场面，描写得极为生动。特别是公孙杵臼充满戏剧性的两段"道白"，把场面写活了，把人物写活了，为后来的元杂剧提供了可资依据的文学蓝本。《赵氏孤儿》第三折，公孙杵臼正是这样骂程婴的："是哪个昧情出告，元（原）来程婴舌是斩身刀！"又对屠岸贾说："你杀了赵家满门良贱三百余口，则剩下这孩儿，你又要伤他性命！"从这里不难看出《史记》的影响。

但是，杂剧在史料的处理上又与《史记》有显著的不同。第一点就是赵氏被灭族的原因不同。前面讲过，杂剧所演的"历史"可分为前后两个阶段，前一个阶段是屠岸贾在晋灵公的默许下迫害赵家，搜查孤儿，把假孤儿杀掉；第二个阶段是二十年后，悼公上台，孤儿报仇。至于晋灵公的下落，则完全没有讲到。其实晋灵公是被赵盾的庶侄赵穿杀掉的，这是春秋时期的一件大事，也与辨析《赵氏孤儿》的本事密切相关。

根据《左传》等先秦史料，赵盾被灵辄救下之后，继续出逃，还没跑出晋国国境的时候，赵穿发兵攻打灵公，将其杀死。赵穿是赵盾的伯父赵夙庶出的孙子，也就是赵盾的庶侄。他还有另一重身份，即是晋襄公的女婿，灵公的姐夫。也就是说，赵穿弑君，是姐夫把小舅子给杀了。但晋国的太史董狐在史书中却写道："赵盾弑其君。"赵盾不服，董狐答道："子为正卿，亡不越竟，反不讨贼，非子而谁？"意思是：你身为晋国正卿，逃亡未越出晋国边界，返回后又不讨伐弑君的贼子，这件事难道不应该由你负责吗？孔子对这件事表态说："董狐，古之良史也，书法不隐，不隐盾之罪。赵宣子，古之良大夫也，为法受恶，惜也，越竟乃免。"长期以来，这成为一桩聚讼纷纭的历史疑案。有人认为灵公被弑赵盾是主谋，是后台；也有人认为赵盾和此事无关，最多负"领导责任"；还有人认为董狐为暴君开脱罪责，根本不是什么"良史"。

《史记·赵世家》写屠岸贾灭赵，就是为追究"赵盾弑君"事件而起：

晋景公之三年,大夫屠岸贾欲诛赵氏。……屠岸贾者,始有宠于灵公,及至于景公而贾为司寇。将作难,乃治灵公之贼以致赵盾,遍告诸将曰:"盾虽不知,犹为贼首。以臣弑君,子孙在朝,何以惩罪,请诛之。"韩厥曰:"灵公遇贼,赵盾在外,吾先君以为无罪,故不诛。今诸君将诛其后,是非先君之意而今妄诛。妄诛谓之乱。臣有大事而君不闻,是无君也。"屠岸贾不听,韩厥告赵朔趣亡。朔不肯,曰:"子必不绝赵祀,朔死不恨。"韩厥许诺,称疾不出。贾不请而擅与诸将攻赵氏于下宫,杀赵朔、赵同、赵括、赵婴齐,皆灭其族。

很明显,在太史公笔下,屠岸贾灭赵完全是一桩非法事件。正如韩厥所说,赵盾当时并未被追究,而今欲诛其后人,是为"妄诛";如此重大的事件不请示国君,是为"无君"。元杂剧的善恶是非观念完全继承了《史记·赵世家》,但却只说屠岸贾灭赵是因为"文武不和",是屠岸贾对赵盾"心生嫉妒"。这是杂剧《赵氏孤儿》与《史记·赵世家》的第一点不同。

作品为什么要这样写? 主要是由于杂剧容量小,不拟枝蔓。更重要的是为了维护帝王的面子,同时也是为了逃脱文网的追究,使作品能够流传。前面说过,《元曲选》是明万历年间编订的。而从明代洪武年间开始,官方就一再颁发律令,禁止在戏曲中装扮"历代帝王"(《大明律》卷二十六)。到永乐年间,还规定有关"亵渎帝王、圣贤之词曲,驾头杂剧",凡收藏传诵者送官究办,出榜后五天还有人收藏的,"全家杀了"(顾起元《客座赘语》卷十)。《元曲选》的编者当然不敢冒天下之大不韪去触动敏感话题。所以剧本中晋灵公和后来的悼公都没有在明场出现。本来历史文献中一再迫害赵盾的是晋灵公,但作品一股脑儿全放在屠岸贾头上,他迫害赵盾的理由是"文武不和""心生嫉妒",且总是"诈传灵公之命",只公孙杵臼在唱词中提到一次"无道的灵公"。总之,和史料相比,《元曲选·赵氏孤儿》对灵公的态度是相当暧昧的。此外前面说过,元刊本第四折有关屠岸贾篡位的唱词也被《元曲选》尽数删去。这除了人物塑造方面的原因之外,恐怕也和明代的戏曲政策有关。

《史记·赵世家》与《赵氏孤儿》还有一处不同。在《赵世家》中,赵家被灭族发生在晋景公三年,灵公与赵盾都已经不在人世,屠岸贾追究当年灵公被弑,只能加罪于赵盾的儿子赵朔及其同父异母弟赵同、赵括、赵婴齐等人。但在《元曲选》里,则把灵公时期发生的事与后来赵家被灭族放在一

起叙述,于是赵盾与赵朔等人一起遭难,这明显与史实相违背。如上所述,杂剧中屠岸贾"讲"出来的历史基本采用《左传》,"演"出来的历史基本采用《史记》,而《左传》与《史记》差异很大,于是在衔接上就发生了这样的问题。若全部采用《左传》,就没有赵氏孤儿的故事(详见后文);若全部采用《史记》,则赵盾与灵公的矛盾就很难与赵朔及孤儿的被害搭上线。所以元曲的写法是二者兼取,以《史记》为主,将赵盾一家三代人的被害全算在屠岸贾的头上,而不提及赵同、赵括、赵婴齐等人的名字。从艺术上来看,这样的写法使冲突更激烈,矛盾更集中,正反面人物都给人留下深刻印象。

此外,《元曲选》本很可能并不是直接从元刊本改编的,它直接的前身应该是内府本。也就是说,《赵氏孤儿》杂剧很可能在明代宫廷里上演过,明代的某一位皇帝很可能看过。这个考证过程很烦琐,不多讲了。我们看明人加的第五折,最后是"主公"搬下圣旨,为赵氏一门洗冤雪耻,全剧最后一支曲子唱道:"谢君恩普国多沾降,把奸贼全家尽灭亡。"写的是戏里的君主,看戏的皇帝当然也会十分高兴。

《史记·赵世家》与《赵氏孤儿》杂剧的另一处不同是对程婴结局的处理。在杂剧中,程婴最后得到"十顷田庄"的赏赐,可以颐养天年了。但在《史记·赵世家》中,程婴却在孤儿赵武二十岁后,不顾赵武的苦苦规劝而自尽了:

> 及赵武冠,为成人,程婴乃辞诸大夫,谓赵武曰:"昔下宫之难,皆能死。我非不能死,我思立赵氏之后。今赵武既立,为成人,复故位,我将下报赵宣孟与公孙杵臼。"赵武啼泣顿首固请,曰:"武愿苦筋骨以报子至死,而子忍去我死乎!"程婴曰:"不可。彼以我为能成事,故先我死;今我不报,是以我事为不成。"遂自杀。

这个结局突出了程婴的侠义,似乎更具悲剧性。但《史记·赵世家》中假孤儿是别人家的孩子,真孤儿则被程婴藏到山中;而杂剧中死去的假孤儿是程婴自己的孩子,真孤儿被屠岸贾收养为义子。这样,两者对程婴的褒扬就有所不同,前者强调程婴的侠义,后者强调程婴的自我牺牲、忍辱负重。更重要的是,在杂剧中,程婴处心积虑、苦口婆心,将二十年前的真相和盘托出。所以,杂剧中程婴的形象被塑造得更感人、更突出、更丰满。

"烈妇"原来是"淫妇"——《史记》与《左传》的比较

那么,以"实录"著称的《史记》,它所记载的"赵氏孤儿"故事,与更早的文献《左传》等书的记载,究竟有哪些抵牾之处呢?为什么史学界对这个故事有那么多质疑和否定的声音呢?"赵氏孤儿"故事的本来面目是什么呢?

根据《左传》等先秦文献,晋国的赵氏的确曾经被灭族,后来又得到复兴。但是被灭族的原因、时间、性质,以及复兴的原委,都与《史记·赵世家》的记载不同。按照《左传》的记载,"赵氏孤儿"一事纯属子虚乌有。下面,我们将杂剧中人物的历史事迹部分地给予"还原"。

驸马赵朔

在《赵氏孤儿》杂剧中,除了屠岸贾之外,驸马赵朔是第一个登场的人物。赵朔是赵盾的儿子、孤儿赵武的生身父亲,他仅在楔子中露了一面,便被逼自尽,起的作用不大,他给人留下的印象是,自尽前嘱托公主,若生下男孩,取名"赵氏孤儿",长大后为赵家报仇。

在《史记·赵世家》中,赵朔娶晋成公的姐姐为夫人。到晋景公三年(前597年)屠岸贾将要诛灭赵氏时,大夫韩厥劝说赵朔逃亡,朔不肯,曰:"子必不绝赵祀,朔死不恨。"后来屠岸贾"不请而擅与诸将攻赵氏于下宫",将赵朔连同他的叔叔赵同、赵括、赵婴齐,全部灭族。

前面讲过,赵盾生母本是狄人,而赵括、赵同的生母赵姬是晋文公的女儿。只是由于赵盾有才干,加上赵姬谦让,他才被立为嫡子,成为赵氏的宗主继承人。晋灵公死后,赵盾提出以赵括为公族大夫,继承赵宗,自己则降为"旄东之族",即嫡子之外的支庶子弟。所以,虽然晋景公十七年(前583年)只有赵同、赵括被灭族,但这实际上意味着赵家绝祀。

但按照《左传》的记载,赵氏被灭族是在晋景公十七年,而当时只有赵同、赵括被灭族,没有赵朔的名字。这是怎么回事呢?按《左传》的记载,赵朔在晋成公六年(前601年)担任下军副帅,四年后的景公三年(前597年)升任下军统帅,成为晋国重要的将领。至景公十一年(前589年)这个职务改由栾书担任,可能此时赵朔已经死去。也就是说,赵朔其实在赵氏被灭族前六年已经不在人世。

"孤儿"赵武

在《赵氏孤儿》杂剧中，孤儿的形象在不断发生变化。在楔子中他是个"遗腹子"。赵朔嘱咐公主，若生下男孩，便取个小名叫作"赵氏孤儿"。前三折中，他尚在襁褓，只是一个道具。到第四折，孤儿长大，叫程勃，由于"过继"给屠岸贾又叫屠成。到第五折，孤儿擒拿屠岸贾，国君命令恢复其原姓，"赐名赵武"。

在《史记·赵世家》中，赵朔的儿子赵武也是遗腹子。他出生后躲过屠岸贾的两次搜捕，被程婴抱到山中养育。十五年后，在韩厥的建议下，被景公召回，恢复田邑、爵位，攻屠岸贾，"灭其族"，为赵氏复仇。《赵世家》中完整记载了一个"搜孤救孤"的故事，并三次出现"赵氏孤儿"的称谓。

但正如上面已经说过的，既然赵朔在赵氏被灭族前六年已经死去，他的儿子赵武，也就不可能在赵氏被灭族时才刚刚出生。有学者推测，赵氏被灭族时，赵武的年龄应该是八九岁。同时，赵同、赵括一系被灭族时，"武从姬氏蓄于公宫"（《左传》）。也就是说，赵家遇难时，赵武跟从他的母亲被收养在宫内，未被祸及，"搜孤"一事根本没有发生过。赵武在晋悼公时期得到重用是事实。到平公时期，赵武成为晋国六卿之首，执掌晋国国政，但这已经与"赵氏孤儿"的故事毫无关系了。

公主

在杂剧中，公主在第一折开头向程婴托孤之后便自缢身亡，没有留下姓名，作品中的公主是以"旦儿"来提示的。作为晋国的公主，她本来可以免于一死，尽管作品没有交代他是灵公的妹妹还是姐姐。屠岸贾囚禁她，是因为她怀着赵家的骨血，而没有加害于她的意思，她自缢的原因是想让程婴走得放心。所以尽管她的戏不多，但死得却很刚烈，给人留下的印象很深刻。她的死也使刚刚出生的婴儿真正成了失去父母的孤儿，加重了全剧的悲剧气氛。

《史记·赵世家》中说赵朔妻为晋成公的姐姐，又说她冒着风险藏匿了孤儿。那么，在《左传》中这个人物是怎样的呢？

先看她的身份。《赵氏孤儿》杂剧没有提到"公主"与晋灵公是何关系。《史记》说她是成公的姐姐，韦昭的《国语注》说她是景公的姐姐。按晋成公是晋文公的儿子，晋襄公的弟弟，晋灵公的叔叔。赵盾在灵公死后，让赵穿从周京迎来襄公的弟弟黑臀，拥立其即位，这就是成公。成公于公元前607年到公元前600年在位。成公死后，由其子继位，是为晋景公。晋景公的在位时间是公元前599年至公元前582年。从年龄、辈分来推算,赵盾之子赵朔的妻子只能是成公的女儿、景公的姐姐,而不可能是成公的姐姐。我们说过,赵盾的父亲赵衰曾经娶文公的女儿为妻。成公是文公的儿子,他的姐姐当然也就是文公的女儿。若赵朔之妻是成公的姐姐,那就是爷爷和孙子都娶了文公的女儿,这是违背常理的。

前面讲过,《赵氏孤儿》杂剧在时间处理上有"硬伤",它把赵氏灭族的时间定在灵公时期,而二十年后直接进入悼公时期,熟悉历史的人一看便知是常识错误。但在公主的身份上杂剧的作者很聪明。赵朔的妻子本是成公、景公这条血脉上的,她与灵公只是堂姐弟关系,若要搞得太实,则她的"公主"身份就要受到质疑了。所以作品有意回避了赵朔之妻与灵公的关系,只说赵朔是"驸马",其妻为"公主",这样写并无大错。但是,杂剧采取了《史记·赵世家》的叙事策略,把公主塑造成烈妇,则与《左传》的记载完全相悖。根据《左传》,赵氏被"灭族",不是由于屠岸贾的迫害,而恰恰就是与这位赵家的媳妇、晋国的公主有关。

在历史上,赵朔死后谥"庄",故其妻称"赵庄姬",也称"孟姬",大概因为赵朔是赵家长男的缘故。《左传·成公四年》记云:"晋赵婴通于赵庄姬。"赵婴是谁呢?就是赵盾同父异母的弟弟,赵朔的叔叔。

赵朔是晋景公十一年(前589年)去世的,也就是说,在赵朔死后两年,作为叔公的赵婴与自己的侄媳妇通奸。这桩丑闻为赵氏家族所不能容忍,所以到第二年,赵婴的亲哥哥赵同、赵括就把弟弟赵婴流放到齐地,以示惩罚。

我们知道,春秋时期尚未形成严格的一夫一妻制,有"烝""报"习俗,秦穆公就先把女儿嫁给公子圉,后让她改嫁给前夫的叔叔重耳。那么为什么赵家对赵婴和庄姬的通奸看得这么重呢?我想大概是因为:1.改嫁和通奸性质不一样;2.与外人通奸尚无大碍,叔公与侄媳通奸则要受舆论谴责,《诗经》里有些篇目就是讽刺这种乱伦现象的。所以,赵同、赵括为了维护家族的荣誉,就把赵婴流放了。很快,赵婴就死掉了。

三年之后,赵庄姬为了报复赵氏兄弟流放并致死赵婴,就向晋景公诬告赵氏兄弟谋反。于是晋景公十七年(前583年),"晋讨赵同、赵括"(《左传》),"晋杀其大夫赵同、赵括"(《春秋·成公八年》),"诛赵同、赵括,族灭之"(《史记·晋世家》)。这就是历史上有名的"孟姬之谗"事件,与《史记》记载的"下宫之难"很不相同。

赵同、赵括、赵婴既然是赵盾同父异母的弟弟,而他们的母亲是晋文公的女儿,那么他们其中的一个本应继承赵衰成为赵氏宗主。但文公的女儿赵姬贤淑,固请赵衰迎回在狄的叔隗母子归晋,并且坚持立赵盾为嫡子。赵盾对此感恩,在晚年把赵氏宗主的地位还给了赵括。这样一来,赵庄姬的诬告,除了有对赵婴遭流放心怀不满的一面之外,还可能有想让自己的儿子夺回赵氏宗主地位的想法。后来的结果证明,她的这一愿望实现了,继承赵氏宗主的赵武正是她的儿子。

所以,《赵氏孤儿》中的公主、《史记》中的赵朔之妻、《左传》中的赵朔之妻,几乎完全是三个人。

屠岸贾

屠岸贾这个艺术形象有没有原型呢?有人认为屠岸贾是晋国武士屠岸夷的孙子,但缺少证据。先秦文献未见屠岸贾其人,更未记载他与屠岸夷的关系。

前面讲过,赵氏之所以遭遇灭族,导火索就是赵朔的妻子与叔公赵婴通奸。但赵氏长期把持晋国军政大权,势力那么大,景公灭赵,一定要联合其他嫉恨赵氏的公卿大夫才行。在晋国公卿中,明显有实力、有野心与赵氏抗衡的是景公十三年(前587年)升任中军元帅的栾书。赵同、赵括要流放赵婴时,赵婴曾对他的两个哥哥说:"我在,故栾氏不作。我亡,吾二昆其忧哉!"(《左传·成公五年》)意思是:有我赵婴在,栾书不会采取什么行动。一旦我不在了,两个哥哥就将祸事临头。这话不幸而言中,孟姬向景公诬告赵同、赵括谋反时,栾氏和另一有实力的郤氏出面做了伪证,起到火上浇油的作用。景公发兵攻打赵同、赵括的时候,栾氏、郤氏出兵配合。如果屠岸贾有原型的话,这个原型极有可能是栾书。

韩厥

在《赵氏孤儿》第一折中,韩厥为救赵孤慷慨自刎。

在《史记·赵世家》中,韩厥在"下宫之难"前劝赵朔逃亡,赵朔不肯,对韩说:你一定不会使我们赵家绝后。这得到了韩厥的默许。到屠岸贾发兵攻赵时,韩称疾不出。十五年后,景公患病,请人占卜,韩厥趁机说出赵氏孤儿尚在的真相,并协助景公将赵武召回宫中,为赵氏复仇。《史记·韩世家》的记载也大体相同。但为救孤而自刎,则是杂剧作者的虚构。

在《左传》中,韩厥劝赵朔逃亡的事是没有的。当然不会有,你想啊,赵朔早在"孟姬之谗"前六年已经死去,怎么还会和韩厥对话?不过,韩厥在

"孟姬之谗"时拒绝出兵攻赵是有的,并且在赵氏遭灭族之后,他向晋侯进言,说赵家祖上(赵衰、赵盾)功勋卓著,无后人继承,将使善良的人感到惧怕。于是,晋景公采纳了他的建议,把赵朔的儿子赵武立为赵氏的宗主继承人,还把已经查抄的田产还给了赵武。

《赵氏孤儿》杂剧第一折中,当程婴身背藏有孤儿的药箱来到驸马府门时,有一句台词:"天也可怜,喜的是韩厥将军把住府门,他须是我老相公抬举来的。"这句没头没脑的台词的出现,是杂剧《赵氏孤儿》的一处疏漏,这点前文已讲过。但是历史上,韩厥与赵盾的关系确实非同一般。据《国语·晋语》的记载,赵盾举荐韩厥为司马,职掌中军刑律,恰遇上赵盾派出办事的人驾着他的战车横冲直撞,扰乱行军序列,韩厥当即将驾车人处以死刑。许多人都为韩厥捏把汗,担心他会祸事临头。但赵盾非但对韩厥不加怪罪,反而对其称赏有加,并对诸大夫说:你们应该祝贺我,我举荐的人能够秉公执法,让我今天免于获罪啊!

韩厥自己曾说:"昔者吾畜于赵氏,赵孟姬之谗,吾能违兵。"(《左传·成公十七年》)"畜"就是养,看来韩厥幼年可能被赵盾收养过,起码赵盾对他有知遇之恩。由于这种关系,韩厥同情赵氏,拒绝出兵诛灭赵同、赵括,又请晋景公复立赵氏之后。

关于韩厥被赵盾举荐或收养这层关系,《史记》没有记载。可见,《赵氏孤儿》杂剧的核心事件,在基本以《史记·赵世家》为本事之外,在细节上还参考、吸收了《左传》等先秦文献。

魏绛

《赵氏孤儿》杂剧第五折中,魏绛出场,主持为赵氏平反、复仇的工作。

在历史上,魏绛实有其人,他主要活动在晋悼公时期(前573年—前558年)。悼公元年(前572年)任司马,以执法严明著称;悼公四年(前569年)提出和戎主张,对戎、狄等少数民族实行友好政策,使边患得以缓和,任新军副帅;悼公七年(前566年)任晋国八卿之一。

他与赵氏有什么关联呢?据《左传》记载,魏绛曾在鲁襄公九年(前564年)与赵武一同领兵作战,如此而已。至于魏绛主持为赵氏复仇事宜,不但先秦史料完全没有记载,就连创作"搜孤救孤"故事的《史记·赵世家》也无片语提及,只是到《赵氏孤儿》杂剧中才出现。后来的京剧,加大了魏绛的戏份,明显受到元杂剧的影响。

根据上面的分析，我们便得到了《赵氏孤儿》杂剧两种不同的本事，即《左传》和《史记·赵世家》，并由此获知了历代学者否定《史记·赵世家》为"信史"的原因。明末清初的著名学者顾炎武评论《史记》时说："凡《世家》多本之《左氏传》，其与《传》不同者，皆当以《左氏》为正。"（《日知录》卷二十六）这个观点是可取的。

《左传》提供的当然不都是准确无误的历史真实。但是经过比较，《史记·赵世家》的记载漏洞更多。例如在"下宫之难"发生的时间上，《史记·赵世家》的记载就不仅与《左传》相矛盾，也与《史记·晋世家》自相矛盾。晋景公三年（前597年）以后，《左传》和《史记·晋世家》里还有赵同、赵括等人活动的记载。这说明，赵氏族诛的时间应该是在《左传》记载的晋景公十七年而非晋景公三年。

还有屠岸贾搜宫也违背常理。既然他是未请示国君擅自发兵诛灭赵氏，又怎敢公然闯进宫去搜孤？还吓得公主将婴儿藏在绔内，这样做置国君于何地？

概而言之，在《左传》中，赵氏被灭族的原因是"孟姬之谗"，赵氏族诛并不是赵氏整个家族全部被杀，遭诛难的是赵氏嫡传的赵同、赵括一支。赵盾的儿子、赵武的父亲赵朔早在赵氏遭难的六年前已经死去，赵武并非遗腹子。屠岸贾、程婴、公孙杵臼在《左传》中均没有出现，"搜孤救孤"亦无其事。

以上叙述主要参考了郝良真、孙继民的《"赵氏孤儿"考辨》一文。最近有学者分析，赵氏被灭族的根本原因是赵氏家族的势力过于膨胀，招致晋景公和其他卿族不满从而联合灭赵，"孟姬之谗"只不过是赵氏被灭族的导火索而已（白国红《"下宫之难"探析》）。这一分析很有道理。无论如何，《史记·赵世家》所记载的"搜孤救孤"的故事不大可能存在。

"赵氏孤儿"故事的历史化

对于《史记·赵世家》所叙述的"赵氏孤儿"的故事是否真的发生过，自古以来就有两种态度：一种态度是怀疑、否定，另一种态度是相信。

先说怀疑和否定的。

唐代学者孔颖达断言其为"马迁妄说，不可从也"（《左传正义》）。

宋代洪迈也将《史记》与《春秋》比对,认为《史记·赵世家》"乖妄",程婴和公孙杵臼救赵孤"乃战国侠士刺客所为,春秋时风俗无此也"(宋洪迈《容斋随笔》卷十"程婴杵臼"条)。宋代另一学者王应麟,信从孔颖达《左传正义》的说法,认为《史记·赵世家》记载有误(《困学纪闻·史记正误》)。

清梁玉绳在《史记志疑》中认为此事"妄诞不可信,而所谓屠岸贾、程婴、杵臼,恐亦无此人也"(《史记志疑》卷二三"晋景公三年"条)。赵翼在《陔余丛考》中认为"屠岸贾之事出于无稽,而迁之采摭荒诞不足凭也"。

近世学者杨伯峻认为,《史记·赵世家》中的"赵氏孤儿"故事,"全采战国传说,与《左传》《国语》不相同,不足为信史"(杨伯峻《春秋左传注·成公八年》)。可以说,在当代史学界,对"赵氏孤儿"一事持怀疑和否定之说渐成主流。

但是,相信"赵氏孤儿"为信史的,从古至今依然人数众多,势力强大。

西汉成帝时的学者刘向的《新序》一书,在基本上抄录《史记·赵世家》中的赵氏孤儿故事之后,说:"程婴、公孙杵臼可谓信义厚士矣,婴之自杀下报,亦过矣。"刘向的另一部著作《说苑》,再次叙述了程婴救孤的故事,只不过比较简略,没提到公孙杵臼。

刘向比司马迁的时代稍晚,司马迁死后十三年刘向出生,所以基本可以肯定《新序》和《说苑》中的赵氏孤儿故事来自《史记》。刘向是西汉著名经学家、目录学家、文学家,治学严谨,对春秋史相当熟悉。所以尽管《新序》和《说苑》并不是严格意义上的史书,但还是大大增强了赵氏孤儿故事的可信度。

接着,班固的《汉书》,在《古今人表》中列有"屠颜贾"其人,唐代学者颜师古认为,"屠颜贾"就是屠岸贾。

在汉代,"赵氏孤儿"的故事还被刻成画,铭于石。在一块汉代的石碑上,画一妇人抱婴儿向左而坐,右一人拱手跪,榜题"杵臼",并有题字称:"程婴、杵臼,赵朔家臣。下宫之难,赵武始娠。屠颜购孤,诈抱他人。臼与并殪,婴辅武存。"这就把"赵氏孤儿"的故事概括地叙述出来了。文中使用"屠颜"而不用"屠岸",与《汉书·古今人表》相印证,说明两个问题:第一,除《史记》之外,另有史书记载同样的故事,也就是说,"搜孤救孤"故事绝不是司马迁的杜撰;第二,《汉书》及汉碑的记载,无疑增强了可信度。

《后汉书》《三国志》《晋书》等官修史书又屡屡提到程婴和公孙杵臼,

表彰他们救孤之义举，不赘述。

唐开元时，张守节《史记正义》说："今河东赵氏祠先人，犹别舒一座祭二士矣。"这里的"河东"，指的是唐代的河东道，大体上涵盖了现在的山西全省。据此可知，最迟在初盛唐时期，山西一带赵姓祭祀先祖，还要同时祭祀程婴和公孙杵臼。

中唐时期一部很有名的地理书《元和郡县志》卷一二河东道"绛州太平县"条的记载："赵盾祠在县西南十八里。晋公孙杵臼、程婴墓并在县南二十一里赵盾墓茔中。"

到宋代，程婴和公孙杵臼不仅从传说中的人变成了实实在在的人，而且还成了"神"，被朝廷正式封爵、立祠，每年受到祭祀，而且规格越来越高。

宋神宗元丰四年（1081年），一位叫吴处厚的官员上疏，"乞立程婴、公孙杵臼庙，优加封爵，以旌忠义，庶几鬼不为厉，使国统有继。是时适值郓王服药，上览之矍然，即批付中书"（吴处厚《青箱杂记》）。这是说，吴处厚上疏给宋神宗赵顼，请为救助过赵氏孤儿的程婴、公孙杵臼立庙封爵，他认为旌表忠义就可以使鬼魅不来作祟，国统就有人继承。很巧，神宗看到这封奏章的时候，正赶上他的孙子、徽宗的儿子郓王赵楷患病服药。当时神宗一惊，脸色都变了，即刻批复执行。于是当年五月，"封晋程婴为成信侯，公孙杵臼为忠智侯，立庙于绛州"（《宋史·神宗本纪》）。古绛州，一说就是现在山西省运城市的新绛县，一说涵盖了晋南的运城、临汾等市所辖的好几个县市。

还有一说是，吴处厚上疏请立祠祭祀程婴、杵臼之后，神宗"下诏搜访遗迹"，在绛州太平县的赵村立了一座"祚德庙"，来祭祀程婴和公孙杵臼。（陆九渊《象山先生全集·记祚德庙始末》）太平县，是现在临汾市的襄汾县。"祚德"，取《左传》中的"天祚明德"之意，"祚"是赐福、保佑的意思，同时"祚"还有皇位的意思，可见取名者煞费苦心。

元丰四年是朝廷首次正式封爵立祠来祭祀程婴和公孙杵臼。十九年后，哲宗元符三年（1100年）韩厥亦被立庙，随后封侯。

到南宋，随着赵宋王朝南迁，朝廷于绍兴十六年（1146年）在首都临安修建了一座祭祀程婴等人的"祚德庙"。第二年，高宗赵构委派宰相秦桧为"亲祠使"前往祭祀。

绍兴二十二年（1152年）七月，高宗"加封程婴、公孙杵臼、韩厥为公，升中祀"（《宋史·高宗本纪》）。"公"在"侯"之上，升格了。历代朝廷祭祀

有大祀、中祀、小祀之别,"升中祀",意味着以前是"小祀",现在也升格了。《宋史·吉礼八》记云:

> 绍兴二年,驾部员外郎李愿奏:"程婴、公孙杵臼于赵最为功臣,神宗皇嗣未建,封婴为成信侯,杵臼为忠智侯,命绛州立庙,岁时奉祀,其后皇嗣众多。今庙宇隔绝,祭亦弗举,宜于行在所设位望祭。"从之。十一年,中书舍人朱翌言:"谨按晋国屠岸贾之乱,韩厥正言以拒之,而婴、杵臼皆以死匿其孤,卒立赵武,而赵祀不绝,厥之功也。宜载之祀典,与婴、杵臼并享春秋之祀,亦足为忠义无穷之劝。"礼寺亦言:"崇宁间已封厥义成侯,今宜依旧立祚德庙致祭。"十六年,加婴忠节成信侯,杵臼通勇忠智侯,厥忠定义成侯。后改封婴疆济公,杵臼英略公,厥启佑公,升为中祀。

宋代为什么对"赵氏孤儿"的故事如此热衷呢?原因很简单,就是宋朝的皇帝姓赵,自认为是春秋战国时期赵氏家族的后代。宋高宗就曾经自比"赵氏孤儿",他在绍兴十二年(1142年)九月封秦桧为太师的制诏中,就把秦桧的辅佐之功,比作"程婴存赵孤",将秦桧比作"程婴",而将自己比作"赵孤"。

我们知道,宋代是一个民族矛盾十分尖锐的时代。宋金交战的结果,是宋室南迁,"偏安"东南一隅。南宋与蒙元交战的结果,是赵宋政权完全垮台。一些民族思想浓厚的文人,也或明或暗地借古喻今,用赵氏孤儿的故事影射当下。例如辛弃疾在一首歌颂韩侂胄的词中提到韩厥:"君不见,韩献子,晋将军,赵孤存。"(《六州歌头》)这既是因为韩侂胄和韩厥都姓韩,也是因为当今皇上和赵孤都姓赵。文天祥在一首诗中说:"夜读程婴存赵事,一回惆怅一沾巾。"(《指南录·皮锡》)这是借"程婴存赵"的往事,抒发对南宋末年风雨飘摇的赵宋王朝的无奈。当年程婴还可以保护赵氏孤儿,最终使赵家东山再起,现在连这种可能都没了,怎么能不"一回惆怅一沾巾"呢?

总之,"赵氏孤儿"的故事,在宋代有了时代赋予的特殊意义。人们不仅相信它是历史上曾经有过的确凿无疑的事实,而且还随时借它来触及人们敏感的神经,引发人们的各种联想。

清初,高士奇的《左传纪事本末》,将《史记·赵世家》中的"赵氏孤儿"事收录,谓此为"千古疑案",《史记·赵世家》与《左传》两说可以并存,并

推测说,《国语》里有个屠岸夷,曾经迎立晋文公,屠岸贾可能就是他的后代。

据雍正《山西通志》,到清代初年,山西各地不仅遍布程婴、公孙杵臼、灵辄、韩厥等人的墓和祠庙,还有藏孤洞、公孙杵臼窑、七烈士墓等各种"史迹"。此外,近年来不断还有新的"史迹"和传说被发现,物质的与非物质的遗产都有了。

吴处厚上疏神宗立下祚德庙的襄汾县是赵氏孤儿"史迹"与传说的重要产生地。襄汾县系1954年由襄陵、汾城(又名太平)二县合并而成。明成化《山西通志》记载:"二侯庙,在太平县故晋城北门外,祀赵朔客程婴、公孙杵臼。"清光绪《山西通志》引"旧通志"云:"(祚德三侯庙在)县南二十五里古晋城北门外。"光绪《太平县志》云:"祚德三侯庙在县南二十五里古晋城北门外。宋元丰间封程婴为成信侯、杵臼为忠智侯,建庙致祭,有敕碑。……崇宁三年,封韩厥为义成侯。国朝道光二十六年,北柴、小赵社人等募化重修。……赵宣子墓在县南十里汾阳村。程婴墓在县西十里程公村。公孙杵臼墓在县西四十里三公村。"新修《襄汾县志》:"赵盾墓在西汾阳村,公孙杵臼墓在三公村,程婴墓在程公村。"

襄汾县程公村的程婴墓碑。作者摄于2014年

襄汾县赵康镇东汾阳村的忠义文化广场,中为赵盾塑像,四周围墙壁画内容为"赵氏孤儿"故事

据说程公村在襄汾县汾城镇西北,原名芍药村,程婴死后,就埋葬在芍药村南,后人为了纪念程婴而改村名。据《襄汾县志》载,康熙年间太平县知县吴轸觉得当地人直呼"程婴村"是对古人不恭,为教化民众将此处改作"程公村",沿用至今。村附近有程婴墓、赵氏三百余人墓、藏孤处。襄汾县城南的永固村传说是屠岸贾的封地,赵家昭雪后程婴、赵武带人攻杀屠岸贾,诛其全族,该族人隐姓为郭,以避其祸。至今,永固有不唱京剧《八义图》的乡规习俗。

晋中的阳泉市盂县是赵氏孤儿"史迹"与传说的另一个大本营。阳泉市盂县城北18公里处的藏山,据说以"藏孤"得名。后人为颂扬程婴、公孙杵臼等人舍身救孤的事迹,在"藏山"为他们立庙祭祀,代代香火不绝。

阳泉市盂县的藏孤洞,传说为程婴藏孤处

晋南侯马市凤城乡西赵村,因赵姓而得名。据该村村民讲,西赵村正西门砖字牌上,曾书有"成宣故里"四字。"成"指春秋时晋国卿大夫赵成子赵衰,"宣"指赵衰之子、晋国上卿赵盾,西赵村就是赵衰、赵盾父子的故乡。1949年前后,晋南乡村逢年过节经常请剧团唱大戏,西赵村也是如此。但西赵村也从来不唱《八义图》。

"赵氏孤儿"故事的影响不仅仅在山西。河北石家庄井陉县有"孤台村";河南温县三家庄,传说是程婴抚养赵氏孤儿的所在,还留下了"孤儿冢",并存有残碑,其附近不仅有赵盾的墓地,还有赵盾的父亲赵衰的墓地。

总之,千百年来,无论官方还是民间,把"赵氏孤儿"故事当作历史真实来看是一股主流。怎么看待这种现象呢?简单地说,这就是文学的力量,是文学与历史双向互动造成的结果。人们从文献史料中选取题材,经过加

工创作成为戏曲或者说唱文学,把历史"变成"了文学。而在很长一段时间里,多数老百姓不识字,他们的历史知识从文学中来,从传说中来,从戏剧中来。看戏听书,口耳相传,三人成虎,文学又"变成"了历史。三国故事、隋唐故事、包公故事、岳飞故事等都是这样。总之,群众总是运用口述文学的形式,运用自己的道德标准、审美标准和历史观,认识"历史",重塑"历史"。

在很长一段时间内,戏剧起了历史教科书的作用。书写给识字的人看,戏演给识字的人和不识字的人同看。更何况,"赵氏孤儿"的故事在司马迁的《史记》里就有记载,在民众那里,就更是铁板钉钉的真事了。

不要说历史剧,就连一般的爱情戏,写得好,影响大,也会从文学"变成"历史,比如《西厢记》。山西省永济县境内有个普救寺,据说就是《西厢记》故事的发生地,寺内还"保留"着当年张生跳墙和莺莺幽会的"旧址"。这当然是赞扬《西厢记》的。但还有人伪造崔莺莺与郑恒合葬的墓志铭,是一些无聊的正统文人为《西厢记》翻案的,是诋毁莺莺和张生的爱情的。河南浚县崔庄还有所谓的"莺莺坟",据说崔庄就是崔莺莺的故乡,当地人认为崔莺莺私订终身,大逆不道,从前谁也不能在崔庄演唱《西厢记》。要是相信了这些事,文学就又"变成"历史了。

"赵氏孤儿"与《史记》中的复仇故事

可以说,《史记·赵世家》是对《左传》叙事模式的第一次颠覆,在"赵氏孤儿"故事的形成中具有里程碑式的意义。

那么,司马迁的材料是哪儿来的呢?当然一般认为它来自田野调查,来自民间口述材料。但更具体一些的猜想是,司马迁参考了战国时期赵国的史书,而这部书现在失传了,已经看不到了。

前秦文献里没有记载,不能说就一定没有。《史记》里还有两个大名鼎鼎的人在前秦文献里没有记载,一个是屈原,另一个是蔺相如。学术界有人提出没有屈原这个人,比如胡适就持"屈原否定"论,日本学者也有人持这种看法,但多数学者不认同。据说1993年湖北荆门郭店出土的战国时期的楚简中,就有与屈原生平相关的记载。关于"赵氏孤儿"和蔺相如,日本学者泷川资言《史记会注考证》推测说,大概这两项都来自"赵人别记"。这个推测很有道理。我们知道,赵武复位以后续赵宗二十七年,他的孙子赵鞅,就是有名的赵简子,而到了赵简子的幼子赵襄子时,韩、赵、魏三家分晋,五十年后正式建立赵国。赵国应该有赵国的史官,这些史官迫于君主的压力,并非都能做到"秉笔直书"。既然君主不希望那些不太光彩的事情流传下来,于是就把"孟姬之谗"改作"下宫之难"了。

问题是,司马迁记春秋事一向采用《左传》,为什么要把"赵人别记"中的一个证据不足、与《左传》明显抵牾的故事采入史书,描绘出一个充满侠义精神的复仇故事呢?清代的史学家赵翼认为,这可能是由于司马迁"好奇"。我体会,这个"好奇",指的是喜欢搜集带有文学色彩的故事。要是这样的话,"好奇"说不能说完全没有道理。

这首先牵涉到《史记》的性质问题——《史记》不是一部单纯的史书。和后代的许多官修史书不同,《史记》带有司马迁个人浓烈的感情色彩。鲁迅先生对《史记》有两句评价:"史家之绝唱,无韵之《离骚》。"《史记》既是伟大的史学著作,又是伟大的文学作品。它所记载的历史,主干是真实的,细节是虚构的;多数是真实的,少数是虚构的。对于大的历史脉络,它力求还原历史,追求历史的真实;而对于人物的动作、对话、心理和具体场景的描写,则调动各种艺术手段,进行活灵活现、惟妙惟肖的描写,追求艺术的、本质的真实。

其次,《史记》对侠义精神、复仇故事特别偏爱。例如大家比较熟悉的伍子胥的故事、吴王夫差和越王勾践的故事、孙膑和庞涓的故事、张仪和苏秦的故事、范雎的故事等,都是很有名的复仇故事。此外《刺客列传》《游侠列传》里也写了不少行侠仗义、为别人复仇的故事,例如有名的荆轲刺秦王,还有一则豫让吞炭的故事,十分感人。

公元前453年,韩、赵、魏三家瓜分了智氏的领地。赵襄子最恨智伯,就把智伯的头骨涂上油漆,做了饮器。有的文献说是溺器。智伯的家臣豫让发誓要为智伯报仇,他怀揣匕首藏在厕所里。赵襄子入厕,看出豫让形迹可疑,一搜搜出了匕首。但赵襄子很大度,放了豫让。豫让决心再度行刺。为使人认不出自己,就把漆涂在身上,使皮肤烂得像癞疮,吞下炭火使自己的声音变得嘶哑,就连他的妻子也认不出他了。他埋伏在桥下想要袭击赵襄子,未料到赵襄子的马突然惊了,襄子让人搜查,将豫让团团围住,问他:"你以前在范、中行氏手下,他们灭亡的时候你没有出手,为什么现在要这样报答智伯呢?"豫让回答:"范、中行氏把我当普通人,我以普通人报之;智

伯把我当国士，我以国士报之。"他还对赵襄子说："你上次放了我，天下都知道你的宽宏大量，这次我知道不能活了，请求给我一件你穿的衣服。"赵襄子满足了他这个要求，派人将自己的衣裳给豫让，豫让拔出宝剑多次跳起来击刺它，仰天大呼曰："吾可以下报智伯矣！"遂伏剑自杀。

《孙子吴起列传》中孙膑向庞涓复仇的故事也很动人。孙膑曾经和庞涓一起学习兵法，庞涓在魏国当上了魏惠王的将军，但自认为才能比不上孙膑，便暗中派人把孙膑找来，假借罪名砍去他的双脚并施以黥刑。"黥刑"就是在脸上刺字并涂上墨，想让他落下犯罪的标志，永远也擦洗不掉，这样就会埋没于世不为人知。后来孙膑秘密会见了出使魏国的齐国使臣，齐国使臣觉得此人不同凡响，就偷偷地用车把他载回齐国。孙膑在齐国受到重用。十多年后，魏国与齐国交战，孙膑用"减灶之计"诱敌深入。就是让齐国军队在行军中先设十万个灶，过一天设五万个灶，再过一天设三万个灶，以造成士兵逃亡的假象。庞涓果然上当，于是丢下了步兵，只带一些轻骑兵日夜兼程地追击齐军，结果在马陵道中了齐军埋伏。孙膑事先叫人将一棵大树削去树皮，露出白木，写上"庞涓死于此树之下"几个字，然后命令一万名弓箭手埋伏在马陵道两旁，吩咐天黑看到火光就万箭齐发。庞涓果然当晚赶到大树下，见到白木上写着字，就点火想看清楚树干上的字，还没看完，齐军伏兵万箭齐发，魏军大乱。庞涓自知大势已去，就拔剑自刎，在自刎之前叹道："遂成竖子之名！"意思是：倒让这小子成名了。

大家都知道"卧薪尝胆"这个典故，其实在越王勾践卧薪尝胆之前，先有吴王夫差复仇的故事。公元前496年，夫差的父亲吴王阖庐被越军打败，伤了脚趾，创伤发作，在快要死的时候对太子夫差说："你能忘掉勾践杀你父亲吗？"夫差回答说："不敢忘记。"当天晚上，阖庐就死了。夫差继位吴王以后，励精图治，两年后打败越国，把越王勾践围困在会稽山上。勾践派大夫文种用重礼贿赂吴国太宰嚭请求媾和。文种见了夫差，膝行顿首曰："君王亡臣勾践使陪臣种敢告下执事：勾践请为臣，妻以妾。"吴王不顾伍子胥的苦苦规劝，而采纳了太宰嚭的主张，与越国议和，放虎归山了。勾践回国以后，"乃苦身焦思，置胆于坐，坐卧即仰胆，饮食亦尝胆也"，并且经常提醒自己："汝忘会稽之耻邪？"他"身自耕作，夫人自织，食不加肉，衣不重采，折节下贤人，厚遇宾客"。二十二年后，越国终于将吴国打败，吴王夫差自杀。

关于伍子胥为父兄复仇的故事，《史记·伍子胥列传》在先秦文献的基础上作了大幅度的增饰和改写，把伍子胥写成一个"弃小义，雪大耻，名垂于后世"的复仇英雄。楚太子少傅费无忌和楚平王是以伍子胥的父亲伍奢为人质,召伍员(子胥)和他的哥哥一同进京。结果,伍子胥的哥哥伍尚来到楚都,楚平王就把伍尚和伍奢一块儿杀害了。伍子胥为了报仇,只身一人出逃,要借外部的力量报父兄之仇。他在逃亡途中被悬赏捉拿,后有追兵,前有大江,沿路乞讨,九死一生,终于逃到吴国,并渐渐取得了兵权。十六年后,伍子胥带兵攻入楚国郢都,"掘平王墓,出其尸,鞭之三百,而后已"。

前人记载伍子胥的复仇方式,有"挞平王之墓"(《穀梁传·定公四年》)或"鞭荆平之坟三百"(《吕氏春秋·首时》)的说法,但司马迁却改为"鞭尸",突出了伍子胥复仇的决心和复仇的效果。那么,"鞭尸"是不是史实呢?显然不是。因为公元前516年楚平王已经死去,到公元前506年冬,吴楚两军决战于柏举,楚军战败,吴军进入郢都,已经过去了十年之久,即使伍子胥真的把平王的坟墓掘开,恐怕也仅剩下一副朽骨而已,哪里还会有可鞭之尸呢?

另一方面,《左传》记载吴兵入楚,有"以班处宫"(《左传·定公四年》)的野蛮行径。什么是"以班处宫"呢?就是吴军入楚以后,按照不同的职位与等级,分别占有楚国国君和其他贵族的妻室,"君居其君之寝,而妻其君之妻;大夫居其大夫之寝,而妻其大夫之妻"(《穀梁传·定公四年》)。这在当时被认为是违背"礼"制的"夷狄"行为,为中原国家所不齿。司马迁对这一有明确记载的史料弃而不取,分明是为了维护伍子胥的形象,表现出他对复仇者的偏爱。

《史记》中的复仇故事很多,不能一一讲述了。这些故事文学色彩重,为后世的戏剧小说提供了丰富的本事。赵翼说司马迁写"赵氏孤儿"的故事是出于"好奇",如果从积极的方面去理解,从《史记》的文学成就去理解,这个解释有一定道理。

但司马迁之所以对"赵氏孤儿"等一系列复仇故事如此热衷,可能还有另外的原因。我们看这些故事,除了写励精图治、韬光养晦、大丈夫报仇十年不晚的复仇行为之外,还表彰了一种士为知己者死,言必信、行必果的侠义精神。"赵氏孤儿"是血亲复仇、家族复仇,但真正起作用的人都不姓赵,是外姓人程婴、公孙杵臼等人的自我牺牲完成了复仇。从这些故事的内容分析,司马迁写复仇故事还可能有以下几点原因:

一、自先秦儒家以来的血亲复仇思想的影响

以血缘关系为纽带的家庭、家族的形成,是人类文明进步的重要标志,也是先秦儒家血亲复仇思想形成的社会基础。以温文尔雅著称的先秦儒家,一旦遇上父兄无辜受害的事情,就毫不犹豫地主张复仇。

例如,当子夏问孔子如何对待父母之仇时,孔子的回答是:"寝苫枕干,不仕,弗与共天下也。遇诸市朝,不反兵而斗。"(《礼记·檀弓》)意思是:睡草垫子,枕着盾牌,不做官,不和他共天下。若在街上和那个人遇见了,不待返回家取兵器就立即决斗。

孟子说得更干脆:"杀人之父,人亦杀其父;杀人之兄,人亦杀其兄。"(《孟子·尽心下》)《礼记》说:"父之仇,弗与共戴天。"(《礼记·曲礼上》)

《公羊传》在提到伍子胥的故事后提出:"父不受诛,子复仇,可也。"(《公羊传·定公四年》)"诛",是以上级杀下级,以有道杀无道。所以这句话是说,如果父亲无辜被杀,儿子就可以替他复仇。

司马迁无疑受到先秦血亲复仇观念的影响,尤其是他曾师从董仲舒学公羊学。在他笔下,伍子胥为报父兄之仇,发誓说:"我必覆楚。"后破楚、掘平王冢,鞭尸三百,终雪大耻。司马迁称赞道:"弃小义,雪大耻,名垂于后世。""赵氏孤儿"的故事,虽然主角是程婴、公孙杵臼,但最终还是由赵武完成了复仇大业,所以本质上也是血亲复仇类型。

二、汉代复仇风气的兴盛

在司马迁所处的汉代,复仇风气更加兴盛。除了《史记》之外,《汉书》《后汉书》《列女传》《越绝书》《吴越春秋》及《燕丹子》等书都写了不少有名的复仇故事。班固在《汉书·地理志》中说:"太原、上党又多晋公族子孙,以诈力相倾,矜夸功名,报仇过直,嫁取送死奢靡。汉兴,号为难治。常择严猛之将,或任杀伐为威。父兄被诛,子弟怨愤,至告讦刺史二千石,或报杀其亲属。"请注意,这里所说的"报仇过直"及"父兄被诛"后"报杀其亲属"的事情,恰恰发生在太原、上党的"晋公族子孙"中,与"赵氏孤儿"的故事应当有密切关系。《史记》产生在这样的文化氛围中,作者对复仇故事的热衷也就可以理解了。

三、司马迁本人的雪耻心理和人生感慨

从根本上说,复仇心理源于人类的生物性本能,即对于来自外界刺激的一种自然反应、反弹和报复。俗话说:兔子急了还咬人呢!自然界有许多很凶恶的动物,其实都不会主动攻击人类,只是受到威胁遇到刺激,才会采取报复行动。例如眼镜蛇,每当遇到外界刺激时,它就会让颈部膨扁,使前半身直立起来,让头部挺在高处迎敌。有的女孩胆子小,遇到路边有狗时往往惊慌失措,要么奔跑,要么作出自卫的姿态,岂知这样恰恰刺激了狗,引得它狂吠,甚至遭到它攻击。

人也是这样。据研究,人的中脑系统是主管情感的脑区,一旦遇到刺激,就会本能地作出反应。一般来说,反应激烈的程度与刺激程度成正比。比如"血债血偿""杀人者死"之类的观念就是这样产生的。这是一种原始的"公平"观念。前几天在网上看到这样一条消息,哈萨克一个十九岁的少女,她的弟弟在一次斗殴中被人杀死,她就带刀闯进凶手妹妹所在的学校,对着年仅十四岁的女孩连砍十几刀。当然人和动物的区别是有理性,可以通过大脑作出综合判断,以决定采取什么样的报复方式。人和人的理性程度也不相同。为了防止冤冤相报,限制暴力行为扩张,人们制定了法律,这是题外话,不赘述。

那么,司马迁受到了什么刺激呢?大家都知道,司马迁因为给李陵辩护而被判处宫刑,这是奇耻大辱。司马迁说:"每念斯耻,汗未尝不发背沾衣也。"他势必要作出反应和报复,却又不能采取"以眼还眼"的方法报复,而只能通过写作《史记》来雪耻。

司马迁曾经总结:"文王拘而演《周易》;仲尼厄而作《春秋》;屈原放逐,乃赋《离骚》;左丘失明,厥有《国语》;孙子膑脚,《兵法》修列;不韦迁蜀,世传《吕览》;韩非囚秦,《说难》《孤愤》;《诗》三百篇,大抵圣贤发愤之所为作也。"其实《史记》更是发愤之作。我们读《史记》,总感到一股愤懑不平之气充盈其中。司马迁通过一件件复仇的故事,一个个鲜活的形象,来进行精神层面的复仇、文化层面的雪耻。诸如韩信早年曾受"胯下之辱",后来拜将封侯;越王勾践卧薪尝胆,终于消灭吴国,昭雪了世仇;还有上面说过的伍子胥的复仇、孙膑的复仇,以及《赵世家》所叙述的程婴和公孙杵臼救孤存赵,最后将屠岸贾灭族;等等。这些都体现了一种雪耻意识。

此外,司马迁因为替李陵说话而下狱、受宫刑,却没有人挺身而出替他辩护。他在《报任安书》中记述,汉武帝将他下狱之后,"交游莫救,左右亲近不为一言","深幽囹圄之中,谁可告诉者"。而这与司马迁笔下的复仇故事形成了鲜明对照。像豫让吞炭、荆轲刺秦王、程婴和公孙杵臼救孤存赵,都不是为自己复仇,而是为别人复仇,体现了"士为知己者死"的精神风貌。我想,司马迁之所以写这些故事,可能也在其中寄托了深深的人生感慨吧。

总之,《赵氏孤儿》杂剧楔子部分大体以《左传》等先秦文献为本事,并汲取了民间说唱的成分;其核心事件"搜孤救孤"以《史记》为本事。《史记》中的"赵氏孤儿"故事是司马迁在战国时"赵人别记"的基础上,对春秋时晋国赵氏家史的第一次全面颠覆、全面创新。《赵氏孤儿》杂剧又对本事进行了第二次全面改造,适应了政治环境,强化了戏剧冲突,使场面更惨烈、更逼真,人物形象更感人。这部作品有口皆碑,加之《史记》的影响,造成了元明以后"赵氏孤儿"的进一步"历史化"。

第三集　历代戏曲对《赵氏孤儿》的改编

几百年来,元杂剧《赵氏孤儿》以其强烈的戏剧性不仅吸引着读者和观众,而且还吸引着许多有才华的编剧和导演。从元末明初起,这个戏就不断被改编上演。元明南戏有《赵氏孤儿记》,明传奇有《八义记》,昆曲有《赵氏孤儿》,京剧有《搜孤救孤》。此外北方的秦腔、晋剧、豫剧、河北梆子、曲剧,南方的汉剧、川剧、湘剧、潮剧、越剧、闽剧等,几乎各大剧种都把《赵氏孤儿》当作代表性剧目。

京剧中擅演此剧的流派,较早的有余(叔岩)派,后来又有谭(富英)派和马(连良)派。1960年,新合并而成的北京京剧团排演《赵氏孤儿》,打出"马、谭、张、裘"四大头牌的牌子。马连良扮演程婴,谭富英扮演赵盾,张君秋扮演庄姬公主,裘盛戎扮演魏绛,堪称珠联璧合,阵容强大。此后《赵氏孤儿》成为京剧中的经典剧目。

近二三十年,北京剧坛曾两度出现"孤儿热"。一次是二十世纪90年代初,四五个剧团同时上演《赵氏孤儿》。第二次是2003年,两个版本的话剧《赵氏孤儿》几乎同时推出,即国家话剧院和北京人艺分别上演了自己的改编本,就好像在唱对台戏,在打擂台;接着是豫剧《程婴救孤》获得全国大奖,京剧、河北梆子也有演出。所以圈内戏称2003年为"赵氏孤儿年"。在上海,2005年有三个《赵氏孤儿》打擂台:浙江小百花越剧团,河南省豫剧院二团和上海越剧院不约而同地上演这一剧目。

曲无定本,本来就是戏曲传播的规律。但《赵氏孤儿》的改编,以及由此引起的反响,已经超越了戏剧的范围,成为一种文化现象,这是一般的传统剧目所不可比拟的。从明代以来,各个剧种虽然在不断地上演同一个剧目,却没有一个是完全照抄元杂剧。现当代的各种改编本,更以现代人的意识重新诠释、解构乃至颠覆了这个古老的经典剧目,企图赋予它新的生命,并因此引发了广泛的争议。

那么,各种改编本是如何重新叙述"赵氏孤儿"故事的呢?按照时间先

后，我们先从明代开始介绍。

据说，明代有一位擅演公孙杵臼的演员叫颜容。一次他与人合演《赵氏孤儿》，见观众"无戚容"，"归即左手捋须，右手打其两颊尽赤，取一穿衣镜，抱一木雕孤儿，说一番，唱一番，哭一番，其孤苦感怆，真有可怜之色，难已之情"。异日再演此戏，台下"千百人哭皆失声"。（李开先《词谑》）可见《赵氏孤儿》在明代"人气"兴旺，不过颜容演的究竟是哪个本子已经很难确切考证了。

南戏："孤儿"不孤　程婴娶妇

所谓"南戏"，是与北方流传的杂剧相对应的一个叫法。杂剧产生和主要流传在黄河流域及其以北的大都（今北京）一带，元代中期以后流播到杭州。而南戏则于南宋时期产生在我国东南沿海的浙江温州一带，所以又叫"永嘉杂剧"或"温州杂剧"。

南戏是和杂剧不同的一种戏剧样式。它的篇幅较长，一般由十几出到几十出组成，不同于杂剧的四折一楔子。它主要用南方流传的曲调演唱，不同于杂剧主要用北曲演唱，所以又叫"南曲戏文"。它的脚色分"生""旦""净""末""丑"几大类。"生"一般扮演戏中的男主角，如书生、秀才、状元之类，大体上承担了杂剧中"末"的职能。因此，南戏中的"末"与杂剧中的"末"的差别就较大，早期南戏只有"副末"，一般是戏开场的时候担任节目主持人，称"副末开场"。"丑"在南戏中插科打诨，地位十分突出。南戏不采用"一脚主唱"体制，所有的脚色都能唱，这是与杂剧另一处显著的不同。

本来，和纪君祥的杂剧几乎同时就有南戏《赵氏孤儿报冤记》被创作出来，但这个戏我们今天已经看不到了，现在我们能看到的南戏《赵氏孤儿记》，是明代的富春堂本和世德堂本。"富春堂"和"世德堂"是刊刻书籍的书坊，类似于今天的出版社。这两个本子大同小异，我们今天要介绍的剧本，是收入《古本戏曲丛刊》中的世德堂本。

这个剧本产生在元末，在它前边的两部作品，即杂剧《赵氏孤儿》和早期南戏《赵氏孤儿报冤记》都对它产生了影响。我们重点谈它与杂剧不同的地方。

这个戏总共四十四出,比杂剧篇幅长得多,容量大得多。这就使它可以把杂剧中屠岸贾"讲"出来的那段矛盾冲突激烈、充满戏剧性的故事,即鉏麑触槐、提弥明击獒、灵辄扶轮的故事"演"出来。这些情节在杂剧中作为暗场处理,只是一个交代,连"序幕"也很难算得上,但在南戏中全部放在明场演出,占了整整一半的篇幅。这是南戏与杂剧的第一点不同。

第二,在杂剧中,驸马和公主双双自尽了,而在南戏中两个人都没死。

关于驸马赵朔的逃生经过,剧本是这样写的:

有一位名叫周坚的泼皮无赖,元宵节去王婆酒店骗酒吃。周坚吃了饭、喝了酒,趁开店的老板娘不注意,就溜之乎也。结果被王婆当街扯住,死乞白赖也不得脱身。碰巧驸马赵朔和公主一道在街上赏灯,正从这里经过。公主一眼就发现,这个赖人酒钱的人长得"面似驸马一般",于是替他偿还了酒钱,并收留在府中为门客。到屠岸贾屡次谋害赵盾未果,要将赵氏满门抄

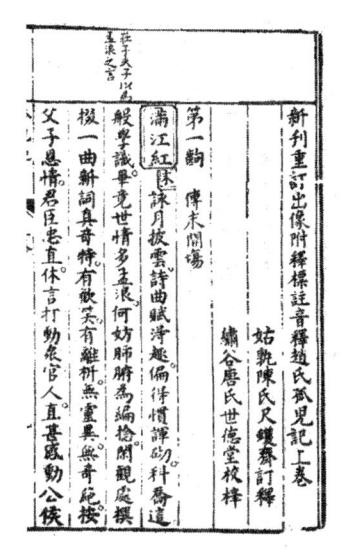

明世德堂本《赵氏孤儿记》首页书影

斩之时,周坚便穿上驸马赵朔的衣服,自刎而死。赵朔则与程婴分头,各自逃命去也。

那么赵朔逃去哪儿了呢?这就要涉及其父赵盾的下落。杂剧里没有写清楚赵盾的下落。在南戏中,赵盾被灵辄带到自己家里掩护起来。当他听说自家三百口被杀、儿子赵朔也自刎而死的消息后,气极而死。灵辄掩埋了赵盾,还为他立了块碑。所以赵朔逃到山里后,无意中发现了父亲的墓碑,又遇见了灵辄,就在灵辄居住的山林中隐居了十八年。

而公主生下婴儿之后,以患下难医之症,宫内"金紫医官"医治不好为由,张榜招民间医生进宫医治。程婴化名草泽医生张鼎,名义上应募为公主治病,实际上受公主托孤。但公主向程婴托孤之后,并未自尽。她被禁冷宫八年,为祖父晋襄公守陵十年。十八年后,程婴随着已被屠岸贾收养为义子的"孤儿"屠程一道打猎,来到公主门前。恰巧赵朔与灵辄也云游到此。他们化解了误会,得以团圆。

由于赵朔和公主都没有死,所谓"赵氏孤儿"其实就不是孤儿,父母都

在怎么能叫孤儿呢?剧名就有点名不符实了,悲剧气氛也随之大打折扣。

第三,南戏比杂剧增加了一些细节,有的合理,有的累赘。

前面说过,在杂剧里,程婴的妻子没有出现。南戏则给程婴"娶"了老婆,有一出专写程婴和妻子商议,用自己的儿子冒充赵氏孤儿。这个情节是合乎情理的,程婴劝妻子献出儿子的理由也是成立的:屠岸贾已经下令三日内要将全晋国的婴儿统统杀死,献出儿子,可以救赵氏孤儿和全晋国的婴儿,不献出儿子,他也一样是死。程妻在悲痛中答应了丈夫舍子救孤的计划,只是为程家无后伤心。程婴回答,屠岸贾的官多大,他也没后。妻子说,儿子死了,你逃了,我怎么办?我依靠谁?程婴说,回娘家,或者改嫁,都由你,只有一个要求,就是千万别泄露真孤儿的下落。可惜这出戏道白太少,戏没有做足。

明世德堂本《赵氏孤儿记》插图

程婴的儿子,在杂剧里没有名字,在南戏中叫"惊哥"。直到现在的一些剧种,还把这个只活了一个月的小生命叫"惊哥"或"金哥",显然是受了南戏的影响。

在杂剧中屠岸贾的妻子没出现,南戏也给屠岸贾"娶"了老婆。而且屠岸贾的妻子李氏很贤惠,多次规劝丈夫不要和赵盾争高下,要知足常乐,屠岸贾不听。有一次,李氏请门客张维说评书,借殷纣王杀忠臣最终亡国的故事旁敲侧击,希望能提醒屠岸贾别再迫害忠良。谁知道屠岸贾听出弦外之音后怒火中烧,要把张维当场杀掉。李氏再三哀求丈夫收回成命,并承认这主意是自己出的,屠岸贾才将张维杖刑一百,禁闭起来。从此李氏对丈夫完全失望:"且自闭门家里坐,一任杨花作雪飞。"这是屠岸贾妻子的下场诗,意思是不说了,说啥也没用了。其实到后来屠岸贾定下搜孤之计时,李氏再次求他饶了孤儿,放过全晋国的小儿,屠岸贾当然是置若罔闻、一意孤行。

南戏为屠岸贾增加一个妻子,目的有两个。一是调剂男女角色的比例,二是想渲染奸臣屠岸贾的失道寡助、孤立无援。

我们知道,在杂剧中,公主早在第一折开头就已经自尽,所以全剧几乎没有一个女性角色。而在南戏中,出现了男女互为对应的三对角色:第一对,"生"扮赵朔,"旦"扮公主,这是全剧的男女主角;第二对,"净"扮屠岸贾,"贴"扮李氏,是男女次主角;第三对:"末"扮程婴,"丑"扮程妻,程婴的戏份比杂剧少得多,程婴之妻只出现了一次。

与杂剧不同,南戏和明清传奇在脚色安排上比较讲究,一方面要求"生""旦"齐全,有"生"必有"旦",而且结局一般是"生""旦"团圆。另一方面又不能使"生""旦"戏份太多,过于劳累,所以必须有次主角。"贴"往往扮演次要的女主角。"贴"是什么意思呢?就是"旦"脚不够,再"贴"上一个。南戏《赵氏孤儿记》中的李氏由"贴"来扮演,戏份相当不少,从脚色分配上看,这个脚色不能少。

另外,增加了李氏以后,屠岸贾就更显得孤立。屠岸贾对忠良一再迫害,还有他那灭绝人性的搜孤计划,惹得天怒人怨,连自己的妻子都反对,这还不是孤家寡人吗?

上面讲过,李氏曾经让门客张维用说评书的方式规劝丈夫,结果张维却被屠岸贾痛打了一顿禁闭起来。张维逃脱之后,正好遇上鉏麑受差遣前往行刺赵盾。鉏麑行刺未果,被赵盾等人抓住,但他未说受何人差遣就触槐自尽了。张维于是向赵府通报了消息,说派鉏麑暗杀赵丞相的就是屠岸贾。这真是正如李氏所说,屠岸贾"使鉏麑,鉏麑触槐;挞张维,张维报事;使韩厥,韩厥自刎"。骄横一世的屠岸贾,最终落了个众叛亲离的下场。

第四,屠岸贾及其全家的结局与杂剧不同。

这一点和上面相联系。在杂剧的第五折,屠岸贾的全家被灭族,屠岸贾本人被"钉上木驴,细细的剐上三千刀"。而在南戏里,被杀的只有屠岸贾一人,没提骑木驴的事,大概只是枭首——砍头吧。本来,孤儿主张"他杀我三百口,我杀他三百口"。他的父亲赵朔则说:"休杀他家口,只杀屠贼夫妻便了。"程婴最了解情况,向大家说:"其妻李氏,一国之贤,每常劝解,屠贼不从,只杀屠贼自己。"所以最终只有屠岸贾一人被杀了头。一人犯死罪,家族成员与其共同承担刑事责任的刑罚制度,叫"族刑"或"连坐"。我国古代长期使用"连坐"制,最重的处罚会株连九族。程婴提出来一人做事一人当,是一种进步主张。

屠岸贾在临死前唱道:"太平庄里,我不仔细。今日受圈套,不信孤儿语。"看来这是个至死不悔、死有余辜的家伙。他只检讨当年如何在太平庄中了程婴和公孙杵臼的计,直到今天才知道,程婴出首孤儿是个圈套。前

面讲过,杂剧第五折结局太草率,屠岸贾立马就相信了孤儿的话。南戏有了这段唱词,让人感觉处理得比较合乎情理。

第五,巧合、误会手法的运用。

和杂剧相比,南戏和传奇多用巧合、误会等叙事手法,《赵氏孤儿记》也是这样。

全剧最大的巧合,就是十八年后程婴和公主、驸马在阴陵巧遇。三拨人在荒山野外巧遇,这世界实在太小了,让人感到匪夷所思。作品写程婴是随同屠程一道来打猎的,本来是屠程打的一只野兔被赵朔捡到,两拨人才开始对话的,眼看就要出现赵氏全家团聚的场面了。但作者为了把秘密保守到最后,为了安排程婴看图痛说赵氏家史,有意以诸王公子要为屠程设宴为理由,安排屠程离开现场,让他和他的父母擦肩而过。这里显得过于生硬,人为雕琢的痕迹太重。

南戏中最大的一个误会,就是公主和驸马都听说程婴是个"叛徒",由于他向屠岸贾告密,才使公孙杵臼和赵氏孤儿早已经死去。这个误会设计得还算合理,但解决得不算好,我们看下面的对话:

小外:你出首杀了孤儿,把自家孩儿与屠贼,如今孤儿哪里去讨?
末:我是如此如此。
小外:真个如此,休罪,你是好人。

就这样,靠自家的一番解释就轻而易举地解除了矛盾,"戏"没有做足。不过,程婴十八年所受的委屈并没有就这样一风吹掉。我们看公主、驸马合唱的一支曲子:

【和佛儿】困守山中断佳音,怨程婴;冷落凄凉守宫廷,骂程婴。当初道你贪荣贵,怎知弃却小儿身,救孤儿瞒过那奸臣。谢得伊家怜悯,如今始知,程婴是恩人!

这就使程婴忍辱负重的一面初露端倪,为后来的改编提供了启发。

总的来说,南戏《赵氏孤儿记》偏离了主线,让人感到节外生枝。此外唱词质朴,甚至粗糙,这也是南戏的一个特点。

清初大戏剧家李渔主张戏剧创作要"立主脑""减头绪",胡适曾经把元杂剧《赵氏孤儿》与传奇《八义记》进行比较,指出"传奇在文学的技术上是最不讲究剪裁的经济的。元曲每本只有四折,故很讲究组织结构;删去一折,就不成个东西了。南戏与传奇太冗长、太拖沓、太缺乏剪裁,所以有许多幕是可以完全删去而于戏剧的情节毫无妨碍的"(《〈缀白裘〉序》)。胡适的这个评价,用在《赵氏孤儿记》身上是很合适的。

明传奇:肤浅庸俗　呆板典雅

　　明传奇是直接从南戏发展而来的,体制和南戏大同小异,这里略而不讲。只不过传奇和南戏相比,一是文人气太重,讲求辞彩华美,多用典故;二是明代万历以后,传奇基本上都用昆山腔演唱。昆山腔就是现在常说的"昆曲",本是一种地方声腔,后来扩展到全国。因此万历以后的传奇多用昆山腔的格律写作,使昆曲这一段的历史往往和传奇相混为一。我们介绍的这部《八义记》大约作于明代晚期,被收入明末毛晋编的《六十种曲》,就是一个昆腔本。

　　这个戏四十一出,大体因袭了南戏《赵氏孤儿记》,只在细节上作了完善与补充。《八义记》表彰的"八义",其中有七位很好确认:鉏麑、提弥明、灵辄、周坚、韩厥、程婴、公孙杵臼。另一位指谁?一说是程婴的儿子惊哥(参《曲海总目提要》),但惊哥是个刚出生的婴儿,无"义"可言。一说是张维(参吴敢《从赵氏孤儿剧目演变看戏剧改编》),但张维的行为是受屠岸贾妻子指使的。我认为这一位有可能指的是程婴的妻子。虽然这个人物在今存《八义记》中没出现,但根据文献,另有一部"古本《八义》",剧名又叫《孤儿》(祁彪佳《远山堂曲品·能品》)。我判断"古本《八义》"就是南戏《赵氏孤儿记》。今存《六十种曲》中的《八义记》删去了程婴妻这个人物,沿袭了《八义》的剧名,显得名不符实了。

《六十种曲》所收《八义记》首页书影

历来对《八义记》的评价都不高。明末祁彪佳《远山堂曲品》把所著录的戏曲作品分为第一等"神品"、第二等"妙品"、第三等"能品"、第四等"具品",而把《八义记》列入"能品"。近代曲学大师吴梅先生《中国戏曲概论》中说《八义记》"肤浅庸俗",又在《霜崖曲话》卷七中指出元曲《赵氏孤儿》较《八义记》"有天迥之别,可知元人力量之厚矣"。

不要说比元曲,即使与南戏相比,《八义记》也是倒退。它是南戏的直接改编本,但南戏的所有缺点它都有,而南戏中的优点则没有被很好地继承下来,此外还增添了新的缺点。例如《八义记》第二出《上元放灯》为南戏所无,本出借程婴之口,写赵盾与屠岸贾在朝堂争论是否要在元宵节放灯,屠岸贾主张放灯,赵盾则历数放灯之弊。作者的本意是以此区分忠奸,但却显得迂腐呆板、画蛇添足。

《八义记》删除了南戏中程婴和夫人商议用自家婴儿代替赵氏孤儿的情节。杂剧容量小,不用这个情节倒也罢了,传奇有四十多出,况有南戏在先,为什么要删掉这个能出戏的场面呢?

杂剧中程婴有故意激韩厥自尽的嫌疑,这个缺点,南戏、传奇都继承了下来。传奇中程婴的道白是:"将军被小人道了几句言语,乔做人情,待小人出去,教别人拿住,小人死不明白,不如只就死在将军手里,小人也甘心。"这就不是什么"嫌疑"了,而干脆就是直接要韩厥的命。

《八义记》的结局比南戏倒退了。作品写屠岸贾"一家老幼"都被杀掉,只留下屠岸贾妻子一人,被发到洗衣房。这和明代处理犯人家属的方式相同。明成祖朱棣对待忠于建文帝的臣子们的家属,男性一律杀头、充军,女性则发送到教坊司浣衣局。作者一不留神,就把当代的现实写到历史剧里去了。

如果说《八义记》还有一点可取之处的话,那就是南戏"阴陵相会"一出误会解决得太草率,戏没有做足,传奇有意作了充实,其情节是,程婴和屠程出外打猎,巧遇在外云游的驸马赵朔和灵辄,出现下面的场景:

〔末〕灵辄哥,为何到此?恩主如今在哪里?

〔丑〕你好欺心,谁是你恩主?

〔末〕驸马是恩主。

〔丑〕驸马不是你恩主,屠岸贾是你恩主!

〔末〕你不知其中缘故,待我见驸马,自有分晓。

……

〔生〕程婴，你忘恩负义贼，我有甚亏负你？把我孩儿在太平庄公孙杵臼处出首与屠贼杀了，将自己孩儿，在他处享荣华受富贵。恨不得与你乌珠剜出来，今日来见我怎么？

〔末〕驸马爷，你莫责倾杯哑妇，休鞭为主耕牛。我有万千愁恨在心头，今日对伊分剖。只为你全家遭戮，空交我两泪盈眸。恩东若要报冤仇，须仗取兔儿将军之手。那太平庄杀的是我孩儿惊哥，适才取兔儿的乃是恩主之子——赵氏孤儿！

〔生〕好苦也，原来错埋怨你了！

程婴的分辩用了两个典故。"倾杯哑妇"出自《战国策·燕策》，说的是一位在外地当差的人，有一妻一妾。他的妻子与人通奸，听说丈夫要回来，事先准备了毒酒，想谋害亲夫。两天后，这个官人一到家，她老婆就让丈夫的妾把毒酒端过去。妾知道是毒酒，但又不能明说，就假装跌倒把毒酒抛洒光。丈夫不知内情，用鞭子狠狠抽打她。后来就用"倾杯哑妇"指隐瞒真相，代人受过。"为主耕牛"说的是一个牧童在放牛时睡着了，这时来了一只虎，牛急忙用角触醒牧童，牧童反以牛扰了自己的清梦，怒而将牛鞭打。在元明两代，"为主耕牛"常用作恩将仇报的典故。

程婴的这段白用的是韵文，在实际演出中必然充满感情，加上两个典故的使用，较好地诉说了自己的委屈，解开了驸马的误会。但从实际演出的角度看，却未必使用典故就更好。试问：满场观众，能解得"倾杯哑妇"的有几人？

总的来说，《八义记》观念陈腐，戏剧性不强，又受到明末传奇典雅化的影响，可取之处不多。

京剧《八义图》：不见"八义"不见"图"

清代乾隆、嘉庆年间，曾经风靡全国的昆曲逐渐出现了衰败趋势，而其他各种地方戏声腔在与昆曲的竞争中开始取得优势。戏剧史家们称这段历史为"花雅之争"。"雅"就是"雅部"，指昆曲；"花"就是"花部"，指昆曲以外的所有地方戏，也叫"乱弹"。

我国戏曲在这一时期迅速迈向戏剧化。剧本的戏剧性得到加强，表演更加注意情节的合理与人物性格的统一。同时，戏曲本身的特点依然得到保持。尤其在与西方戏剧的比较中，戏曲扮演的虚拟性、技艺性十分突出，终于在世界戏剧中占据一席之地。

音乐方面，昆曲采取曲牌体的音乐结构，花部采取的是板腔体。"板"指节拍、节奏，如慢板、中板、快慢板、流水板等。"腔"指腔调、旋律，如梆子腔、二黄腔等。与此相应，从文学上看，板腔体的唱腔是以一对七字句或十字句的上下句为基础的。

京剧是徽调、汉调合流的产物，有人把乾隆五十五年（1790年）徽班进京当作京剧形成的标志，其实京剧真正形成是道光以后的事。我们现在介绍的，就是早期京剧的本子——车王府曲本中的《搜孤救孤》。

车王府曲本，指的是清代北京蒙古车登巴咱尔王府所收藏的一批戏曲、曲艺抄本。在戏曲抄本中以早期京剧剧本为最多，这批剧本对于研究从昆腔、高腔到京剧的过渡有很高的价值。《搜孤救孤》又名《八义图》，就是车王府曲本中的一种（以下简称"抄本"）。

这个戏分上、下两本，上本从屠岸贾怂恿晋王追究赵盾桃园弑君开始，到公主将孤儿藏在中衣内，躲过第一次搜孤为止；下本从韩厥受国太委托，将孤儿藏在药箱中带出宫开始，到程婴与公孙杵臼以假孤儿骗过屠岸贾为止。从结构上看，这个剧本，前没有赵盾被害的经过，钼麑触槐、提弥明击獒、灵辄扶轮的故事都没有出现；后没有孤儿成人后复仇的情节。剧本仅仅截取了"搜孤救孤"这一段情节。

令人疑惑的是，这个剧本既没有"八义"又没有"图"。去掉了钼麑、提弥明、灵辄，哪里还有"八义"呢？没有了看图讲孤儿身世的情节，哪里还有"图"呢？我推测，我们今天看到的本子并不完整，或者这个戏只是剧名上受了《八义记》的影响，内容有些名不符实。这个剧本令人称道的地方有如下几点：

首先，这个戏的作者可能认真研究过《史记·赵世家》，也读过《左传》，甚至尝试着用艺术形式为一桩历史疑案表态。为什么这样说呢？

前面讲过，元曲《赵氏孤儿》的时代背景是晋灵公时期，屠岸贾迫害赵盾是因为"文武不合"。还有，杂剧没有交代赵盾的下落。南戏和传奇虽然用一半的篇幅演述屠岸贾一再迫害赵氏家族的经过，但屠、赵两家结怨的原因仍旧是由于屠岸贾官位在赵盾之下而心生嫉妒，根本没有提"桃园弑君"的事情。而在《史记·赵世家》中,屠岸贾灭赵的原因是追究"赵盾弑君"一案。

抄本的时代一开始就是在晋景公(抄本作"晋锦公")时期,而且剧本开头就借屠岸贾的话,说赵盾"今已去世",对赵盾的下落作了交代,这与《史记·赵世家》完全吻合。

接下来的一场戏,地点是戏曲观众熟悉的戏台上的金銮殿。景公上朝,诸大臣议事。大司马屠岸贾上奏一本,称当年赵盾桃园弑君,乃赵家满门之过,应当追究。赵盾的儿子驸马赵朔被宣上殿,辩解称:当年弑君,罪在赵穿,与赵盾无关。屠岸贾则强调:赵盾虽逃,但归朝之后未曾讨贼,所以是有意同谋。赵盾的弟弟赵同(抄本作"赵统")、赵括(抄本作"赵阔")、赵婴齐(抄本作"赵音锡")三人与屠岸贾在朝堂上争辩,韩厥(抄本作"韩决")也为赵家辩护。结果景公听信屠岸贾一面之词,下旨七日后将赵氏满门抄斩。这个情节,在元杂剧、南戏和传奇中从来没有出现过,显然是在《史记·赵世家》的"下宫之难"一节的基础上创作出来的。

还有,在《史记·赵世家》中,凡涉及赵朔的妻子,都用"赵朔妻""成公姊"或"朔之妇"指代,并没有出现"庄姬"这一名号。但抄本中却赫然使用"庄姬公主"的称谓,说明剧作者不仅读过《史记》,也读过《左传》。

不仅如此,关于赵盾是否弑君的问题,直到现在,史学界还在争论不休。早期京剧《八义图》把这场争论搬到戏台上演出来,明显就是借用艺术的形式为这件历史疑案表态。可见,这个剧本不仅仅从杂剧、南戏和传奇取材,而且还直接从史书中取材。作者具有相当高的历史素养和史学意识,绝非一般的民间艺人所可比拟。

同时,作者又能够展开想象的翅膀,为"赵氏孤儿"这个故事添加一些新的艺术元素。剧中塑造的"国太"这个人物,就是以往所有与赵氏孤儿相关的史料和文学作品中所没有的。也就是说,京剧很合理地为晋国的国王设计了一个"妈"。

这个人物的身份很特殊。她是公主的母亲,也就是赵氏孤儿的外祖母。世上哪有母亲不疼女儿的?哪有姥姥不疼外孙的?同时她又是晋王的母亲,理应可以教训儿子、钳制屠岸贾。所以,她的出现,多少改变了屠、赵较量中屠强赵弱的一边倒状况,一度使较量的双方显得势均力敌,强化了戏剧冲突。另一方面,京剧中的"老旦"唱腔很有特色,既淳厚,又嘹亮,唱起来义正辞严,慷慨激昂,很适合扮演正面角色的老年女性。熟悉传统

戏曲的人都知道《狸猫换太子》里的李妃李国太、《徐母骂曹》中的徐母等，都很典型。《秦香莲》中的国太，也是老旦扮演的，虽然蛮不讲理，但唱腔同样很有气势。在早期京剧《搜孤救孤》中，以老旦扮演的国太与屠岸贾的冲突主要也是以对唱、对白来表现的：

老旦（白）　无旨宣召，进宫何事？

屠（白）　庄姬逃进宫来，产生孤儿。奉王旨意，进宫搜寻孤儿。

老旦（白）　公主产生一女，落地而亡了。

屠（白）　国太，此事只瞒为臣，难瞒晋主。

老旦（白）　你再（待）怎讲？

屠（白）　难瞒晋主。

老旦（白）　唉！（唱）　指着屠贼骂高声，苦害赵家一满门。公主产生本是女，有什么孤儿在宫庭。

屠（唱）　国太不必发雷霆，哪个大胆敢欺君。为臣奉了晋主命，搜寻孤儿出宫庭。

贴（唱）　赵家与你有何恨，苦苦害他为何情？三百余口俱斩尽，阴曹地府勾你魂！

屠（唱）　听一言来怒生嗔，庄姬公主乱胡云。隐藏孤儿你不报，论国法就该问斩刑。

老旦（白）　住了！（唱）　那晋主本是我的子，君不君来臣不臣！

在这场戏里，冲突的双方，一方是晋王的亲生母亲，当朝国太，另一方是奉晋王之命进宫搜孤的当朝大司马，双方都不示弱。较量的结果，屠岸贾没有搜到孤儿，丧气而归，国太和公主取得了暂时的胜利。可以想象，老旦高亢、嘹亮的唱腔与屠岸贾净脚大嗓轮唱、对唱，听起来一定很过瘾。

从编剧的角度看，京剧《搜孤救孤》的另一个亮点，就是程婴和妻子商议用自己的亲生儿子替代赵氏孤儿的情节。前面讲过，南戏中本来有这个情节，但戏没有做足。在京剧《搜孤救孤》中，这场戏被大大强化。程婴的妻子虽然有正义感，但一旦丈夫提出舍子救孤的所谓"两全之计"时，两人就产生激烈的对抗。程婴反复劝说、下跪，甚至举起刀要杀老婆，最后是自杀，都不起作用。这时，情愿舍命的公孙杵臼上场了。经过一番苦口婆心的劝说，程婴再次要自尽，连公孙杵臼也向程妻下跪，程妻方才勉强答应。

而且刚把婴儿给递出去,立即就唱道:"一句话儿错出唇,把娇儿送在枉死城。"程婴生怕妻子反悔,还有一个"抢子"的动作。戏演到这份儿上,算是做足了。

有的文章提出:程婴不把自己的儿子当儿子。其实,一百多年前就有这种说法了,说这话的正是程婴的妻子。请看程婴和妻子的这一段对唱:

  旦(唱) 官人说话理虽顺,妾身言来夫是听:你今有了五十岁,妾身也有四十春。夫妻只生一个子,怎肯舍子替他人?
  生(唱) 卑人五十不算老,娘子的年纪也还轻。舍子救了忠良后,来年必定降麒麟。
  旦(唱) 赵家犯罪赵家受,为何连累小姣生?

程婴见妻子完全不为所动,只得双膝下跪,但妻子依然表示:

  旦(唱) 你要跪来只管跪,想我舍子万不能。
  生(唱):人说妇人心肠狠,最毒就是妇人心!
  旦(唱) 那虎狼不吃儿的肉,你比虎狼甚十分!

吴小如先生对这段戏有一段精彩的分析,他说:

  明明是程婴为救赵氏孤儿而硬要牺牲自己亲生的独子,他却怪妻子"心肠狠",还说什么"狠毒不过妇人的心",意思说眼看着赵氏孤儿蒙难而见死不救是"狠毒",这当然无法说服自己的妻子,因从做母亲的立场来看,还有比牺牲自己的儿子更狠的吗?这里程婴所唱,类似滚板,即用极快的尺寸把每个字清楚地吐出,听上去很坚决,其实是色厉内荏,连自己也说不服的。以下诸句大致与此相仿。"不如程婴死了罢"是假意要挟,"手使钢刀要你的命"更是故作威胁之态。所以前一句唱得平淡低沉(但并不率意),后一句虽使一高腔,却放到半截就中止了,这正是唱工服务于剧情的地方。接下来唱"看起来你是个不贤妇"和"手执钢刀项上刎"也还是用的同一处理手法,要唱得"有气无力",让观众感到这是百无聊赖才使用的无效的恫吓。

  (吴小如《孟小冬〈搜孤救孤〉的唱念艺术技巧》)

不过，程婴舍子的理由仅仅是要报赵家之恩，让人感到不充分。他还向妻子提到，你我都还不算老，今天舍子，将来还可以再生嘛。作为一种劝慰，这理由还算是马马虎虎。

上面这个场面，在《戏考》本、陈大濩演出本及汉剧的胡桂林、刘金山演出本中，都得到保留，其中汉剧本子戏剧性最强。但后来的秦腔本及京剧整理本，都将这个情节删去，程婴又成了没老婆的鳏夫。

另外，阅读抄本，你会感到虽然作者的水平不低，但抄手的文化水平实在太差。错别字连篇不说，韩厥这个人物，头本作"韩决"，身份是大夫，二本作"韩阙"，是太监，让人感到疑惑，不知道是不是同一个人。我猜测，这是实际演出中的一脚多扮造成的，即头本的大夫和二本的太监均由同一个演员扮演，抄手图方便，就抄成这样，也就是说，抄本是一个梨园演出本。此外，原作设计出一个太监大概是基于这样的考虑：只有太监才能自由出入公主的寝宫，把孤儿抱出来。

孟小冬饰演程婴剧照

这个本子经过整理以后，改正了错别字，韩厥后来的身份是将军。前大夫、后将军，矛盾不大，反正不是太监了。改过的剧本由著名老生余叔岩担纲演出，成为传世之作。整理本保存在《国剧大成》《戏考》中。二十世纪40年代，由孟小冬演程婴，裘盛戎演屠岸贾，赵培鑫演公孙杵臼，魏莲芳演程夫人，在上海的中国大戏院演出，用的就是整理后的余派剧本《搜孤救孤》。

孟小冬（1908—1977），八岁学艺，十二岁登台，以女性饰演老生，红极一时，被称为"冬皇"。十八岁时与梅兰芳合演《四郎探母》和《游龙戏凤》。一个是坤生，一个是乾旦。在台上孟是男梅是女，眉目传情，一往情深，在台下这角色则完全颠倒过来。十九岁时,孟小冬被人撮合与梅兰芳成婚。六年后,天津《大公报》头版刊登了《孟小冬紧要启事》,声明要和梅兰芳决绝。1938年,孟小冬拜著名老生余叔岩为师,得余叔岩真传。1947年在上海为杜月笙祝寿演出,两个晚上演的都是《搜孤救孤》,艺术上达到顶峰。演出后便偃旗息鼓,她主演的《搜孤救孤》被称为"广陵绝响"。

据看过演出的人回忆,闭幕后观众掌声雷动,久久不离开剧场。孟小冬素有不谢幕的习惯,但那一次拗不过观众的热情,破天荒出场谢幕。买不到票的观众家家打开收音机,户户收听孟小冬的演出实况。不光是一般的戏迷观众,就连圈内人,但凡有点名气的老生演员全来了。四大须生之一的马连良先生看戏时连声喝彩,谭富英先生看完戏后遇人便说:"小冬把这出《搜孤》给唱绝了,反正我这出戏是收了。"收了,就是再不唱了,服了。一出戏在梨园内部受到这么高的评价实在罕见。据说,孟小冬当天的状态有如神助,要啥来啥,而且自始至终保持最佳状态。孟小冬在上海演了两个晚上,远在北京的梅兰芳在收音机旁,一字不落地收听了两个晚上。

"冬皇"孟小冬陵墓

这位创造了京剧历史上奇迹的奇女子后来嫁给了杜月笙,1949年赴香港定居,1967年移居台北,1977年逝世,葬于台北县(今改新北市)树林净律寺墓地,国画大师张大千为其题"杜母孟太夫人墓"。

此后她的名字逐渐湮没不闻。电影《梅兰芳》放映之后,她的传奇经历、不幸命运和艺术造诣,再度引起世人关注。她的名字重新被提及。她当年演出《搜孤救孤》的盛况,也再次让人们津津乐道。2010年3月,台湾

国光剧团上演京剧歌唱剧《孟小冬》(王安祈编剧,魏海敏主演),形象地展示了孟小冬传奇的一生和她的艺术追求。

秦腔:卜凤的风采

二十世纪50年代,马健翎改编的秦腔《赵氏孤儿》影响广泛。在情节上,秦腔把晋灵公、屠岸贾与赵盾的矛盾放到明场,但删去程婴与妻子的矛盾。这个戏为公主增加了一个贴身丫鬟卜凤,旦角的戏份很重,戏剧冲突得到加强。此外剧本的动作提示十分到位,为演员二度创作提供了依据。

从元杂剧以来,多种不同版本的《赵氏孤儿》各出奇招,异彩纷呈。元杂剧以"搜孤救孤"为主线,将赵盾被害的经过交给剧中人追述,剧末有孤儿复仇情节;南戏、传奇则用一半的篇幅完整呈现赵盾一家被害经过,"搜孤救孤"的主题被淡化;早期京剧前没有赵盾被害的经过,后没有孤儿复仇的结局,只截取了"搜孤救孤"这一段。那么,秦腔如何处理这一题材呢?

简单说,秦腔采取的是大致平均方案。全剧十一场戏,前两场为《忧国》《忠谏》,主要情节是相国赵盾与大夫韩厥见晋灵公荒淫无道,弹打百姓而痛心疾首。赵盾屡次进谏,遭到晋灵公和屠岸贾的嫉恨。从第三场到第七场为《托孤》《搜孤》《救孤》《拷打》《死节》。第三场一开头,程婴慌慌张张到驸马府通报:老相国已被陷害而死。接下来便是屠岸贾兵围驸马府,赵朔被杀。接着公主分娩,屠岸贾进宫搜孤,拷打卜凤,程婴与公孙杵臼定计救孤。最后四场是《还朝》《阴谋》《屈打》《挂画》,演十五年后韩厥还朝、孤儿复仇的经过。

这样处理,情节显得完整。把赵盾的忠谏而遭迫害放在前台,有利于突出程婴等人救孤行为的正义性和日后孤儿复仇的合理性。同时,这个开头并不长,只有两场戏,鉏麑、提弥明、灵辄等人完全被删去,不至于喧宾夺主,淡化救孤的主题。最后用三分之一的篇幅写复仇,避免了元杂剧第五折"强弩之末"的弊病。

在人物方面,秦腔本有两点引人瞩目的地方:一是为公主增添了一个贴身侍女卜凤,取代了早期京剧中的太后;二是删掉了韩厥自尽的情节,把元杂剧中主持为赵氏复仇的魏绛改为韩厥。

卜凤的戏主要在第四场《搜孤》和第六场《拷打》。第四场,屠岸贾气势

汹汹地进宫搜孤,公主吓得手足无措,卜凤却异常镇定,与屠岸贾针锋相对,毫不示弱:

> 屠岸贾:(冷笑)哈!晋侯有命,俺便要搜!
> 卜凤:哪个敢搜?
> 屠岸贾:来呀!
> 众武士:有!
> 屠岸贾:(以手指小门)内边搜查!
> 众武士:呵!(拟进小门)
> 卜凤:(以身挡住小门)慢着!(众武士止步)这是甚等之地,岂容你等随便出入!
> 屠岸贾:俺要搜。
> 卜凤:我不许!
> 屠岸贾:俺要搜。
> 卜凤:我不许!

众武士没有搜到孤儿,屠岸贾命令"出宫",卜凤来了个得理不让人,屠岸贾张口结舌,无言以对:

> 卜凤:慢着!(众武士止步)屠大人,我来问你,有孤儿无有?
> 屠岸贾:哼!
> 卜凤:哇!无故搜宫杀院,该当何罪!
> 屠岸贾:这个……
> 卜凤:什么?
> 屠岸贾:这……
> 卜凤:你讲!

第六场,卜凤受屠岸贾严刑拷打,昏死几次,依然咬紧牙关挺住。当她在昏迷中苏醒过来,依稀听到程婴前来"出首"孤儿时,顿时"猛惊","瞪视程婴"。卜凤只参与了公主向程婴的托孤,并不知道程婴和公孙杵臼的合谋,所以她的表现和表情是"真实"的,不像程婴和公孙杵臼是在屠岸贾面前"演戏"。我们看剧本的描写:

屠岸贾：到此何事？

程婴：出首孤儿。

卜凤：(闻言，怒发冲冠，咬牙恨叫，声色俱厉)嗯！(挣扎起立，指程婴)你……做什么来了？

程婴：(一愣)我……出首孤儿来了。

(大家都因出其不意而一愣)

卜凤：谁叫你出首孤儿？

程婴：(故作傲慢地)我要出首孤儿。

卜凤：唉！我把你……好贼！(说着扑上去，一口将程婴臂咬住不放)

最后，屠岸贾拔出剑来将卜凤劈死。这样处理，既有激烈的戏剧冲突，又合乎情理。屠岸贾相信程婴的确是在"出首"孤儿，而程婴从此便背上了卖主求荣的骂名。后来的京剧《赵氏孤儿》、豫剧《程婴救孤》等，都沿用了这个场面。豫剧把名字由"卜凤"改成"彩凤"，显得更平易。

在元杂剧和南戏、传奇中，韩厥为放走孤儿早早自尽了。早期京剧中韩厥将孤儿抱出宫后交给程婴就没了下落，估计是没死，但剧本中再不提他了。秦腔不是这样处理的。在第一场中，韩厥与赵盾声气相通，同为晋国的前途担忧。第四场，由于韩厥的接应，孤儿得以安全地转移出宫。这其实都在为关键的第八场和第十场作铺垫。

第八场是十五年后的事。韩厥被新君征召还朝，一路上回想当年赵家被害的往事，又正好遇见程勃率队打猎，耀武扬威。他当然不知道程婴舍子救孤的真相，触景生情，发誓要责打程婴。第十场，韩厥召程婴进府，将他痛打一顿。程婴从这番痛打中试探出韩厥"是忠不是奸"，便将当年舍子救孤的真相和盘托出。韩厥如梦方醒，跪地向程婴道歉。二人计划杀屠岸贾报仇。这个表现韩厥与程婴误会的场面很有戏剧性，在后来的京剧改编本中得以保留，但韩厥被改为魏绛。

从细节上看，秦腔本子有几点值得注意：一是让程婴在最后与屠岸贾的决战中被刺身亡。这是一个创造，使悲剧气氛更加浓厚，豫剧《程婴救孤》采用了这个结尾。二是公主没有死，一直在阴陵受苦，最后与孤儿母子团聚。这显然是受南戏、传奇的影响。三是程勃虽和程婴一起住进屠府，在那里"习文练武"，受屠岸贾的欣赏和庇护，但并没有认屠岸贾为义父。这样，孤儿在得知真相后立马决定杀屠岸贾报仇，就显得更加可信。

从道白和动作中体现戏剧性,是秦腔本的一大特色。传统戏曲表演讲究"唱""念""做""打","唱""念"先不说,"做"和"打"无疑应当属于戏曲动作。但是,戏曲中的表演动作具有技艺性、程式性,有时与情节发展、人物性格没有太大的关联,而具有相对的独立性。比如水袖、翎子、帽翅、髯口,还有各种手法、步法、身段等,这些特技表演,在任何一出戏中都照搬照用,改动不大,由此便形成了程式。所以,传统戏曲有时不追求演员的外部动作和表情是否符合情理,也不大追求用动作来表现人物的深层心理活动,或推动剧情开展。但这样的情况并不是一成不变的。

举个例子。民国元年,也就是公元1912年,梅兰芳在北京演出《汾河湾》,扮演女主人公柳迎春。当演到分手十八年的丈夫薛仁贵来到寒窑门口向她诉说衷情的时候,梅兰芳一直脸朝里坐着不动。这是历来的演法,演员演惯了,观众也看惯了,没有人会大惊小怪。但有一个从西洋回来的人看了戏,觉得这样演不合情理。一个自称是你分手十八年的丈夫回来了,怎么能无动于衷呢?这人看完戏给梅兰芳写了一封信,建议他要"动"起来。这人就是国剧大师齐如山,电影《梅兰芳》中邱如白的原型人物。从此,戏曲表演加快了戏剧化步伐。到1949年以后,斯坦尼斯拉夫表演体系影响中国剧坛,戏曲表演进一步向话剧靠拢。

秦腔《赵氏孤儿》中的动作提示非常细致,也非常精彩。限于篇幅,这里只举一处。

第四场《搜孤》,屠岸贾不知公主已经分娩,暗中先派两个宫女监视公主。卜凤心知肚明,为不让她们进内室见到公主、发现婴儿,故意差遣她们去端花,此时程婴进宫:

程婴:(身背药箱,随卜凤上,情不自禁)程婴叩见公主!(下跪)
卜凤:住口!
程婴:(一愣,吓得坐下了)
卜凤:(压低嗓子,哭)你……低声些!
程婴:(压低嗓子,哭)我……明白了。

程婴并不知道公主已经被监视,所以还像往常一样叩见公主。卜凤见状情急,责令程婴"住口"。程婴完全没有心理准备,被卜凤的厉声斥责吓呆了,跪姿变为坐姿。卜凤这才意识到自己鲁莽,忙压低嗓子用哭腔吩咐

程婴"低声",程婴也明白过来,以低声答应。在这里,卜凤和程婴不但压低了声音,还用"哭"腔,为什么呢?你想啊,公主是什么人?堂堂金枝玉叶,竟然受如此欺凌,连叩见自己的人都不能高声讲话,真是虎落平阳,凤凰落架,人在屋檐下,不能不低头啊!这一哭,哭出了卜凤的委屈,哭出了公主的处境。这样的动作提示,在以往的戏曲剧本中是很少见到的。

接着,程婴随卜凤进入小门,把孤儿装入药箱里,此时端花的宫女回来拍打内室房门:

公主:(吓得起而复坐,无力地呼唤)卜凤!卜凤!
卜凤:(慌张急上)公主,什么事?
公主:你……你听!
(拍门声又起)
卜凤:(吃惊,向后退几步,问)谁?
二宫女:(在内)是我们,菊花端回来了。
卜凤:(也慌了,搓手顿足,不知如何是好。忽然有了主意,双手扶公主)……

这一段动作提示,把公主和卜凤的慌张神态写活了,给演员的二度创作提供了可靠的蓝本。

总之,秦腔《赵氏孤儿》成就不凡,代表了二十世纪50年代的戏曲编剧水平。当然,问题也不是没有。例如第一场写赵盾忧国,先让公主和驸马到花园游玩,接着是赵盾训子,这两个场面不但没有必要,简直就是多余,看得人着急。王雁的京剧本删掉了这个开头,以屠岸贾和晋侯弹射百姓开场,相当简洁。

秦腔有很多特殊的表演技巧,在《赵氏孤儿》一剧中得到施展。例如西安五一剧团饰演屠岸贾的演员,利用上半身的左右晃动,表现屠岸贾的不可一世;扮演神獒的演员撒欢跳跃,向主人屠岸贾表示亲热,都给观众留下了深刻印象。

京剧《赵氏孤儿》:后出转精　针线严密

二十世纪50年代后期,王雁在秦腔剧本的基础上再次整理出京剧的

《赵氏孤儿》,"马、谭、张、裘"四大头牌联合出演,成为我国戏剧史上的又一桩盛事。

前排右一马连良,右二谭富英;后排右一张君秋,右二裘盛戎

和以往的本子相比,王雁本针线比较严密,剧情更加合理。王雁本的基调是:迫害赵盾一家是晋灵公与屠岸贾的合谋,昏君与奸臣狼狈为奸,忠臣义士遭到戕害。戏一开场,屠岸贾与晋灵公在桃园弹射百姓取乐,公孙杵臼与魏绛进谏不被采纳,分别申请退休和赴边关镇守。这就为后来公孙杵臼的舍身救孤、魏绛还朝主持为赵家报仇洗冤埋下伏笔。特别是十五年后魏绛出现,不像元杂剧中那样突兀。

第十场魏绛拷打程婴的桥段很精彩。十五年前魏绛远赴边关,程婴舍子救孤的真相他完全不知道。恰恰相反,他倒是刚刚从庄姬公主那里听说了程婴"献孤"求荣的往事。而程婴,也不能确信魏绛一定是奸贼屠岸贾的对立面,一定会主持正义为赵家报仇。于是,二人先是互相试探,因互相隐瞒真情而不可避免地发生冲突,再到挨打后程婴说出真相,误会解除。从演出看,裘盛戎与马连良的配合很到位,十分有戏。"我魏绛听此言如梦方醒"一段唱脍炙人口,传为经典。还有,当程婴说出真相后,魏绛追问一句:"何以为凭?"程婴答出"孤儿身上有三颗红痣,庄姬公主自然认得",这也是"密针线"的表现。程婴与公孙合谋救孤,随着另一当事人去世变得死无对证,有了这一句才显得可信。

孤儿打雁见娘一场的衔接、铺垫作用很明显。一是母子之间的心灵感应让孤儿赵武与庄姬公主初见面便互生诧异,尤其张君秋先生扮演的庄姬公主,对赵武端详再三,想起十五年前的往事,悲痛之余对眼前这个和自己

的亲生儿子年龄一般大的英俊娃娃产生出莫名其妙的好感。二是当孤儿说出义父为屠岸贾、生父是程婴时,庄姬公主陡然变色,使孤儿回家向父亲讨说法,自然引出程婴的一番倾诉。张先生的情感转换拿捏得很得体。

程婴忍屈受辱、卧薪尝胆十五年,一旦时机成熟,情感必然要爆发。这一点,当代的改编本都注意到了。王雁本设计了"老程婴提笔泪难忍"一段唱,马连良先生唱来苍凉悲愤,动人心弦。

四大头牌虽然去世了,所幸他们留下了完整的录音,我们现在还可以从那行云流水的唱腔中想见他们举手投足间的风采。

豫剧《程婴救孤》:一吐衷曲 如泣如诉

豫剧《程婴救孤》由李树建等策划,陈涌泉编剧,黄在敏导演,接连获得几项国家大奖,而且在各地上演几百场,几乎场场座无虚席,观众被感动得热泪盈眶。2008年,这个戏前往意大利和法国演出,着实让老外们也感动了一番。这个戏成功的奥秘究竟在哪里?我们主要从剧本文学方面进行一些分析,也适当谈谈表演和舞美方面的成就。

从文学上看,这个戏的情节更为集中,主线更为突出。前面说过,元杂剧分说出来的故事和演出来的故事两大部分,屠岸贾迫害赵盾的故事在楔子中由剧中人说出来,只能算是一个序幕,后面的"搜孤救孤"明显是主线。南戏、传奇平分秋色,将说出来的故事演出来,占了一半篇幅,淡化了主要的矛盾冲突和主人公程婴的形象。

豫剧《程婴救孤》怎样处理这两组故事呢?我们看,在雄壮的音乐声后,大幕开启,在昏暗的灯光中屠岸贾手捧"圣旨",出现在城墙的台阶上,宣布:"国君有令,查,赵盾父子居功自傲,欺君罔上,罪在不赦,着令满门抄斩,诛灭九族。"说着幕后士兵将一行人押上城墙,举刀作砍状,传出"啊……"的悲歌声,戏台上亮起红光,接着一声锣响,表示赵家满门被杀。这时上来一个屠府门客,对屠岸贾谄媚:"魏绛小子不听话,让你赶走了,赵盾老儿敢挺头,让你杀绝了。这一文一武全让你收拾了,从此后这晋国您老可是这个了啊(竖大拇指)。"屠岸贾回答:"不,还没有杀绝!""驸马虽死但公主身怀有孕,不久就要临盆,尔等要严密监视,一旦分娩,不管是男是女,即刻斩草除根!"接着,直接进入搜孤救孤。在豫剧这里,连鉏麑、提弥明、灵辄等人提都不提。这条线索实际上被完全删去了,因而显得节奏更快,笔墨也更集中,剧中程婴的戏份占绝对优势。剧名从《赵氏孤儿》改为《程婴救孤》,名副其实。

豫剧《程婴救孤》第一出:程婴与彩凤

请注意一个细节。在元曲中,屠岸贾要等到婴儿满月才下毒手。为什么不立即下手呢?上文讲过,有些地方的民俗,妇女分娩的房间不能进入。但这一民俗因时因地是会发生改变的。况且怎样鉴别婴儿是否满月呢?二十九天和三十天有什么区别?显然,豫剧把屠岸贾的指令改为"一旦分娩,不管是男是女,即刻斩草除根",更简洁更合理。

还有,门客的一句话"魏绛小子不听话,让你赶走了",就为十六年后魏绛回朝讨伐屠岸贾、主持为赵家复仇作了铺垫。

如何让长大成人后的孤儿知道真相?豫剧借鉴了元杂剧和以往改编本的长处,保留了程婴观画痛说孤儿身世的细节和在此之前公主与孤儿的一次偶然相遇。和南戏一样,豫剧没有让公主自尽。十六年后,孤儿打猎,偶然与她相遇。二人互相端详对方良久。公主看出这孩子的长相很像丈夫赵朔,经打听,方知是程婴的儿子,引起痛苦回忆。跟随公主的宫女开口骂孤儿是"背信弃义、丧尽天良的程婴的孽种",又说程婴"害死了公主的儿子"。这引起孤儿强烈的疑惑和好奇,回家后一定要向爹爹问个明白,讨个说法。这时,程婴拿出画来,讲述十六年前发生的事情,揭开孤儿身世之谜。这样处理,衔接十分自然。

当孤儿得知自己的身世后,并没有像元曲中那样发誓要把屠岸贾敲骨、挖眼、抽筋、剥皮,也没有固执地坚决地拒绝复仇,而是突然陷入巨大的困惑之中,他唱道:

霎时间只觉得天旋地转,这世界这人生突然还原。是义父将俺举家害,又是仇人育我十六年。我该怎么办?怎么办?剑在鞘难出手心意茫然。

这就道出了孤儿特殊处境中的真实心态,提示出几种可能的结局,再次引起观众对剧情的关注。

孤儿一番犹豫后决定找屠岸贾报仇,程婴劝其不可贸然行事,还是要找刚刚回朝的魏绛老将军商议对策。没想到程婴刚进魏府,魏绛抬手给他一耳光,接着公主也不由分说给他一耳光,再接着士兵们一顿乱棍将程婴打得皮开肉绽。这时孤儿冲进来大叫:"你们打错了!你们打错了!我就是赵氏孤儿!"接着悲怆的音乐声起,程婴唱道:

为救孤我舍去惊哥亲生子,亲生子啊!为救孤我妻思儿赴黄泉,为救孤我每日伪装与贼伴,为救孤我身居贼府落不贤,为救孤我遭人唾骂千万遍,为救孤我忍辱含垢这十六年。十六年啊十六年,哪一年不是三百六十天啊……

这一大段唱真是如泣如诉,催人泪下。

不过,我觉得在孤儿冲进魏府高喊"我就是赵氏孤儿"的时候,不要马上接程婴的唱,而是来上一记响锣——"仓",然后全场寂静,公主与魏绛互相张望,显出吃惊的表情,一定能取得无声胜有声的效果。

豫剧没有像元曲那样写孤儿生擒屠岸贾,而是让魏绛的大兵团团围住屠府,屠岸贾已成瓮中之鳖。魏绛令孤儿斩杀屠岸贾,孤儿面对这个往日的"义父",缓缓说道:"十六年来,你毕竟给了我不少关爱,我不忍杀了你,你自尽了吧!"说着便将剑掷于屠岸贾面前。屠岸贾得知他抚养了十六年的养子竟然就是当年处心积虑要除掉的赵氏孤儿时,一面自言自语地嘟囔着"还是没有杀绝呀,还是没有杀绝呀……",一面从地下捡起剑来,先伪装做了一个自刎的动作,然后转身向孤儿刺去。程婴急忙用身体去挡,被剑刺中倒地。众校尉乱剑刺死屠岸贾。程婴胸口插着剑,说出最后的道白:"儿啊,我要去见你的亲人,你的公孙爷爷,韩厥将军,还有彩凤姑娘。彩凤姑娘临死的时候还在骂我,我要去给她讲清楚。"这时背景出现公孙杵臼、韩厥、彩凤众人形象。程婴自己又猛地把剑刺进身体深处，众人一起跪向程婴。灯暗，复又亮，婴儿啼哭声，程婴一人出现在灯光里，自言自语："儿啊，我的儿啊，你在哪里？我想你们。想我的老伴，公孙兄老哥哥，韩厥将军，彩凤姑娘，我想你们哪，我想你们哪！"说着走向高处，与公孙杵臼、韩厥、彩凤在一起。此时电闪雷鸣，程婴像一座雕像，稳稳站立。幕落。

著名元曲家乔吉说过："作乐府亦有法，曰'凤头，猪肚，豹尾'六字是也。"所谓"豹尾"，指的就是一个剧的结尾部分要响亮、有力。豫剧《程婴救孤》的结尾堪称"豹尾"，避免了"强弩之末"的遗憾。

此外，元曲中的其他疏漏也被豫剧堵上。例如在元曲中，韩厥放走程婴，程婴却说："将军，我若出的这府门去，你报与屠岸贾知道，别差将军赶来拿住我程婴，这个孤儿万无活理。"显得程婴是有意激韩厥自尽。在豫剧中，程婴对韩厥说的是："将军，你放我和孤儿出宫，屠岸贼面前你如何交代？"并且劝韩厥和自己一起逃走。韩厥表示："大丈夫敢作敢当，宁可站着死，也不跪着生。"于是拔剑自刎。这样，程婴的形象就没有受到损害。

这个戏除了剧本好，在表演、舞美和灯光诸方面也都很成功，为传统戏曲的戏剧化、现代化提供了借鉴。

在表演方面，以李树建扮演的程婴最为出色。人称"豫剧第一老生"的李树建，基本功扎实，唱、念、做俱佳。值得提出的是，他走的是"海派"周信芳先生的表演路子，特别重视体验剧中人的处境、性格，面部表情丰富。

戏曲表演要不要体验？演员要不要进入角色？这个争论了许久的问题其实不能一概而论，而要视剧目的具体情况而定。有时候，为了显示"角儿"的某一项绝活，可以不大理会剧情。但多数场合下唱、念、做还是要考虑情节，要为塑造人物服务，因而演员必须"入戏"。在《程婴救孤》中，主人公经历了一系列重大变故，自己献出亲生子反而受到误解，被当作背信弃义的小人，这痛苦又只能打碎牙根往肚子里咽。面对惨死在刀下的亲生儿子，面对彩凤的怨恨、孤儿的质问、魏绛的拷打，直到最后真相大白，他怎会无动于衷、呆若木鸡呢？李树建很好地把握了剧中人在不同处境下的心理状态和心理活动，做到了情动于衷而形于外，使人物感情得到了充分的释放和宣泄，把程婴这个艺术形象表演得十分传神，从而将"表现"与"体验"水乳交融地结合在一起。

传统戏曲很少使用布景，舞台上往往就是一桌二椅，但这并不排斥灯光布景的使用。《程婴救孤》在舞台设计及灯光使用方面颇花费了一番功

夫。首先是尽可能将平面的戏台多层次、立体化,戏台的前部是一个平面,是主要的表演区,演员尽可以在这里施展唱、念、做、打的各种本领;而后部是城楼、城墙,或者用高台象征另一个世界,演员可以沿着可移动的台阶登上高台。或者直接将灯光打到天幕上去,作为背景呈现出来,以显示更广阔的空间。序幕中赵盾一家被杀的场面,《观画》一场韩厥、彩凤、公孙杵臼三人的形象出现的场面,剧终时程婴登上高处与韩厥等人相会的场面,都充分利用了这种立体化的舞台设计,从而较好地打破了时空限制。

为了烘托悲剧气氛,本剧的灯光以暗色调为主,让人感到压抑。只有第四场孤儿和公主在郊外相遇使用强光,象征春和景明。导演还常常使用追光、暗转等手法,或突出人物,或转换时空,避免了传统戏曲过于松散的毛病,加快了戏剧节奏。

例如大幕开启,屠岸贾站在台阶上宣读圣旨,在暗蓝色的光线中一队士兵上场,赵盾一家被押上城墙,屠岸贾缓步走到戏台中央,同时响起凄厉的锣鼓唢呐声,接着一道红光闪过,赵盾全家已被处决。门客与屠岸贾开始对话,当屠岸贾下令"斩草除根"时,全场立即暗转,传出婴儿的啼哭声。再接着灯光渐亮,一道追光照射在公主身上。从开场的刑场到公主在宫里现身倾诉,仅仅用了四分钟。

程婴在公孙杵臼遗体前痛不欲生

再如程婴目睹公孙杵臼和自己的儿子惨死之后,有一段非常动人的哭诉,接着全场暗转。约十秒钟后灯光渐亮,程婴的胡须已经由全黑转为花白。幕后传出程婴是"小人"的谴责声,程婴只是一个劲儿辩白:"我不是小人哪,我不是小人。"此时场上再度暗转,幕后响起儿歌声:"老程婴,坏良心,他是一个不义人……"在儿歌声中,灯光再次渐渐亮起,天幕上飘着鹅毛大雪,接着一束追光打在程婴身上,他的胡须已经全白,十六年的岁月已经过去。这些本来是写实的话剧甚至电影的表现手法,在这个戏里运用自如。

这个戏的服装、道具也做了改良。例如士兵手中的兵器,不使用以往戏台上常用的枪刀剑戟,而是使用一种长柄的戈,与古老的城楼、改良后的古代士兵的服装相协调,让人感到春秋时代的氛围。

当然这个本子也不是十全十美。例如,当程婴用图画向孤儿说出身世,高台上再现了当年赵家被害及韩厥、彩凤、公孙杵臼舍身救孤的景象,这本来很好。但当孤儿表示不相信程婴所说的事实时,舞台上出现韩厥的声音:"难道我们流的血是假的不成?!"孤儿与之对话:"十六年来,教我练武的义父,竟是杀害我全家的仇人,他的双手竟沾满了善良人的鲜血。不,我不相信!"这时又出现彩凤的声音:"人都有两面,你看到的,只是他的一面。"孤儿再次表明:"不,我还是不信!"接着又出现公孙杵臼的声音:"孩子,十六年啦,你爹爹熬到今天才告诉你呀,相信他吧,这一切都是真的,都是真的……"这时,孤儿信了。

这场生者与死者的对话让人感到神秘、疑惑,削弱了剧本的可信度。本来是死无对证,十六年前已经死过的人怎么还能与活着的人对话?彩凤尤其不应该出现,因为她根本不知道事情的真相,直到临死的时候还在骂程婴,她怎能出来做证呢?编导或许是想用这样的虚幻场景来表现孤儿的幻觉或者心理活动的,但并没有达到预期的效果。看来,在如何使孤儿相信真实身世这个细节上还要再下功夫。

我觉得,既然孤儿的生母——公主并没有死,就可以在母子相认上动动脑筋。例如可以像京剧一样,写孤儿身上有块记号,让孤儿相信公主铁定是他的生身母亲。这样三方对谈,程婴的话就不是孤证了,也不存在死无对证的问题了。

还有,当孤儿和程婴一起前往魏府商议如何报仇时,作品安排程婴让孤儿在外面等待,自己先进去向魏绛"说清楚"。其实此时孤儿已经了解了真相,相信了程婴的话,他和程婴一同出现更容易说清楚。很显然,这是为了让程婴再次蒙冤挨打而刻意安排的,不够自然。

但瑕不掩瑜,豫剧《程婴救孤》的改编是成功的,它吸收了原作及以往改编本的精华,集其大成,堪称是对元曲悲剧精神最大程度的回归。

第四集　话剧、电影对《赵氏孤儿》的改编

进入二十一世纪以来，元曲《赵氏孤儿》依然不断被改编、上演。除了豫剧《程婴救孤》，还有两个版本的话剧，即人艺版和国话版，以及越剧，都对这个古老的故事进行了新的叙述和新的诠释。其中，北京人艺版的五幕话剧《赵氏孤儿》，结局是赵氏孤儿不报仇，引起热烈讨论。陈凯歌导演的电影《赵氏孤儿》再次演绎了这个古老的复仇故事，同样创造了不俗的票房业绩。纪君祥的《赵氏孤儿》杂剧可不可以被颠覆、被解构？赵氏孤儿可不可以不复仇？一时间众说纷纭，莫衷一是。

人艺版话剧：颠覆传统　拒绝复仇

人艺版话剧的故事梗概是这样的：

第一幕：二十年前，太尉屠岸贾获罪于先王，被发配到西域大漠，妻子丧命。丞相赵盾在这场惨剧中扮演了主角，他杀死了屠岸贾的妻子，逼屠岸贾远走西域。新主晋灵公初登大位，便秘密地把屠岸贾调回京城，让他官复原职。

第二幕：退休老丞相公孙杵臼见灵公秘密调回屠岸贾，预料到会有一番血雨腥风，希望赵盾先下手为强除掉屠岸贾，赵盾迟疑不决。此时鉏麑因贪赃枉法被捕，公孙杵臼就暗让家将设法放出鉏麑，令其前往刺杀屠岸贾。不料鉏麑失手被擒，屠岸贾手下的武士顾侯先将鉏麑卵蛋割下，最后将其处死。

此时，赵朔之妻公主与程婴之妻各产下一个男婴。太监灵辄因受过赵盾的恩惠，预感到形势对赵家不利，便私自带着赵家婴儿潜逃，被擒获处死。碍于太后的面子，婴儿被送回赵府。

第三幕:赵朔在押解钼魔去屠府时,刺伤了屠府豢养的一条狗——西域灵獒。这条狗是晋灵公封的"骑都尉",于是赵朔就犯了刺伤朝廷命官之罪,被赵盾亲自押解到太尉府关了起来。

有人也许会问,给一条狗授"骑都尉",这写法会不会太夸张了？其实,这并不是话剧《赵氏孤儿》作者的专利。罗马尼亚前国家元首齐奥塞斯库,给他的一条名为"考布"(Corbu)的爱犬授"上校"军衔,而且它还有妻子、别墅、轿车,出门有卫队护送,有专门的医生检查食物,住所里家具、电视、电话应有尽有。看起来,即使想象力再丰富的作家,即使再夸张的写作,也比不上现实生活的荒诞和无稽。

接下来继续说《赵氏孤儿》。公孙杵臼指使骁骑营都统提弥明——请注意,话剧里读作提(tí 题)弥明,我们按照古音,仍读提(shí 实)弥明——调兵马去向屠岸贾要人,目的是激赵盾行使兵符调兵与屠岸贾决一死战,赵盾不肯。韩厥奉尚方宝剑讨伐提弥明,骁骑营全部投降,赵朔被斩,提弥明被生擒。随后,晋灵公令屠岸贾抄斩赵盾全家,太后也被软禁。

第四幕:赵盾被捕入狱,公主托孤后服毒自尽。程婴将婴儿藏在药箱中逃出,韩厥放走程婴和孤儿,并让程婴杀死自己灭口。屠岸贾发现孤儿逃走,下令杀死全城婴儿,魏绛进谏不成,剑穿小腹自尽而亡。太后被灵公逼迫自尽。程婴与公孙杵臼定下救孤之计,程婴舍子,公孙杵臼舍命,救下赵氏孤儿。公孙杵臼、假孤儿、赵盾均被杀,真孤儿被屠岸贾收为养子。

第五幕:十六年后,赵氏孤儿长大成人。程婴向他讲明身世,希望他为赵家报仇。不料孤儿认为十六年前的事和他没关系,他拒绝杀屠岸贾复仇。程婴绝望,服毒而死。

应当说,这是一出苦心经营的话剧。政治斗争的残酷无情,人性的复杂、扭曲,都被揭示得淋漓尽致。和戏曲相比,话剧的优势是节奏快、故事情节紧凑、戏剧冲突激烈、人物性格鲜明,这在本剧中都得到充分体现。尤其是前四幕,写得比较有戏。

本剧的节奏之快、信息量之大,让观众目不暇接。如果只看一遍,肯定有许多地方看不明白。这样,就引得你看第二遍。例如全剧的第一句道白,是程婴说的:"我就要当爹了,不容易啊,已经四十岁了。"让人感到没头没脑,等回过神儿来,才体会出这句道白很经典,一开始就把全剧的核心问题——儿子的重要性点出来了。

本剧在时空处理上借鉴电影手法,有效地克服了舞台表演的局限性。

例如第一幕,在舞台上出现两个空间,一边是寿宴大厅,一边是赵盾书房。一边是仆人们忙碌着操办赵盾母亲的七十寿宴,不断有人来向赵母拜寿,同时穿插公主和程婴妻两个孕妇讨论家庭琐事;一边是赵盾在书房里先后与魏绛、公孙杵臼谈国家大事。两边的情节时而独立进行,时而相互穿插,给人的感觉是既齐头并进,又互不干扰,很有层次感。

再如,本剧共五幕,幕间转换全是靠暗转来"切换"的。不仅幕间,就在同一幕中,也频繁使用暗转"切换"场面。例如第二幕,赵朔刺伤晋灵公封的骑都尉灵辄,赵盾把儿子绑起来,让程婴用皮鞭抽打。皮鞭的声音未落,便暗转场面"切换"到晋国王宫,响起晋灵公的大笑声:"他哪里是打给屠太尉看,那是打给孤看的嘛!"一时间,观众仿佛不是在看话剧,而是在看电影。再如从顾侯训练灵辄的场面,暗转几秒钟,灯亮之后已经到了赵盾府,很有蒙太奇的感觉。

第四幕血雨腥风,同样是在舞台上出现两个空间:靠近观众的前台是已经身陷囹圄的赵盾与屠岸贾的对峙,而舞台里面则是程婴和公孙杵臼在商量救孤的大计。两组人物的对话交错进行,对话的一组用灯光照射,另一组则暗转。观众很容易明白,这两组人物对话其实是同时进行的。相比之下,传统戏曲的叙事手法采取纵向直线叙述,难以处理较为复杂的事件。

本剧的戏剧高潮写得很有戏。前面说过,元杂剧第三折是高潮,程婴与公孙杵臼虽然骗过了屠岸贾,但却付出了巨大代价,即程婴的亲生子和公孙杵臼这一小一老双双罹难。话剧在这个基础上又有创新,不仅程婴、屠岸贾、公孙杵臼和假孤儿同时出现在高潮现场,而且连赵盾和真孤儿也在现场。

屠岸贾命令把全城未满月的婴儿统统交出来,程婴是抱着婴儿向屠岸贾请罪来的——不是出首是请罪,罪名就是"抗旨不交","私藏婴儿"——然后顺势举报,"要是小人说出了这赵氏孤儿的下落,屠大人就不会再杀小人这可怜的孩子了。"到搜出真孤儿,真的抱在程婴怀里,假的放在桌上。随着屠岸贾对赵盾的一声断喝:"要这不是你的孙子——(指着程婴怀里的婴儿)那一个才是呢!"悬念再起,观众同程婴一样紧张。屠岸贾命令程婴亲手杀掉"赵氏孤儿",程婴面对自己的孩子犹豫不决,眼看快露馅了,公孙杵臼突然大喝:"你这卑鄙小人!"一下子把注意力吸引过去,于是在真假孤儿的命运被决定之前,先出现程婴挥鞭痛打公孙杵臼、用剑直刺公孙杵臼心脏的血腥场面。

接着,屠岸贾活活掐死了假孤儿。对于程婴来说,死掉的其实是他的亲儿子,他还看着儿子的尸体被剁成肉块喂了灵獒。对于赵盾来说,他并不知道程婴和公孙杵臼的密谋,于是亲眼目睹程婴的"背叛","亲孙子"活活被掐死并喂狗,他眼睁睁看着自己断子绝孙的下场,相当残酷。应当说,话剧的高潮比元杂剧有创新、有超越。

此外,话剧中的魏绛,超越了屠、赵两家之间的恩怨,是一位难得的正人君子。以往的同题材戏曲,无论元杂剧还是明清传奇、京剧等,出场人物无不泾渭分明:以屠岸贾为一方,他虽然孤立却手握权柄,气焰嚣张;程婴等人为另一方,他们都是救孤的义士。双方针锋相对,剑拔弩张,不容调和。话剧的基调变了,屠、赵两家之间虽有恩怨,但是非曲直却并不那么鲜明。魏绛更超越了双方的权力之争,因而显得是大义凛然、顶天立地的英雄。

魏绛的戏份并不多,他只做了两件事:第一,将贪赃枉法的钼麑抓捕归案。第二,在获知屠岸贾将要杀戮全城的婴儿之后,极力劝阻未果,最后剑穿小腹而亡。他的最后两句台词是:"以一己之私仇,不惜屠戮全城婴儿,那是禽兽之行,下官耻于为伍!""屠大人,善恶还在一念之间。"他本来企图以自杀来劝谏屠岸贾收回成命,遭拒绝后就真的自杀明志。和韩厥不同,他没有卷入救孤事件,不是为了赵家,而纯粹是为了救全城婴儿。

但就是这样一位刚直不阿的英雄,也不是没有缺点。他抓了钼麑,事后才知道钼麑是太后的心腹之人,心中颇为不安,于是就两边走门子,求通融。先是去求"一人之下,万人之上"的赵丞相,后来听说晋灵公将钼麑的事交给屠岸贾处理,于是又去求屠太尉。屠岸贾答应帮魏绛摆平此事,魏绛就对屠岸贾感激涕零。编剧大概是想通过魏绛的塑造,来展示人物性格的复杂性。

总之,人艺版话剧《赵氏孤儿》取得了一定的成就。下面我们来讨论一下,赵氏孤儿可不可以不复仇?

前面已经讲过,这个题材的作品,至少已经有两次对本事进行了颠覆。《史记·赵世家》是一次,纪君祥的《赵氏孤儿》杂剧是又一次,如果把伏尔泰的《中国孤儿》也算在内的话,那就是三次。至于小的修改可以说是不计其数。对于作家来说,前代的史料和作品决不能束缚创作个性和创作灵感,而只能是提供本事,提供素材,启发灵感,如此而已。以往用"调和鼎鼐"比喻治理国家,这个成语也可以用于历史剧创作。优秀的作家应该像

一个优秀的厨师,能够将各种原料、佐料,在鼎镬之中调和。以往的史料、前人的作品,都只是素材、原料,至于如何摆布它们、掌握火候,完全是作家自己的事。

进一步讲,对于作家来说,重要的不是写什么,而是怎样写和写得怎么样。也就是说,观念创新不一定是最重要的,它是思想家、哲学家的事,艺术表现力的提高与创新才是文学家、艺术家责无旁贷的神圣使命。在叙事文学中,故事的合理性、细节的真实性尤其重要。

平心而论,为了顺利完成"孤儿不报仇"这个结局,编导们煞费苦心地在前四幕进行铺垫,的确是将以往的原料和佐料,炒成了完全不同的一盘菜,叙述出了一个与元杂剧、南戏、传奇、京剧、秦腔等都截然不同的新故事。晋灵公、程婴、赵盾、公孙杵臼、屠岸贾、鉏麑、提弥明、韩厥、孤儿个个都变成了新面孔,变得使熟悉这个故事的读者和观众都不认识他们了。

在话剧中,晋灵公从幕后走到前台,这倒也不是话剧的发明。问题是,在话剧里,晋灵公从一个无道昏君,变成了深谋远虑、政治手腕高明的君主。"先王"制造了屠岸贾一家的惨剧,晋灵公借刀杀人,又制造了赵盾一家的惨剧。而他这样做,也不完全是玩一朝天子一朝臣的游戏,而是为了防止"令行不止,大权旁落",使晋国能够在列强中跻身一席:

晋灵公:孤初即大位,令行不止,大权旁落,这王上也不好做啊。
太　后:所以你就借刀杀人!
晋灵公:(忽然真情流露) 太后,如果没有您,也就没有孤的今天。
太　后:你倒还算明白!
晋灵公:可这晋国,不是孤的,也不是太后的!
太　后:那你说是谁的?
晋灵公:是天的!咱晋国势单力薄,再不好好治理,天就会灭了你!

因此,赵盾和屠岸贾都成了他利用的棋子。到十六年后事情真相大白,屠岸贾的"义子"原来就是赵氏孤儿,互相对立的双方都请晋灵公明断是非的时候,他撂下程婴和屠岸贾不管了:"这是你们的事,不是孤的事!"他只带走了那个拒绝为赵家报仇的孤儿。在他看来,孤儿不仅是他外甥,还是个"人才"。他对屠岸贾说:"王室凋零,没有什么人才,这人,给孤留着!"接着是屠岸贾似乎心领神会地大笑:"王上英明!"晋灵公在全剧中的戏份并不算多，但他始终掌握着每个人的命运。不是屠岸贾向他进谗言，而是他利用屠岸贾。他不听任何人摆布，不受任何人利用，就连太后——他的亲生母亲，也被他用药酒毒死。

话剧中的屠岸贾对赵家不像以往的作品那么残忍。他除了心甘情愿地做晋灵公的"棋子"被利用之外，作品还为他新增添了一个心腹——顾侯。训练灵獒的是顾侯，割了鉏麑卵蛋的是顾侯，亲手杀掉赵朔和赵盾的还是顾侯。有这样一个得力的帮凶，屠岸贾的暴行被弱化、淡化了。即使施行了一些暴行，也是对赵盾以往行为的报复。

在剧中，虽然没有出现赵盾实施暴行的场面，但却不断出现赵盾当年杀屠岸贾妻子使用的那把剑。第三幕提示，屠府的"墙上挂着一柄锈迹斑斑的古剑"。屠岸贾对赵朔说："二十年前老夫获罪于先王，你爹就是用这把剑，杀了我的妻子，逼我远走西域。"接着，顾侯用这把剑杀死了赵朔。在第四幕，屠岸贾再次从墙上摘下这把剑，对赵盾说："赵丞相，还认得它吧？……二十年了啊。你用它杀我妻子，现在是一报还一报！"它提醒观众，赵盾以前和屠岸贾一样残忍，屠岸贾只不过是"以其人之道还治其人之身"罢了。

屠岸贾为了斩草除根，下令将全城未满月的婴儿统统杀掉，这当然是滥杀无辜。但赵盾、程婴一方也同样滥杀无辜。且不说公孙杵臼指使家将把鉏麑弄出来行刺屠岸贾，又指使提弥明私调兵马，这都在客观上为晋灵公和屠岸贾灭赵提供了口实，就说他在和程婴谋划救孤之计时，有一个家将在场，公孙杵臼命令把家将杀掉，家将急忙分辩："奴才无罪。"公孙冷冷地回答："知道这事的人，一个也不能活下来！"

在话剧中，人们印象中的草泽医生，"撮药尚且腕弱"的程婴也亲手杀了三个人。如果说，杀韩厥和公孙杵臼是无奈之举，那么杀死一个无辜的宫女，就连久经沙场的武将韩厥都为之震惊。程婴为什么要杀死宫女呢？为了灭口。当时，韩厥在公主自尽消息的刺激下，已经决定放走孤儿，但这就是对"王上和屠太尉"的背叛，在极度的矛盾与痛苦中，他决心以死明志，令程婴杀死自己。没想到程婴手起剑落，先杀死了旁边的宫女。韩厥大惊失色，程婴则从容辩解道："这宫女看见了一切，若不灭口，韩将军和在下都是危在旦夕，这孩子更是难保！"（这个情节在后来的版本中被删掉）

作品在有意淡化善恶是非的同时，还釜底抽薪，撤掉了孤儿复仇的条件。孤儿复仇的条件是什么？改朝换代呀！元杂剧是新君悼公上台，又有

晋国上卿魏绛主持，所以一旦程婴将真相揭出，孤儿复仇便是水到渠成。传奇《八义记》写二十年后晋景公上台，秦腔、豫剧也提到"新主登基"。皇帝换了，翻案、报仇当然没有问题。而在话剧中，十六年后的帝王依然是那个总揽所有人生杀大权的晋灵公，屠岸贾的地位仅次于灵公，魏绛早已自尽，主张复仇的只有程婴一人。在这种情况下，即使孤儿愿意为赵家报仇，你报得了吗？结果还不是飞蛾投火，自取灭亡？

在话剧中，赵氏孤儿不是武艺高强、胸怀大志的英俊少年，而是一个爱和妓女鬼混的纨绔子弟、花花公子。如果说第五幕还有点戏的话，那就是屠勃在房内和妓女做爱，韩厥的儿子韩二在门外砸门那个场面。（这个情节在后来的版本中被删掉）看来，这个胸无大志、贪图享乐的花花公子不想复仇似乎是理所当然的。

在极力抹平善恶、是非的界限之后，在把赵氏孤儿变质换形之后，他是不是就可以不报仇了呢？我认为起码有几点还可以提出来讨论。

第一，善恶、是非并非报仇与否的关键。如果复仇的一方先受到无辜的伤害，可以增强复仇的正义性、合理性，但即使没有正义性，复仇事件也还是会发生。

我们前面讲过的吴越之争，越王勾践和吴王夫差之间冤冤相报，很难说谁是谁非、孰善孰恶。豫让吞炭、荆轲刺秦王，也都是这样。至于小农经济环境中产生直到现在还在少数地方存在的无休无止的家族械斗，更是公说公有理，婆说婆有理。相互间的仇杀是事实，但是非曲直却很难说清。善恶、是非都是一种观念，是可以因人、因事、因时而发生改变的，不是客观事实。人艺版话剧《赵氏孤儿》只淡化了善恶是非，没有改变事实。赵盾杀了屠岸贾的妻子，逼得屠岸贾远走西域，屠岸贾又杀了赵盾全家，这是个基本事实。事实没有变，程婴报仇心切就是正常的，孤儿在得知真相后也理应为家族复仇，到不了"相逢一笑泯恩仇"的地步。难道报仇还要问是非吗？即使孤儿本人不愿意报仇，那也是偶然的、或然的，并非是必然的。

第二，这里有一个如何对待经典的问题。虽然曲无定本，但经典毕竟不容易被颠覆。郭沫若先生写了《蔡文姬》，他可以在《蔡文姬》中为曹操翻案，但他不能另写一部《三国演义》，写了就一定失败，因为他不可能取代罗贯中的《三国演义》。伏尔泰可以在《中国孤儿》中保全两个婴儿，让刽子手放下屠刀，立地成佛，但不能在《赵氏孤儿》中让屠岸贾幡然悔悟。话剧与伏尔泰的《中国孤儿》的文化氛围不同，完全不能同日而语。总之一句话，人艺版话剧虽然有很多成功之处,但错就错在它的剧名叫《赵氏孤儿》。

第三,话剧写孤儿本人不愿意复仇,抓住了问题的关键,但并没有写到位。为什么这样说呢?

诚然,编导塑造了一个全新的赵氏孤儿。但在孤儿与屠岸贾的关系方面完全因袭了元杂剧。孤儿对程婴说:"爹,您是我爹。屠太尉养育了我十六年,他也是我爹。"这些话,元杂剧中的孤儿也可以说出来。也就是说,话剧这样写对原来的故事毫无发展,毫无新意,而仅仅是在某种观念驱使下把既成事实挑明而已。如果作品沿着这条线索发展下去,进一步加深孤儿和屠岸贾的情感联系,例如写屠岸贾在一次突发事件中冒着生命危险救了孤儿,那孤儿不复仇的理由就充分得多。陈凯歌导演的电影就是这样写的。

作者把孤儿写成了一个花花公子。但即使如此,当他知道了自己的真实身世,知道了"我原来不是我"的时候,他会怎样想呢?当他知道了现在的养父就是杀他父母、灭他家族的仇人时,他又会怎样做呢?在中国这样一个重视血亲复仇的文化氛围中,血缘关系能够轻易被养育之恩所完全替代吗?而且,程婴对他没有养育之恩吗?即使他最终决定不报仇,起码应该是举棋不定、犹豫不决吧?但剧本把他写得太成熟、太果断、太冷静、太冷血。请看孤儿在知道身世之后与程婴的一段对白:

屠 勃:那赵盾早就死了,他满门抄斩,没有后人。

程 婴:你说什么?

屠 勃:(冷酷地)您把赵丞相的孙子献了出去,就这么回事!

程 婴:那是我的孩子!你——你可还活着。

屠 勃:(大声否定)不,事情的真相不是这样的。

程 婴:真相?

屠 勃:对!真相就是您出卖了赵丞相,献出了他的孙子!

程 婴:这么说,你是不信?

屠 勃:我信——

程 婴:(有点高兴了)哦,你总算是信了。

屠 勃:(大声地)但我不认账!

屠 勃:(摇了摇头)爹,您是我爹。屠太尉养育了我十六年,他也是我爹。

程　婴：(勃然大怒)你认贼作父,还有脸说!

屠　勃：随您怎么说,就算您说的都真,这仇我也不报!

程　婴：(步步紧逼)你的身上有多少条人命!屠岸贾身上又有多少血债!

屠　勃：不,我不想知道!

程　婴：我要你知道!

屠　勃：爹,您别说了,我也不再说了,说了您也不懂。

程　婴：不懂?

屠　勃：(焦躁地)是啊,您不懂,您不会懂的。

程　婴：我不懂什么?

屠　勃：(脱口而出)您不懂,不管有多少条人命,它跟我也没有关系!

　　一切好像都已经深思熟虑过了,反倒是年迈的父亲"不懂"。这是什么,是"代沟"吗?不难明白,这其实正是作者把自己的意识、自己的观念,强加到一个上古时代的少年身上所造成的。也就是说,戏里没有说明白,或者说,没有用戏剧行动向观众说明白,孤儿为什么不复仇。简单地说,就是第五幕没戏。在前四幕,作者还是在讲故事(虽然讲的并不是"赵氏孤儿"的故事),而到第五幕,就只剩下观念,人物成了编导的传声筒。

　　第四,复仇文学具有独特的审美价值,特别是悲剧性的复仇文学作品,在风格上往往显得悲壮苍凉,很能震撼人心。从戏剧性方面讲,复仇文学有悬念,读者和观众有期待。解构它、颠覆它的结果,必然削弱甚至丧失其审美价值。

　　古今中外,复仇文学作为一种母题,涌现了一批经典作品。例如古希腊著名悲剧作家埃斯库罗斯的《俄瑞斯忒亚》,索福克勒斯的《厄勒克特拉》《俄狄浦斯王》,欧里庇得斯的《美狄亚》,还有莎士比亚的《哈姆雷特》等,这些复仇悲剧揭示了人与无法制伏的异己力量的抗争与冲突,表现出独立而崇高的斗争精神。

　　而中国的复仇作品或表现一种"士为知己者死"的侠义精神,或展示复仇者隐忍苟活、卧薪尝胆、忍辱负重的坚韧意志。结果如何并不重要,重要的是复仇的过程。例如豫让吞炭,他最终只以剑刺赵襄子衣完成了复仇,但其"漆身为癞,吞炭为哑"的行为令人动容;再如眉间尺,为了报杀父之仇,甘愿"刎首"奉楚王,与楚王同归于尽。从某种意义上说,这些英雄们的复仇不能算成功,但失败了的复仇英雄更具悲剧性。元杂剧《赵氏孤儿》的结局固然不完美,但它彰显了主人公赴汤蹈火的自我牺牲精神。明末戏剧家孟称舜说《赵氏孤儿》表达了"千古最痛最快之事",指的就是大报仇的结局。话剧颠覆了这个故事,改变了人物的命运,也从根本上消解了悲剧精神,削弱了审美价值。

电影:合乎情理 波澜起伏

2010年12月4日,陈凯歌执导的贺岁片《赵氏孤儿》(以下简称"电影版")在大陆首映时,我正在台湾"中央大学"为中文系的本科生讲授元曲《赵氏孤儿》。一天,广州某媒体记者打了一个电话过来,想问问我对陈导新片的看法。我只好遗憾地告诉她"对不起,这部电影我还没看过"。一个多月后,我终于在网络上看到了这部片子,并且也在某网站的"名家点评"专栏阅读了好几篇评论文章,感到还是有些话要说。

电影艺术是写实的艺术。尽管话剧、豫剧都使用了某些电影手法,如让真马上台,制造出春秋时代列强纷争、金戈铁马的逼真场景。然而,任何一种舞台剧,在制造生活幻觉,"欺骗"观众时所使用的材料、手段诸方面都要受到限制,其效果与电影简直不可同日而语。我们看到,在电影版中,处在襁褓中的程勃从砌末(道具)变成了实实在在的婴儿,他努力地睁开双眼,懵懵懂懂地注视着这个世界(《元曲选》版有"骨碌碌睁一双小眼儿将咱认"的唱词);另一个婴儿(程婴之子)被屠岸贾活活摔死;韩厥则被屠岸贾一剑刺瞎了左眼,顿时血流满面,留下了永远抹不去的疤;公主用匕首自尽,当场气绝身亡;公孙杵臼在格斗中被杀,一箭穿心……这一幕幕赤裸裸、血淋淋的场景,令观众如临其境,大受震撼。然而,这样的艺术效果不仅是陈凯歌、葛优等人,就是再拙劣的导演和演员都能做得到的电影艺术本身的魅力,只是在同舞台剧的比较中才值得将这些逼真而又平庸的场面提上一笔。

这部片子演员的阵容强大,演技高超,也已经被谈得太多,无须饶舌。我觉得最需要讨论的,还是编导的立意以及在这种立意之下的叙事策略和情节结构。一言以蔽之,就是故事写得怎么样。

纪君祥的《赵氏孤儿》,为后来的改编者留下了驰骋想象的艺术空间。在元曲中,程婴是没有妻子的。南戏开始为程婴"娶妻",汉剧、京剧让程婴

夫妇为是否献子救孤发生激烈冲突。那么,程婴有没有权力牺牲自己的孩子以保存赵孤?常言道"虎毒不食子",他为什么违反人伦、义无反顾地牺牲了自己的孩子?

在元曲、南戏、传奇、京剧、秦腔中,长大成人的孤儿程勃(赵武),在获知自己的身世后便立即挥刀杀死抚养了自己二十年(有的本子是十六年)的义父。而话剧的结尾则是让程勃坚决拒绝复仇,他对程婴说:"爹,您是我爹,屠太尉养育了我十六年,他也是我爹!"豫剧中程勃让屠岸贾自尽,他说:"十六年来,你毕竟给了我许多关爱,我不忍杀了你,你自尽了吧!"那么,对于一个孩子来讲,血缘关系与养育之恩,究竟孰重孰轻?在这宗两难的抉择中他究竟应该如何处理?

在元曲中,程婴用一幅"手卷"(连环画)向孤儿痛说赵氏家史,程勃没有丝毫怀疑,立刻就相信了程婴的诉说。后来的改编本基本上都因袭了"观画讲史"这个情节。豫剧中孤儿曾经怀疑程婴所言与图上所画"不是真的",甚至昏厥过去,但醒来后也无奈地承认了"认贼作父"的事实。只有王雁改编的京剧本,当程婴说出真相后,魏绛追问一句:"何以为凭?"程婴答出"孤儿身上有三颗红痣,庄姬公主自然认得"。是啊,时过境迁,所有的当事人如今都已经作古,仅凭程婴的一面之词,怎么能让一个十几岁的孩子相信这种天崩地裂般的变化?他又怎么承受这种变化?同时,又怎能让屠岸贾相信自己亲手"杀死"的赵氏孤儿却被自己抚养、教导了十五六年这个事实?

正是元曲及其一系列改编本留下种种疑惑,让我们对电影版《赵氏孤儿》充满了期待。

令人欣慰的是,电影版没有让我们失望。编导不仅对元曲及其改编本,而且对《左传》《史记》都进行了钻研,从而大体圆满地回答了上述疑惑,使电影版成为《赵氏孤儿》改编史上又一部里程碑式的作品。

程婴,一个小人物,他如何会卷入上层的政治斗争,又为什么心甘情愿地献出自己的儿子?他的妻子对这件事持何种态度?夫妻之间的矛盾是否会削弱全剧主要的冲突即赵、屠两家的生死搏斗?电影版是这样写的:

屠岸贾发现孤儿获救,立即派人挨家搜查,企图将全城的婴儿统统收上去,然后令其父母认领,那个无人认领的婴儿就是赵家的孩子。岂料就在程婴把孤儿放到家中去找公孙杵臼时,官兵已然来到程婴家,把正在啼哭的赵氏孤儿搜走了。程婴已经将孤儿在自己家中的消息告诉了公孙杵臼,此时只能将错就错,让公孙把自己的孩子程勃当赵氏孤儿救走。程妻原以为这样可以躲过搜捕,当然不会反对。正当公孙杵臼庆幸"天不绝赵氏",对着程婴下拜的时候,传来"城门已闭",任何人都走不出去的消息。程婴赶紧声明:"公孙大人,我骗了你,这是我的孩子。"公孙杵臼却突然醒悟:这样的阴差阳错才真是"天不绝赵氏",他毅然带着假孤儿走了。于是,程婴不得不把赵氏孤儿当成自己的孩子认下来,并说孩子头上有胎记,可谓言之凿凿,不由屠岸贾不信。可是,在公孙杵臼那里,他自己的孩子却被当成赵氏孤儿给搜了出来,并被屠岸贾当场摔死,妻子也被屠岸贾的手下杀死。

编导告诉我们,程婴既不伟大,也不渺小,而是一个有一定正义感的正常人。他最初是在误会与巧合中被卷入了屠赵两家的是非恩怨,后来牺牲自己的孩子也并非刻意安排,而是带有相当多的偶然与无奈。由于这样的铺垫,程婴带着孩子"潜伏"屠府十五年,也就不仅是为了替赵家复仇,而很大程度上也是为自己的老婆孩子复仇。于是,程婴超常的坚韧,他十五年的忍辱偷生、委曲求全,就有了更合理的解释:"我要把这孩子养大,让他替我儿子报仇。"程婴对韩厥说的是心里话。

不少评论者以为,电影版《赵氏孤儿》的后半部分情节不够紧凑,有些拖沓。我的看法恰恰相反。毕竟是十五年的光阴,这是程婴含辛茹苦、韬光养晦的十五年,也是孤儿在程、屠两人共同抚育下逐渐长大成人的十五年。程婴一把屎一把尿地把勃儿拉扯大、程婴与韩厥的一次次密谋、屠岸贾一次次教孤儿练武、程婴一时一刻都离不开孩子并因此引起屠岸贾怀疑的场景,一个都不能少。更重要的是,假程勃的身世,正是从上面这些场景中得以渐渐浮出水面,而这正是观众急于想知道的:程婴如何向"儿子"交代他的身世之谜?程勃知道真相后作如何反应?赵氏孤儿究竟是如何报仇的?

在影片中,程婴为了保守秘密,伺机向屠岸贾报仇,所以每当韩厥到访,就把"儿子"锁起来,甚至不准他上学。终于,程婴与韩厥的一次密会被年幼的程勃撞个正着,他冲着韩厥说出:"我认识你,你是我干爹的仇人!"到了这个关头,程婴、韩厥索性把真相告诉程勃,说屠岸贾杀了你全家,你就是赵氏孤儿。但程勃不信,他认为是大人们找借口不想让他上学。紧接着,出现了下面的场面:

程勃兴冲冲地大呼："干爹,干爹,我告诉你件事!"

程婴一惊,紧跟了一句："勃儿,爹明天就带你上学去!"

勃："不,我让干爹带我去!"

屠应声："干爹现在就带你去。"(抱起程勃就走)

程婴紧追,拔出了屠岸贾腰间的宝剑。

屠大惊："你是要杀他呀还是要杀我呀?为了勃儿上学的事儿,就到了拔剑的地步?"程婴低头不应。

屠："你有什么心病,让你一刻都离不开这孩子?我看出来了,你恨我。你知道为什么吗,勃儿?"

程婴抢先回答："是,这孩子从小没有娘。勃儿,你娘就是被你干爹的兵杀死的!"

屠岸贾抓起桌子上的杯子朝程婴砸过去："你不是答应我,不跟勃儿说这事儿吗?"

程婴："大人不是问我吗?我得说实话!"

屠岸贾："勃儿,你爹恨我,你可不许恨我哦。"

这个剑拔弩张的场面最终化险为夷,它不仅浓缩了程婴十五年来战战兢兢的生活经历,而且也为日后屠岸贾看出真相、程勃相信真相作了精心的铺垫,是大手笔。年幼的程勃已经知道:自己从小没娘,自己的亲娘是被干爹的兵杀死的。

这场风波之后,勃儿曾对程婴说："我不想当干爹的儿子了。"程婴回答："你不好好跟着干爹学武,长大了你也打不过他。"似乎通向报仇的道路已经十分平坦。然而当十五岁的程勃一身戎装、英姿勃勃地出现在屠岸贾面前的时候,屠岸贾一眼就认出:这是赵朔的儿子。真是"于无声处听惊雷"!于是,在战场上,当程勃被敌军重重围困的生死关头,他拨转马头,打算离开——这是借刀杀人、斩草除根的最好时机。但是,程勃的呼救声使他返身冲入敌阵,杀退敌兵,救了程勃,而屠岸贾自己却受了重伤。程勃抢出程婴配制的药丸救了屠岸贾,场面再度逆转:

屠岸贾："你爹的药一下去就好了,我竟然怀疑你不是你爹的儿子。"

程勃："那我是谁的儿子?"

屠岸贾："赵朔的儿子呀!我怀疑你爹用他的儿子替了你。"

无论屠岸贾是真的打消了对程勃身世的怀疑,还是一种试探,都不会不引起程勃的怀疑,因为同样的话韩厥和父亲也对他说过,可当时他完全不相信。他回家问父亲:"我到底是谁?"程婴平静地回答:"我跟你说过,你是赵氏孤儿。"程勃追根究底:"你怎么证明你有儿子?"程婴打开夹壁墙,现出了一间秘密的房子,程婴亲儿子的房子。眼前这位养育了他十五年的老人为他牺牲了自己的亲生儿子!这仇,不能不报,为自己的全家,更为养父的儿子。父子两人紧紧拥抱。戏到这个份儿上算是做足了。

总之,影片的后半部,一波三折,扣人心弦,而主旨在于揭开孤儿的身世之谜,使报仇的大结局水到渠成。元曲留下的种种疑问,后世改编本未能解决的一个个难题,在陈凯歌的电影版里,都得到了解答。

电影版中的屠岸贾,不像戏曲中那样十恶不赦,也不像话剧(林兆华版)中那样只是国君的一枚棋子。他有胆有识,亦恶亦善。赵盾、赵朔父子抢了他的功劳和风头,加之昏君的挑唆,使他用毒虫杀害国君并嫁祸于赵氏,残忍地将赵家灭门。然而,十五年相处的感情,使他在看出程勃是赵朔的儿子之后还能出手相救。他追求的最高境界是:不把敌人当敌人便天下无敌。这个形象令人回味无穷。

在细节方面,也可看出编导对史籍钻研之深、运用之巧。国君用弹弓击中赵朔的战马并嫁祸于屠岸贾,不仅是《左传》中晋灵公弹打平民的挪用,而且也间接地交代了屠岸贾决心弑君的原因,可谓一石二鸟。这样的例子还有,赵盾对国君厉声斥责:"大将出征,你就没有一句正经的话要祝福吗?"不仅活画出晋灵公时期赵盾功高震主、君弱而臣强的历史画面,而且一定程度上改变了戏曲中赵盾完美无缺的忠臣形象,使赵、屠两家黑白对立、泾渭分明的情势得以淡化,为日后屠岸贾"善"的一面张本。

作为经典名剧,《赵氏孤儿》的故事一再被当代人质疑并重新讲述。话剧曾经引发了孤儿该不该报仇的热议,电影版显然沿袭了这种思考。我们看屠岸贾对程婴的责问:"你有什么权力决定你儿子的生死?你又有什么权力让赵家的孩子替你报仇?他杀得了我吗?他下得了手吗?从你带着这孩子来到我家的那一刻起,你就败定了!影片让程勃经过痛苦的抉择最终为了程婴的爱而向屠岸贾复仇。相比而言,这个结局应当是令人信服的。

然而百密一疏,电影版《赵氏孤儿》并非没有瑕疵,以下试举三例:

例一:赵朔在庆功宴上接到庄姬公主生子的喜讯,屠岸贾向赵朔祝贺,

赵朔回答："如果大人的儿子还活着的话，也该有个孩子了吧！"这话令人莫名其妙。它透露出屠岸贾的儿子夭折了，但这与赵氏有什么关系？难道陈导最初也想走话剧(林兆华版)的路子，将屠岸贾灭赵的原因说成是赵害屠在先？

例二：影片中曾出现程婴在救出赵孤后画图的场面，这是对元曲及后世改编本的因袭。熟悉戏曲的观众以为，后面程婴向"儿子"说家史，一定会用上这幅图。但是观众猜错了，这幅图再也没有出现。既然如此，干吗让程婴画图呢？

例三：程婴本来有机会毒死仇人，当屠岸贾问程婴，十五年灌汤喂药，为什么不下手时，程婴说："我怎么下得了像你那样的毒手呵！"但他却不止一次地说：要让屠岸贾"生不如死"。这用心岂不是更歹毒吗？

除了这些明显的瑕疵，可以商讨的地方还有一些。例如庄姬公主临自尽前嘱咐程婴："以后不要告诉孩子他的父母是谁，仇人是谁，要他过老百姓的日子。"但程婴日后的作为却反其道而行之。这些不够周延的地方，其实透露出编导自己在立意方面的自相矛盾。

改编名著的关键：用戏剧手段呈现一个好故事

曲无定本。元杂剧《赵氏孤儿》问世已有七百余年，迄今一直在被改编上演。二十世纪50年代，著名京剧老生陈大濩先生在整理《搜孤救孤》时说："当我研究了元曲《赵氏孤儿大报仇》，觉得它比京剧本子好得多，打算吸收它的长处，重新改编京剧本。"一直以来，对《赵氏孤儿》的改编，总体上是朝着戏剧化、现代化的方向发展的。这表现在细节越来越合理、逼真，戏剧冲突不断被强化，一些新的观念也被纳入剧中。

从理论上说，经典允许被颠覆，但毕竟不容易被颠覆。颠覆经典需要有勇气，更需要有底气。有没有底气，关键在于故事。写好故事，就有了改编的基础。当然也不能不考虑如何运用戏剧(电影)手段去呈现这个故事。换言之，用适当的戏剧(戏曲)手段呈现一个好的故事，这作品就成功了一半；而另一半，就是演员的二度创作了。

戏剧(包括影视剧)文学的核心应当是故事。《赵氏孤儿》的核心是真假孤儿掉包的故事，而不在于报不报仇。用自己的亲生儿子代替别人去死,在这种超常的、表面上"反人性"的行为中,人们的良知与正义受到拷问。同时,这一核心事件牵动着许多人的命运,有悬念、有冲突、有逆转、有结局,可以充分展示戏剧的张力。所以,古今中外所有的改编本都离不开这个故事。即使欧洲人,在改写这个剧本的时候,也无一例外地保留了这个故事。伏尔泰的《中国孤儿》写杀人成性的成吉思汗幡然悔悟,使两个孩子都得到保全,并不是一个报仇的结局。但引发这个结局的,仍旧是尚惕受先王托孤,情愿以自己的儿子代替太子的动人事迹。

下面,就让我们看看元曲《赵氏孤儿》在欧洲的流传情况。

第五集　《赵氏孤儿》在欧洲

《赵氏孤儿》是最早传入欧洲的中国古典戏曲文本，也是对西方影响最大的中国戏曲作品。公元1731年，即清雍正九年，法国来华传教士马若瑟在广州完成了《赵氏孤儿》的法文翻译，不久被转译成英文、德文、俄文，而且一再被英国、法国、德国等国的著名作家改编上演，从而在西方世界广为传播。迄今为止，没有任何一部中国戏曲作品能像《赵氏孤儿》那样赢得欧洲读者的青睐。

《赵氏孤儿》传入欧洲，和西方世界那场不可思议的"中国热"密切相关。

欧洲十八世纪的"中国热"

在西方工业革命发生前夕，欧洲曾经掀起过长达百年的"中国热"，时间大约从十七世纪末到十八世纪前期，正是中国的"康乾盛世"。如果不是欧洲人自己的介绍，我们大概很难相信，古老的中华帝国，我们中国人和中国文化，竟然在欧洲人的心目中，曾经拥有过如此神圣和崇高的地位。在那个时期，欧洲人好像突然发现，在远东，有一个历史悠久、人口众多、物产丰富、文化发达的大国，值得他们顶礼膜拜。

当时，欧洲人主要通过两个渠道了解中国：商贸和传教。欧洲的"中国热"也在两个层面上表现出来：直观的物质层面和较深入的文化认知层面。先说物质层面。

通常说，"形而上者谓之道，形而下者谓之器"，但你可别看不起"器"。回想一下，我们认识现代化、认识西方文明，不也是从"器"开始的吗？改革开放之初，谁家里要是有一台进口的彩电、冰箱、洗衣机，准保让人羡慕死。

那年头外汇、外汇券、友谊商店购物,都是一般人的梦想。在二三百年前,中国货在欧洲,就是这么一种情况,人人都为自己能够拥有一件原装进口的中国货而感到自豪。

瓷器传入欧洲,最早是王公贵族们显示身份的艺术品,一般平民根本用不起。法国国王路易十四,英国女王玛丽二世,波兰国王约翰三世,普鲁士国王腓特列都在宫殿里或别墅里专设陈列中国瓷器的厅室。当时中国瓷器在市场上价格昂贵,购买和收藏瓷器,也成了有钱人财富的象征。王公贵族们收藏瓷器的数量,通常不是几件、几十件,而是几百件、几千件。这种风气影响到民间,收藏中国瓷器蔚然成风。由于进口瓷器满足不了社会需求,仿制瓷器的作坊和工厂便应运而生,到十八世纪中叶以后,瓷厂几乎遍布欧洲。

中国的丝绸和刺绣品在十八世纪成为欧洲的时尚。法国路易十四时代,连贵妇们的高跟鞋面都是以中国丝绸、织锦为面料,再以刺绣图案为装饰。在伦敦,绣着麒麟、龙、凤等图案的中国刺绣服装被认为是最时髦的服装。贵妇们披上精致的中国刺绣披肩、围巾,穿上中国刺绣服装,口袋里还有中国刺绣手帕,甚至还别出心裁地请中国刺绣工匠精心绣制丝绸名片,以"东方美人"自诩、炫耀。这种情况,使得假冒伪劣的"中国货"也出来了。当时,欧洲生产的丝绸质量比不上中国,所以他们往往绘上中国式图案并注明"中国制造",冒充中国丝绸出售。

家具也是中国的好。中国进口的木料,中国式的橱柜、桌椅、床都成为身份的象征。所有的家具、轿子、车子、手杖,要么涂上中国图样,要么雕成中国式的纹饰,比如龙、凤之类。据说路易十五的情妇就特别喜欢仕女图、牡丹花之类的纹样。中国漆器很受追捧,有一些英国人甚至将英国的木制家具运往广州请漆工加工之后再运回英国出售。在某些贵族豪华的水族缸中,中国金鱼在畅游。中国的园林艺术、中国画的技法,多少渗透到法国乃至欧洲的建筑和美术作品中。1670年,路易十四在凡尔赛为自己的一位宠妃建造了一座"中国宫"。一时间,欧洲出现了许多中国风格的代表性建筑,其中最著名的要算普鲁士"无忧宫"中的中国茶亭。

总之,欧洲十八世纪的"中国热",以过全方位的中国式生活为最高理想。饮中国茶,用中国瓷器,穿中国丝绸,在室内贴中国壁纸,用中国家具,逛中国园林,等等,这都是当时欧洲贵族向往的生活方式。

在非物质文化认知层面,中国的历史、制度、思想、法律,通过传教士的

翻译、介绍，也被欧洲学术界、思想界所认识。但对"道"的认识，显然比对"器"的认识要复杂得多。欧洲思想家对中国文化的评价，有正确的一面，也有肤浅和过度追捧的一面。

他们分不清楚孔子、孟子和朱子，就把他们的言论统统都当成是孔子的学说。他们以谈论中国、谈论孔子为时髦，对"己所不欲，勿施于人""民为贵，君为轻"等格言津津乐道。他们认为，中国是一个令人向往的"理想国度"，孔子更是一位受人崇敬的思想领袖。哲人波维尔在1769年写道："只要中华帝国的法律成为各国的法律，中国就可以为世界可能变成什么样子提供一幅迷人的景象。到北京去！瞻仰世上最伟大的人，他是上天真正完美的形象。"在法国的流行歌曲中有过这样的歌词："中国是一块可爱的地方，它一定会使你喜欢。"

在文学界，为了赶时髦，不少作品冠以"中国"字样。例如《中国间谍在欧洲》《中国公主》《归来的中国人》《中国的节日》《中国君子在法国》等。但是这些作品往往只借用"中国"或"中国人"这个单词，实际内容却和中国毫无关系。例如勒纳尔的喜剧《中国人》。此剧写一个名叫奥克塔夫的男人追求丽莎贝勒，与此同时也有三个男子向她求婚，其中一个便是中国文士。丽莎贝勒的父亲从未见过这三个人，于是奥克塔夫便乘机叫他机灵的仆人依次乔装成三个求婚者，来表现他们的愚蠢无知，以此击败竞争者，获取丽莎贝勒的爱情。此剧于1692年首演，由法国皇室的意大利喜剧团演出。仆人扮演中国文士时，极尽取乐之能事，这个假想的"中国人"在舞台上时而以哲学家出现，时而以伦理家出现，时而又以理发匠、工匠、作家出现，闹尽了笑话。

据耶鲁大学著名汉学家乔纳珊·D.斯宾瑟教授的讲述，就在法国的"中国热"持续升温的1694年（清康熙三十三年），在巴黎的法国宫廷还上演了这样一幕"喜剧"：

一天，一个女人来到宫廷，用不太流畅的法语讲述她的身世。刚开始也没人留意，可是她说她是中国人！而且还不是一般的中国人，而是当今中国的最高统治者康熙皇帝的女儿！她说她被父皇嫁给日本王子，在海上航行时被荷兰海盗劫持，当时法国正和荷兰交战，劫持她的海盗船被法国船只打败，她就这样辗转来到了法国。

这是欧洲人第一次在自己的土地上见到"中国女人"。所以这个消息传开以后，立刻产生了轰动效应。不少有身份的贵妇人，甚至是皇族争相来认她作干女儿,有人给她赠送漂亮的衣裳,有人主动奉献美味佳肴,有人上门教她最高贵的宫廷礼仪,有人劝她放弃中国宗教而皈依天主教。当时还有一批自学中文的"中国迷"们,老想往上凑还凑不上去。

这时,一位在中国生活了多年、精通中文的耶稣会神父听说了此事,在一位贵妇人丈夫的引荐下,得以拜见这位"康熙的女儿"。神父见了"公主",用中文跟她搭话儿,没想到这位"公主"却用一种很古怪的语言来回答他,并坚称她说的才是纯正的"汉语"。神父被弄得丈二和尚摸不着头脑:这个女人说的根本不是中文。旁观者无法判断谁是谁非,只冲着她是"中国公主"这一点,多数人认为神父说得不对。神父回家抱来了一堆中文书,请"公主"来读。"公主"还真不含糊,拿起书就响亮地朗读起来。神父一下子傻了,这个女人读的压根儿就不是中文!但是在场的人中根本没有第三个懂中文的人能够做裁判,神父百口莫辩,徒唤奈何。

当然,纸里包不住火。时间长了,这位"中国公主"的马脚露出得愈来愈多,"康熙女儿"的西洋镜终于被揭穿了,原来她不过是一个普通的法国人。那么,一个好好的法国女人,为什么要冒充中国女人呢?直到她风烛残年,才给予了痛切的回答:"我是一个十分贫寒的法国女人。如果我是法国人,没有任何人会关心照顾我。但只要我摇身一变成了中国人,我所有的好年景都会来了。"

这个故事的真实性令人怀疑,但路易十四时期,法国贵族纷纷以中国服饰为时髦出现于宫廷舞会却千真万确,连路易十四本人也不例外。当时作为西方文化先锋代表的法国人,对中国和中国人是多么景仰和崇拜。同时,他们对中国的了解,是多么可怜,他们的中国知识,又是多么贫乏。一般人连中国人是黄皮肤、矮个子和每人长着一个扁平的鼻子都不知道。

在法国的这股"中国热""中国时尚"风潮中,耶稣会派往中国的传教士们,扮演了重要角色,立下了汗马功劳。他们往往在中国一待就是十年、二十年、三十年,精通汉语,熟悉中国文化,有的成为著名汉学家。这些人有的用邮寄的方式把中国的典籍、瓷器、书画、茶叶和他们研究中国的成果寄回法国,有的则受康熙皇帝的派遣回到法国,将上述物品、书籍等带回法国。这对于向法国社会介绍和传播中国传统文化,甚至进行更深入的汉学研究,都起到极大的推动作用。

就是在这样的背景下,元杂剧《赵氏孤儿》被耶稣会传教士马若瑟翻译成法语,成为传入欧洲的第一部中国戏剧。

一个没有曲的"元曲"法译本

清康熙二十六年(1687年)7月23日,法王路易十四选派的第一批六名耶稣会传教士中的五位乘船到达宁波,他们临行前都被授予法国科学院院士。其中白晋(Joachim Bouvet,1656—1730)和张诚二人得以进京直接在康熙御前供职。他们向康熙进献了当时欧洲先进的天文仪器,向康熙讲授几何学和算术。康熙三十二年(1693年)7月4日,二人进献的奎宁治愈了康熙皇帝的疟疾,一时龙颜大悦,不仅为他们在皇城西安门内赐地建房,而且任命白晋为特使出使法国,赠送法国国王珍贵书籍一批。路易十四非常高兴,决定再派白晋回中国,将不少珍贵的礼物送给康熙。此外白晋还带了一些新的耶稣会传教士和他一起赴中国,在这批人中就有马若瑟。

马若瑟(Joseph Henri Mariede Prémare),1666年7月17日出生,1683年加入耶稣会(法国教区)。1698年3月7日,马若瑟和白晋等人登上前往中国的轮船,经过整整八个月的航程,于11月7日抵达广州。此后他主要在江西传教,活动在南昌、建昌、九江等地。他还去北京在白晋身边工作过两年。不过马若瑟把大部分时间用于研究中国语言和文学,而把传教的任务交给助手。1724年天主教在中国被禁,马若瑟被流放广州,1731年在广州完成了《赵氏孤儿》的翻译,1733年迁居澳门,1736年在澳门去世。算来,马若瑟在中国居住了将近四十年。

说到法译本《赵氏孤儿》的出版,还有一个小插曲。马若瑟最重要的,也是他本人积多年心血完成的著作是《汉语札记》。这本书经过一番周折在一百年后才正式出版,受到国际汉学界很高的评价。他翻译的《赵氏孤儿》原来是当作"礼物"送给朋友傅尔蒙的,完成这部译作大概只用了七八天。他在给傅尔蒙的信中说:"如果您认为它值得出版,您可以用您的名义印出来,用不着担心人指责您剽窃,因为朋友之间一切共享,因为我给您了,因为如果您费心校阅它的话,您的贡献是最大的。"

但是阴差阳错,耶稣会的送信人却把稿件交到了另一个汉学家杜哈德手中。杜哈德当时正在编辑《中华帝国全志》(简称《中国通志》),就把法译本《赵氏孤儿》发表在1735年出版的《中国通志》第三卷上。傅尔蒙见到此剧发表后十分气愤,就以马若瑟的亲笔信为证,公开指责杜哈德侵权。

这场版权纠纷闹腾了一阵子,当然最后的结果只能是不了了之。

马若瑟精通汉语,对诸子百家无所不读,还通读过《元曲选》中的一百个剧本。那么他为什么独独选中了《赵氏孤儿》呢? 大概是因为,在中国戏剧中,《赵氏孤儿》比较合乎法国悲剧的要求。这一点,只要看法文本的题目"赵氏孤儿:中国悲剧"(Tcho-chi-cou-eulh;ou, L'orphelin de la Maison de Tchao, tragédie chinoise)就可以明白。"悲剧"是来自西方的戏剧范畴和美学范畴,清雍正年间,汉语里还没有"悲剧"这个词。

大家知道,关于中国有没有悲剧的问题,曾经在学术界引起过广泛的论争。否认中国有悲剧的学者往往使用西方悲剧的标准来衡量中国戏剧。可是,最早认定《赵氏孤儿》是"悲剧"的,恰恰是西方人。也就是说,有不少西方人并不认为中国没有"悲剧"。

马若瑟选择《赵氏孤儿》的另一个原因,大概是被剧中人物舍生忘死的英雄气概所打动。不要忘了,他是一个传教士,教会一贯主张用悲剧人物的英雄品格教化世道人心。同时,《赵氏孤儿》中没有一个女角色,全剧唯一的女性——公主在第一折开始已经自尽。这与十八世纪耶稣会所主张的悲剧中应当彻底排除爱情,甚至尽量不要有女性角色相吻合。

马若瑟的法译本,只把《赵氏孤儿》的科白翻译出来,而对唱词全部删去不译,成了"无曲"的元曲。原因是他认为这些唱词西方人根本看不懂。本来,"唱"是中国戏曲重要的抒情手段,唱念做打,以"唱"为首,不然就不能成为戏曲。看来,马若瑟根本不了解元杂剧的"曲本位"特点,也不知道、不理解北方观众"听戏"的习惯。那么,每当要出现令人激动的抒情场面时,马若瑟的译本如何处理呢?我们知道,在元杂剧的楔子中,赵朔在自尽前有两段唱词,马若瑟是这样翻译的:

赵朔:啊,公主,在这灾难中该怎么办?(他为自己的命运悲歌)

在韩厥自尽前,也有几个唱段,马若瑟的翻译是:

(他唱),(他唱),(他还是唱,望上帝惩罚屠岸贾)

马若瑟的法译本当然是不准确的、不完整的,元杂剧的灵魂——"曲"被马若瑟阉割掉了。晚清驻欧洲使官陈季同是第一个指出这个法译本缺

陷的中国人，他在《中国人的戏剧》(1886年)中指出：

当我读到马若瑟神父那个极不完整的译本(译者省略了原作中的所有诗句,因此感人至深的片断都消失了)时,面对这一残缺的作品,我不由地问自己：如果伏尔泰有机会更了解我们的文学,他会怎样评价它的价值？他评价的只是一个极不完美的节译本！

到1834年，另一位法国汉学家儒莲将《赵氏孤儿》全文译出，才弥补了这个缺憾。儒莲使用的也是《元曲选》本。这个事实说明，对欧洲产生巨大影响的《赵氏孤儿》，只能是科白俱全的《元曲选》本，而绝不是只有唱词的元刊本。

虽然马若瑟的法译本是无曲的"元曲"，但故事情节是完整的，而且有对白和动作提示，俨然是一个剧本。所以发表以后，不但在戏剧界产生了强烈反响，而且引起了学术界的热烈讨论，出现了或褒或贬的不同声音。

欧洲人如何看待《赵氏孤儿》

杜哈德在《中国通志》发表马若瑟的法译本时，已经对《赵氏孤儿》和中国戏剧进行过简单的评论，提出：中国戏剧不遵守"三一律"，无法和当时欧洲的戏剧相比。

所谓"三一律"，是法国十七世纪古典主义编剧理论的产物，它规定剧本创作必须遵守时间、地点和行动的一致，即一部剧本只允许写单一的故事情节，戏剧行动必须发生在一天之内，并在同一个地点展开。"三一律"被法国古典主义戏剧家当作不可违反的规定而极力推行，在十七世纪和十八世纪上半叶的欧洲剧坛占据统治地位。

所以，当欧洲的戏剧理论家以"三一律"的法则观看《赵氏孤儿》时，自然是批评多于肯定。例如伏尔泰的朋友阿尔更斯(Marquis d'Argens，1704—1771)侯爵仅仅肯定了《赵氏孤儿》的某些情节，而更多的是对这个剧本的责难。他提出，《赵氏孤儿》中发生的很多事情，"其间一定隔得很远，可是作者随随便便堆在一起，违反了一切的或然规律，而且剥夺了观众的部分快感"。

他还认为,在《赵氏孤儿》中,出现了许多本来不该在舞台上表演的场面。例如公主是用裙带自缢死的,韩厥是自刎死的,假孤儿(程婴的儿子)是被剁了三剑死的,公孙杵臼是被拷打以后撞阶死的,最后屠岸贾是被钉上木驴,细细剐上三千刀慢慢死去的。他认为这些场面都很激烈、很恐怖、很血腥,不应该在舞台上出现,而应该事后追述。

还有,我们说过,中国戏曲中角色登场需要"自报家门"。在《赵氏孤儿》中,屠岸贾上场就说"某乃晋国大将屠岸贾是也",程婴上场就说"自家程婴是也,元(原)是个草泽医人……"阿尔更斯认为,让演员这样作自我介绍简直太可笑了,是对观众说的吗?是对自己说的吗?中国戏剧作家的创造力竟然如此贫乏,竟然不知道如何把演员介绍给观众。

他还提出,在欧洲的戏剧里,说白戏里完全没有歌唱,有歌唱的戏则完全没有说白。但《赵氏孤儿》却把歌唱和说白"奇奇怪怪地纠缠在一起"。

但另外一些作家和批评家却对《赵氏孤儿》给予很高的评价。例如欧洲第一个《赵氏孤儿》改编本的作者英国作家哈切特(William Hatchett)指出:

> 我们必须承认,杜哈德给我们的那个中国悲剧,是很粗糙、很不完善的,可是我觉得这里有些合情合理的东西,连欧洲最有名的戏剧也赶不上。

英国文学批评家理查德·赫德(Richard Hurt)对《赵氏孤儿》进行过细致的研究。他认为,这本戏的"动作"应当跟复仇事件接得更近些,这里的"动作"指的就是演出场面。什么意思呢?就是他认为在复仇之前的二十年时间里,也就是元杂剧中的主要情节"搜孤救孤",应当用追述的口吻,而演员入戏"现身说法"应该在更接近作品的结尾处才展开。这里同样没有摆脱"三一律"的影响。

但是,赫德却没有像阿尔更斯那样否定《赵氏孤儿》。他认为,这个故事所描写的赵氏孤儿的复仇,跟古希腊悲剧家索福克勒斯的《厄勒克特拉》有相似之处。

在《厄勒克特拉》中,阿迦门侬被妻子和她的情夫密谋杀害。多年以后,阿迦门侬的女儿厄勒克特拉和儿子俄瑞斯忒斯为报父仇,杀死母亲。厄勒克特拉的行为被弗洛伊德归结为"恋父情结"。这其中,阿迦门侬被害死之后,他的儿子——俄瑞斯忒斯不正是由一位老师傅拯救而脱险了吗?

俄瑞斯忒斯不是由这位老师傅带往另一地方掩藏起来、抚育成人的吗？俄瑞斯忒斯长大成人以后不正是也回来替父报仇吗？赫德因此认为，在情节结构上，《赵氏孤儿》与古希腊悲剧《厄勒克特拉》十分相似。

在形式方面，阿尔更斯曾经批评《赵氏孤儿》中把歌唱和念白混杂在一起。赫德却提出，这些掺杂在戏剧中的歌唱，"提炼而为壮丽的诗句，也有些像古希腊悲剧里的和歌"。阿尔更斯批评《赵氏孤儿》中的自报家门手法拙劣，赫德却认为这是一种简朴、单纯的结构手法。他还说，中国在地缘上离欧洲很远，互相没有来往，竟然有与他们如此相似的戏剧，这说明"一般通行的原则可以产生写作方法的相似"。

他的基本结论是，《赵氏孤儿》是成功的作品，是中国人民的智慧，可以和古希腊悲剧相比。他的主张，对《赵氏孤儿》及中国文化在欧洲的传播，起到了积极的推动作用。

事实上，《赵氏孤儿》的正面影响是主要的。马若瑟的法译本问世以后，曾三度被转译成英文，四度被改编上演，被改编的作品依发表时间先后分别是：

1741年英国哈切特（William Hatchett）的《中国孤儿：历史悲剧》
1752年意大利梅塔斯塔齐奥（Matastasio）的《中国英雄》
1755年法国伏尔泰（Voltaire）的《中国孤儿》
1759年英国阿瑟·谋飞（Arthur Murphy）的《中国孤儿》
1781年德国歌德（Johann Wolfgang von Goethe）的《埃尔佩诺》

先来看看《赵氏孤儿》的第一个欧洲改编本——哈切特的《中国孤儿》。

哈切特的《中国孤儿》：醉翁之意不在酒

哈切特的《中国孤儿》由伦敦查尔斯科贝特出版社于1741年出版。剧本的标题很长："中国孤儿：历史悲剧，是根据杜哈德《中国通志》中一个中国悲剧改编的，剧中按照中国样式，插了歌曲。"这表明，哈切特很想比伏尔泰的作品更接近元曲。但该剧却在卷首附有一张剧中人物表，其与原作的对应关系如下：

原作人物姓名	改编本人物表	人物身份或性格
屠岸贾	Siako（萧何）	首相
公孙杵臼	Lao-tse（老子）	退休老臣
提弥明	Ousanguee（吴三桂）	武将
孤儿	Cam-hy（康熙）	苦闷与悲伤

这样的人物表令人忍俊不禁。若搁置这个名单不顾，只看剧情大意，这个五幕戏剧倒是与元杂剧《赵氏孤儿》相当吻合：

第一幕：首相萧何迫害有功的大将军，把大将军一家三百口全部杀光，只剩下大将军本人和他的儿子和儿媳。大将军的儿子是驸马，儿媳是公主，公主此时已怀孕临产。大将军逃走了，首相就逼迫驸马自尽。驸马临自尽前嘱咐公主，若生下男孩就取名康熙。驸马死后，公主果然生下一个男孩。这时医生找到公主前来搭救孤儿，公主把孤儿交给医生后服药自尽。

第二幕：医生抱着孤儿走出驸马府门，遇到守门的禁卫军司令，司令放走了医生和孤儿就自杀了。首相得到这个消息，传令全国：限三天以内将六个月以下的男孩全部交出，否则孩子的父母有生命危险。医生带着孤儿康熙找到退休老臣老子商议对策，决定用自己的孩子冒充孤儿，与老子一起赴死，真孤儿则由医生抚养。

第三幕：医生和妻子商议献出亲生儿子救孤，二人为此事发生争辩，结果妻子妥协。医生与老子合谋骗过首相，假孤儿和老子死去。

第四幕：若干年后，首相企图杀害国王，自己篡位。医生与朋友商议，将当年首相谋害大将军一家的往事画在一件袍子上。这时朝臣们纷纷向国王控诉当年首相的罪行。

第五幕：正当首相与国王议论朝政的时候，医生出示画有当年往事的袍子，把前后故事诉说一遍。结果，首相认罪伏法，国王把他的家产没收，将其中一部分赐给有功人员，还给死难的老子修了一座庄严肃穆的坟墓。群众齐声欢呼。全剧至此结束。

可见，哈切特的《中国孤儿》保留了元杂剧《赵氏孤儿》的基本轮廓。值得注意的是，第三幕医生和妻子为是否以亲生子代替真孤儿发生争执的情节是元杂剧所没有的。元明南戏《赵氏孤儿记》中虽然有了相同的情节，但目前还没有材料证明这个剧本当时已经传到欧洲，所以我们判断哈切特的

《中国孤儿》与南戏《赵氏孤儿记》属于"不约而同"。这种情况,再次说明人类具有共通的人性,共通的情感。

这个戏始终没有上演过,没有经过舞台考验。据研究,哈切特写这个戏主要是为了政治目的。我们知道,元杂剧《赵氏孤儿》中的屠岸贾并不是"首相",而是晋国的大将军。哈切特作如此修改,就是为了讽刺英国的第一个首相罗伯特·沃尔波尔。

"首相"是君主立宪制国家中内阁首脑的中文通称,大致相当于我们的"总理",有些国家称"部长会议主席"。这个职务是怎样产生的呢?说起来颇偶然。十七世纪末,英国资产阶级革命成功,正式建立君主立宪制度,国王的权力受到宪法和法律的制约,国家大政要通过议会决定。当时的国王威廉三世与女王玛丽二世经常邀集一些股肱之臣入内廷(也即"内阁")开会,咨询治国之策。但二人相继去世,他们的继承者安妮女王也于1714年去世。按照宪法规定,出生于德国的乔治一世继承王位。乔治一世对国家事务不感兴趣,也不大会说英语,不能参与内阁讨论。于是,财务大臣罗伯特·沃尔波尔便被推举主持内阁会议,英国的第一任首相就这样产生了。

平心而论,罗伯特·沃尔波尔作为内阁制度的开山鼻祖,是个很有作为的政治家,但他并非事事做得妥帖。他本是下院中坚定的辉格党人,1710年托利党人大选获胜,辉格党处于在野地位。罗伯特·沃尔波尔精明能干,口才一流,对托利党人形成威胁。1712年,托利党人检举他任陆军大臣时犯有贪污罪,把他赶出下院,并加以逮捕投入监狱。不久虽获释,但从此他对托利党人恨之入骨,任首相后对托利党人进行了无情的打击和报复。哈切特的《中国孤儿》,可能就是影射他打击报复托利党人的一个案头之作。

下面,我们看看《赵氏孤儿》在欧洲的第二个改编本——意大利梅塔斯塔齐奥的《中国英雄》。

梅塔斯塔齐奥的《中国英雄》:"很中国"的轻喜剧

1748年,意大利剧作家、诗人梅塔斯塔齐奥创作了歌剧《中国英雄》(Eroe Cinese),1752年在奥地利皇宫演出获得巨大成功。

剧中先由成年后的孤儿通过歌唱回忆:在一次民众造反期间,中国皇帝利瓦尼奥将皇族的最后一个孩子托付给大臣利昂戈。为了救皇太子,利昂戈将刚出生不久的亲生儿子交给刽子手,而把皇太子作为自己的孩子抚养成人。这明显就是我们讲过的邵公舍子救宣王故事的翻版,只是改换了剧中人姓名而已。

按说,故事的开头真还带有浓浓的"中国味"。而且在上演的时候,该剧的地点被设定在中国的西安。舞台上的各种布景、道具,例如城楼、屋顶、宝塔、厅堂、树木,以及人物的服装等,都尽可能按欧洲人在当时游记里见到的中国式样来设计。但是,接下来的剧情,却和中国毫无关系了。法国著名比较文学大师艾田蒲说,要是"哲学家们"看到纪君祥的戏添上这样的意大利-奥地利佐料,一定会很痛苦。

我不是哲学家,我的感受和"哲学家们"有些不同。我认为,在这部剧作中,《赵氏孤儿》的核心精神,在由剧作家和演员们拼凑起来的中、西外衣的包装下,依然得到了一定程度的保留。

这个戏的主要剧中人有五个:中华帝国的摄政王利昂戈,利昂戈的养子即皇太子西维诺,武将蒙代奥,在中国宫廷当奴隶的鞑靼公主莉森加和妹妹乌拉尼娅。

全剧共分三幕。第一幕:中国和鞑靼之间的战争纠纷得到解决,莉森加和乌拉尼娅在中国宫廷当奴隶的日子已经结束,于是两对恋人的爱情纠葛浮出水面:西维诺爱上了莉森加,但莉森加说她命中注定要嫁给中国皇帝的继承人,看来二人的婚姻十分渺茫;蒙代奥的梦中情人是乌拉尼娅,可乌拉尼娅嫌蒙代奥的出身不够高贵,也不答应蒙代奥的求婚。

第二幕:有希望成为皇帝的摄政王利昂戈拒绝接受皇帝位,并说他就要宣布真正的皇位继承人是谁,这使西维诺彻底失望。没想到利昂戈告诉他中国孤儿就是他,而蒙代奥却告诉他,自己——蒙代奥,才是真正的皇位继承人。可是这两种说法都没有机会说透,都没有拿出证据,搞得西维诺不知所措。

第三幕:国家发生骚乱,误传西维诺在作战中牺牲,利昂戈十分悲痛,没想到就要宣布西维诺为皇位继承人时,他却牺牲了!蒙代奥率领军队平息了叛乱,西维诺也出现在舞台上,他并没有牺牲。利昂戈激动地宣布了老皇帝利瓦尼奥的遗书:西维诺是真正的皇位继承人。他还当众诉说了当年如何用自己的儿子换下皇太子的经历。这时,一个不可思议的场面出现了:蒙代奥跪在利昂戈脚下,说他就是当年被当作太子送给刽子手的利昂

戈的亲儿子,他并没有被处死,而是被人救了下来,救他的人只知道他是皇太子。利昂戈又惊又喜,差点没晕过去。结果,两对恋人如愿以偿结为夫妻。

本来,这个戏的最大悬念就是:谁是皇位继承人?而有资格继承皇位的只有一个人,就是先皇的遗孤。所以谁是先皇的遗孤实际上就成了本剧的最大悬念,剧中主人公的命运和各人感情的变化,都围绕这个悬念展开。莉森加说她命中注定要嫁给皇太子,西维诺因不是皇太子而深感痛苦。但西维诺的"父亲"利昂戈是摄政王,有当皇帝的可能,这就使西维诺萌生了希望。然而利昂戈却拒绝当皇帝,使西维诺的希望彻底破灭。可利昂戈却说西维诺是真正的皇太子,蒙代奥又说他自己才是皇太子,这不仅让西维诺深感疑惑,也挑逗起观众的好奇心。这条主线一直左右着剧情的发展。令人意外的是,当这个悬念已经尘埃落定,观众已经觉得戏要收场的时候,却出现了意外的结局:就是假孤儿——利昂戈的亲儿子并没有死。悬念之外再设悬念,结局之后又掀波澜,可见作者设计故事的能力有多强。

如果有人要问:这个戏里究竟还剩下多少中国的东西呢?我的回答就是:牺牲自己的儿子换取别人的生命,这不是一个深奥的哲学问题,而是既能打动中国人,也能令欧洲人灵魂震颤的伟大精神。在这个浪漫的爱情故事的背后,在这个典型的欧洲轻喜剧的背后,就有这样的思想背景在支撑着。剧名题为"中国英雄",那究竟谁是作者想要歌颂的"中国英雄"呢?我们猜想:或许,利昂戈的身份是"中国大臣",他献出自己的亲生儿子拯救太子,其行为相当于《赵氏孤儿》中的程婴,他应当就是作者想要塑造的"中国英雄";或许,利昂戈的儿子蒙代奥,他用平息叛乱的战绩显示出英雄气概,博得了女友乌拉尼娅的崇拜,得到了爱情,他也应当是"中国英雄"。

谋飞的《中国孤儿》:回归复仇

英国剧作家阿瑟·谋飞以伏尔泰的《中国孤儿》为蓝本,并且参照了法文本、英文本的《赵氏孤儿》,写出了另一个版本的《中国孤儿》,其主要剧情如下:

成吉思汗入侵中国,将皇族诛杀一空,只剩下一个孤儿。大臣盛悌把太子藏起来,当作自己的儿子抚养,取名"爱顿"。同时,他把自己的儿子哈默特送往高丽,由一个隐士抚养。二十年后,成吉思汗再次入侵中国,哈默特从高丽赶回来,参加卫国战争,不幸被俘。成吉思汗听说前朝太子尚活在人间,怀疑哈默特就是那个孤儿,于是召见前朝遗老盛悌,追问太子下落,并发布命令,如果太子搜捕不到,就把全中国二十岁的青年全部杀死。真太子爱顿听说,主动前来自首。成吉思汗拷问盛悌,让他招出究竟谁是真太子。盛悌陷于两难之中:说真话则太子死,说假话则自己的儿子死。经过一番激烈的斗争,他还是说了假话,牺牲了自己的儿子,他自己也被车裂而死,夫人满氏跟着自尽。正在这时,真孤儿——爱顿率领军队杀了进来。经过格斗,成吉思汗被真孤儿杀死。真孤儿完成了他的复仇。

谋飞在改编时采纳了批评家赫德对原著的批评意见,强调了动作的同一性及情节的紧凑性,使剧情更加热闹,演出形式更加完美,成为一出扣人心弦的情节剧。但它也是一部服务于当时英国现实的戏剧。此时英法战争已进行三年,英国连连失利,英王乔治二世也在第四年去世,时局动荡不安,接任的乔治三世是个孤儿,但他面对内忧外患却有一番振兴复仇的决心,让英国民众看到了希望。谋飞改编的《中国孤儿》突出了民族矛盾和爱国精神:忠心爱国的盛悌夫妇慷慨赴义,前朝遗孤奋发图强报了国仇家恨,征服者成吉思汗也得到应有的下场。所以此剧一出就备受欢迎,接连演了九场,谋飞本人也被尊为爱国主义大师。谋飞改编剧的主旨,也成了十八世纪下半叶英国戏剧的主导倾向。

歌德的《埃尔佩诺》:凭什么说我是你儿子?

有人提出德国大文豪歌德的《埃尔佩诺》也是《赵氏孤儿》的改编本,现在看这个剧本仅仅是受到了《赵氏孤儿》的启发而已。

这个剧本没写完,大致情节是:埃尔佩诺幼年时被强盗夺走,成年后和自称是他"母亲"的女人昂提普奥相见,"母亲"想认回儿子,儿子却问:你说是我母亲,那我身上有什么记号吗?母亲说:当年强盗把你从我怀中夺走时,你脖子上挂着一条小金链,金链上有个坠子,上面有一颗雕得十分精细的太阳。母亲说对了。但埃尔佩诺似乎还是不太相信。母亲又说:埃尔佩诺背上有一颗浅色的痣。这次母亲又说对了,埃尔佩诺背上的确有一颗

痣，和母亲说得一模一样。于是母子相认了。

那么，这样一个故事，到底算不算《赵氏孤儿》的改编本呢？我认为根本不算。但有没有受到《赵氏孤儿》的启发呢？我认为有，歌德是从赵氏孤儿的身世上受到启发的。

赵氏孤儿一直都知道程婴是他"父亲"，突然有一天，程婴告诉他你不是我儿子，这简直太不可思议了。好在告诉他真相的是程婴而不是别人，否则他一定会像埃尔佩诺那样要证据。因为，"我是谁"这个问题实在太重要了。

在我看来，歌德是把《赵氏孤儿》中程婴的"推出去"改为"认进来"，通过两个"记号"来验明正身，这样更有戏剧性。此外，赵氏孤儿被屠岸贾收养，认他为"义父"。歌德写埃尔佩诺被强盗夺走，一定也被强盗收养了吧？在"误会"中"认贼作父"，多年之后"认祖归宗"，这就是德国大文豪歌德的《埃尔佩诺》和元杂剧《赵氏孤儿》的相同之处。

第六集　伏尔泰和他的《中国孤儿》

上一次我们简单梳理了欧洲剧作家根据元曲《赵氏孤儿》改编的，或者受到《赵氏孤儿》启发的几个作品。今天，我们来介绍法国著名学者、作家伏尔泰和他根据《赵氏孤儿》创作的戏剧作品《中国孤儿》。

伏尔泰和他的中国情结

伏尔泰（Voltaire，1694—1778），原名弗朗索瓦-马利·阿鲁埃（François-Marie Arouet），伏尔泰是他的笔名。

伏尔泰是十八世纪法国资产阶级启蒙运动的旗手，曾因辛辣地讽刺专制制度而两度被投入巴士底狱。他的书被列为禁书，他本人多次被驱逐出法国。1778年初，伏尔泰以84岁高龄重返巴黎，受到群众的盛大欢迎，几个月后即逝世。十一年后，法国大革命爆发。

伏尔泰有一句名言："我可以不同意你的观点，但是我誓死捍卫你说话的权力！"最近有学者指出，这句名言的原话

伏尔泰画像

并非伏尔泰所说，但它的确是对伏尔泰思想的归纳。

伏尔泰无缘来中国，也不懂汉语。在当时的历史条件下，能够来中国的只有三种人：商人、传教士和海员。但伏尔泰却是一个地地道道的"中国迷"。他一生在近八十部著作、二百多封信中提到过中国，对中国的历史、哲学、政治制度、风俗等进行了全面研究。伏尔泰以"他者"的身份，以启蒙思想家的立场，用异样的、锐利的目光，对中国文化有两大发现，第一是中

国文化的悠久性,第二是中国文化的独特性。

在现代考古学建立以前,欧洲学术界充斥着基督创世说和欧洲文化至上的偏见。按照《圣经》的说法,人类的始祖是亚当和夏娃,而女性始祖夏娃是用男性始祖亚当的一根肋骨造出来的。所以当时有这样一种说法,即世界上所有的人都是埃及人的后代,中国是埃及人的移民地。《圣经》还记载,由于偷吃禁果,亚当和夏娃被逐出伊甸园,生下该隐和亚伯两兄弟,两人发生争执,该隐杀死了弟弟亚伯,揭开了人类互相残杀的序幕,人世间充满着强暴、仇恨和嫉妒。上帝决定用洪水毁灭这个已经败坏的世界,大洪水以后,除了诺亚一家用方舟避开水灾以外,亚当和夏娃的其他后代都被洪水吞没了。所以按照这个说法,现存人类都是诺亚的子孙。

伏尔泰对此保持着清醒的头脑。他指出,根据确凿的记载,远在公元前2155年中国就已经有了日蚀的记载,确信中国古代文明史可以上溯到比《圣经》中的犹太民族还要早得多的时代。他不无讽刺地说:"的确,诺亚打发他一家去远游:他的孙子美尼斯去了埃及,另一个孙子去了中国,还有什么孙子去了瑞典,弟弟去了西班牙。当时的远游比今天更能培养青年,我们现代民族用了10个、12个世纪才学到了一点几何学;但刚才说的那些远游者刚刚到达那些荒无人烟的国家,就有人预言要发生日蚀了。人们无法怀疑中国的正史记载有大约4000年前计算的日蚀。孔子曾提到36次日蚀,精通数学的传教士核实了其中的32次。但这些事实根本难不住那些将诺亚当作伏羲祖父的人,因为世上什么也难不住他们。"(《风俗论》)

伏尔泰并不是第一个研究中国编年史的人,许多耶稣会传教士在他之前已经知道中国具有悠久的历史。但是,是伏尔泰迫使当时的知识界承认了中国的悠久历史以及中国文化在世界文化史上的地位。他尖锐地指出:"只有瞎子才会怀疑,白种人、黑种人、阿尔比诺人、拉普兰人、中国人、美洲人,是一些完全不同的民族。"(《风俗论导论》)正如法国著名比较文学大师艾田蒲所说,伏尔泰"运用他的理智,在两个世纪前就看清了一个教会拒不承认的事实,即人类不是由一个牧养人部落的神创造的。传说这位神明在某一天'用一个名叫亚当的男子的肋骨创造了女人'"。

就这样,伏尔泰揭穿了《圣经》历史是人类唯一历史的骗局,确立了中国文化在世界上的地位。在他的巨著《风俗论》中,有关中国历史文化的介绍被放在第一章、第二章。他热情地介绍了中国古代的四大发明,还有浑天仪、测星仪,以及丝绸生产、瓷器制作等。他对地大物博、人口众多的中国羡慕不已。当然他也提到了中国人和中国文化的缺点,例如在自然科学的某些方面如几何学知识贫乏。他把这个归结于中国的文字,"在中国,学者就是识字最多的人,有的人直到老字还写不好"。这对使用拼音文字的人来说简直是不可思议的。

在《哲学通信》中,他向欧洲人介绍了中国一种种牛痘的方法:"我听说一百年来中国人一直有这种习惯,这是被认为全世界最聪明最讲礼貌的一个民族的伟大先例和榜样。中国人种痘的方法是不大相同的,他们并不割破皮肤,他们从鼻孔把痘苗吸进去,就好像闻鼻烟一样,这种方式比较好受,但是结果一样。"

伏尔泰进而发现了中国文化的独特性。在伏尔泰看来,根本不知道有上帝、有亚当和夏娃的中国人,奉行着和西方完全不同的一整套道德准则、法律制度和政治制度,而这套东西的核心,就是孔子所倡导的儒家伦理哲学。而最令伏尔泰赞叹不绝的,就是中国的统治是以伦理道德为基础的。他认为以"孝道"为核心,国王就是帝国开明的君父,地方官僚是父母官,这就可以把一个国家治理得像一个家庭一样,这是最合乎自然又最神圣的法则。

他指出孔子学说没有任何神秘主义色彩,也没有任何强制成分,而只是以道德谆谆教诲。他称赞孔子"宁愿去教导人们,而不是去统治人们"。伏尔泰所说的,其实就是孔孟所主张的"仁"和"仁政"。他认为用道德治理社会比用法律治理要更人性化,因而中国简直成了他心目中的理想国。他用诗一般的语言称颂说:

> 我们孔子是多么大德至圣啊!种种德行给他设想的一无遗漏;人类的幸福系于他的种种格言中。我想起一句来了,就是格言第五十三:以直报怨,以德报德。西方的民族能够用什么格言什么规则来反对这样纯洁完美的道德呢?

(《哲学辞典》)

"以直报怨,以德报德"出自《论语·宪问》,原文是:

或曰:"以德报怨,何如?"子曰:"何以报德?以直报怨,以德报德。"

这句格言到现在还没有一个确切的解释,关键是"以直报怨"中的"直"到底应该如何理解。不过用排除法可以看得很清楚,孔子既不主张"以怨报怨",也不主张"以德报怨"。"以怨报怨"就是用怨恨回报怨恨,"以德报怨"就是用恩德回报怨恨。我们讲过,对于父母之仇,孔子的主张是"弗与共天下,遇诸市朝,不反兵而斗"。可见,对于大仇还是要报的。"直"是公平、正直的意思,如何能做到公正,弹性很大,要看对方施加的伤害有多大,予以理性的、恰当的回报。我认为,伏尔泰的《中国孤儿》中就蕴含着这个意思。奚大美对成吉思汗的态度,既不委曲求全又不防卫过当,大概就是"以直报怨"。

伏尔泰在他的书房里挂孔子像,还在像下面题了一首诗:

> 济世之理代言人,
> 开蒙何须惑人心。
> 圣贤从未夸预言,
> 邦中他国人人信。

如果说中国文化的悠久性成为伏尔泰反对宗教神学的有力武器的话,那么中国传统的道德准则、法律制度和政治制度等便成为他攻击法国专制制度的有力武器。

伏尔泰认为,中国的政体是世界上最好的。伏尔泰还对中国的法律给予了极高的评价,他说:中国"是唯一对于一个在卸任时没有受到万民拥戴的外省巡抚要加以处分的国家;当各国法律只限于惩罚罪行的时代,是唯一设置奖金表彰德行的国家"。

他还赞扬中国的科举制度,认为科举制度是能够将有真才实学的人选出来的很好的考试和选官制度。这当然是有些片面的。事实上,科举制度到清代已经非常腐朽。《聊斋志异》的作者蒲松龄考科举,屡战屡败,屡败屡战,到七十一岁才补了一个贡生,吃尽了科举考试的苦头,难道他没有才学吗?这事发生在伏尔泰创作《中国孤儿》前几十年。吴敬梓的《儒林外史》更是将科举制度批判得体无完肤,《儒林外史》在《中国孤儿》创作前五年问世。但是这些材料伏尔泰都没有看到。他了解的只是科举考试的原则而已。从原则上看,科举考试是公平的,只要有才学,"朝为田舍郎,暮登天子堂"是可能的。这要比法国当时的选官制度优越得多。当时在法国,往往让一些出身高贵却昏庸无能的人担当大臣或者舰队司令。

伏尔泰还为落后、陈腐的中国风俗辩解。例如有人在游记中提到,中国有一个古老的风俗,就是把死刑犯处死后吃他们的肉。伏尔泰认为,这种恐怖行为与中国习俗相去太远,是不可能的;个别人也许有,但把它看成风俗是错误的。他还说:巴黎的贱民不是也吃掉了孔奇尼元帅的心脏吗?孔奇尼是意大利人,1613年被任命为法国元帅,曾多次发动叛乱,1617年被皇家卫队枪决,尸体被肢解。

伏尔泰自认为读过了他那个时代所有的有关中国的书籍,其实他的中国知识,主要来自熟悉中国的传教士们和他们翻译、介绍、研究中国的书籍和文章,特别是前面曾经提到的杜哈德编辑的《中国通志》。这些知识本来就是二手资料,存在着不少错误的信息。因而伏尔泰心目中的中国和中国人、中国文化,必然是真理与谬误并存,真实和虚构参半。

这样一个"中国迷",他根据《赵氏孤儿》改写的《中国孤儿》,又会是什么样子呢?

《中国孤儿》是对中国文化的"误读"?

伏尔泰从马若瑟的法文译本《赵氏孤儿》中汲取灵感,于1755年创作了一部五幕歌剧《中国孤儿》。在中国抗日战争时期的1942年,中国学者张若谷把这个剧本翻译成汉语,形式改为散文话剧,由重庆的商务印书馆出版。《中国孤儿》的第二个中译本《赵氏孤儿与中国孤儿》由范希衡先生翻译,1993年在台北学海出版社出版,形式为韵文歌剧。张译本删去了女主人公曾经爱过成吉思汗的表述,以及盛悌答应在新朝为官的细节,范译本予以补足。

以下参照上述两个译本,对《中国孤儿》剧情扼要介绍:

宋朝末年,成吉思汗率军攻入燕京,烧杀抢掠,整个皇城顿时变成一片废墟。成吉思汗在诛杀皇帝及诸王子时,发现还有一名遗孤失踪,便发布命令:在太阳落山以前若不交出太子,就把全城的人都杀光。大臣盛悌(范译为臧惕)打扮成衣衫褴褛的普通百姓混进宫去,受皇帝托孤,把太子救出来,藏在深山陵墓后,以自己刚出生的独生子冒充太子交给成吉思汗。

盛悌的妻子奚大美(范译为伊达美)得知后,从即将送给成吉思汗的摇

篮中抢回孩子,告诉卫兵这不是太子,而是自己的亲生儿子。卫兵们难辨真假,将此事禀告成吉思汗。

成吉思汗命令将奚大美带上来亲自审问,不料一见面,成吉思汗就呆住了。原来,五年前成吉思汗到过燕京,见过奚大美,并曾向奚大美求婚而遭到拒绝。这次见面,成吉思汗依然被奚大美的美貌深深打动。奚大美当着成吉思汗和丈夫的面说出了真情,并痛斥成吉思汗的侵略行径和残暴行为。盛悌原谅了妻子,因为真孤儿已经到了安全的地方。

成吉思汗向盛悌和奚大美追问真太子的下落,并以杀死他们的儿子为威胁,盛悌面对酷刑坚强不屈,奚大美则表示情愿一个人独立承担罪责。这时,成吉思汗请求奚大美接受他的爱情,只要奚大美答应和他结婚,盛悌父子及遗孤的生命都会得到保全,否则,这几个人立刻被处死。奚大美承认爱过以前的铁木真,但绝对不爱现在的杀人魔王成吉思汗。

在最后关头,奚大美要求和丈夫再见一面。夫妇相见,互相勉励,愿同生共死。奚大美取出匕首交给丈夫,让丈夫先杀死她。盛悌悲痛欲绝,不忍杀妻,奚大美抓住盛悌手中的匕首,向自己的心口刺去。正当这时,成吉思汗率领卫兵上场,夺下匕首。有感于盛悌夫妇的高尚人格,成吉思汗羞愧万分,幡然悔悟,不仅赦免了盛悌、奚大美和他们的儿子,而且还让盛悌夫妇把宋朝的遗孤抚养成人。

很显然,伏尔泰的《中国孤儿》和纪君祥的《赵氏孤儿》相去实在太远了。时代背景、人物、事件、主旨都根本不可同日而语。《赵氏孤儿》的背景是春秋时代的晋国,而《中国孤儿》写宋末元初,相差几乎两千年。《赵氏孤儿》写的是忠奸之争,《中国孤儿》写的是民族矛盾。《赵氏孤儿》中参与营救孤儿的英雄们包括假孤儿统统都属于死难烈士,《中国孤儿》中的假孤儿和他们父母都有惊无险,安然无恙。《赵氏孤儿》中的事实真相一直对屠岸贾隐瞒到最后,《中国孤儿》中的事实真相早已向成吉思汗公开。《赵氏孤儿》中真正的主角程婴是没老婆的,而《中国孤儿》中盛悌的妻子奚大美是女主角,戏份非常多,而且还是成吉思汗追慕的恋人。

关于成吉思汗与奚大美的关系,两个译本有些不同。在张译本中,奚大美对成吉思汗的求婚示爱从来都是不屑一顾的,只有一次,她说:"除非全世界的国家都奉铁木真为皇,到了那个时候或者会接受你的要求。"成吉思汗回答:"天呀!你说的是什么?天呀!你肯爱我的吗?"但范译本第四幕第四场伊达美(奚大美)有这样的唱词:

> 你记得你那时候地位是何等寒微,
> 你还只是铁木真,还不是混世魔王,
> 整个的世界,大人,还不在你的手掌,
> 你的手是纯洁的,你伸来向我求爱;
> 请你知道我那时并不是无动于怀。

成吉思汗听后激动万分,说:

> 天啊! 你怎么说的? 天啊! 你真会爱我! 你!

伊达美(奚大美)再唱:

> 我说你那片心当时是情不可却,
> 我的心既然属意,原不致拒绝求婚,
> 可是我还有双亲,还有贤明的庭训,
> 他们替我做了主,竟使我事与愿违。

这就是说,伊达美(奚大美)向成吉思汗承认她曾经爱过他,可汉人的习俗使她在父母的主持下与丈夫成了婚。范译本显然与原作更接近,因为这两个版本在这段对话之后都有伊达美(奚大美)要求成吉思汗不要把刚才的话告诉她丈夫,因为这会使他不快。可见,范译本前后衔接更为紧密,而张译本的删节使之与中国文化较为接近,却背离了原作。

张译本还删改了一些不利于宣传抗战的东西。大家知道,这个译本出版的时间是1942年,正是中国抗日战争最艰苦的时期。张译本卷前有当时中国最高领导人蒋中正先生的语录,称中华民族对外寇历来都是"宁为玉碎,不为瓦全"的,中国人"不畏难不怕死,必定奋斗到最后胜利为止"。《中国孤儿》以宋末为背景,虚构出一个中国的国土虽然被侵占却不能使中国人屈服的故事,展示中国文化的优越性和不可战胜,正与这段语录相吻合,这也正是张若谷选中这一作品进行中译的原因。因而原作中一些不利于宣传抗战,不利于褒扬中国文化的东西可能被删去了。正如作者在自序中所说:"剧中有涉及日本民族之处,亦属不实;剧中以盛悌受元禄事为结束,

似有玷污其人格之讥,故皆予以删节。"

原作中"涉及日本民族之处",在范译本第五幕第五场伊达美(奚大美)的唱词中可以找到:

那强项的日本人会伺机先事自裁,
决不等暴君怒目来把他送进棺材。
我们教化了这些英勇的岛国之民,
现在让我们来学那种必要的刚劲,
也像他们自裁吧。

原作中"以盛悌受元禄事",范译本是这样翻译的:

成吉思汗唱:我请你在这里作论道经邦的宰相。
臧惕唱:啊,你将使战败者以受你驾驭为乐。

以此可知,原作中提到日本民族的"英勇""刚劲",提到奚大美(伊达美)的丈夫盛悌(臧惕)乐意在成吉思汗手下当官,都与抗战不协调,因而均被张译本删去了。

《中国孤儿》的戏剧冲突和心理描写都相当成功。例如在第二幕,当盛悌得知妻子奚大美挽回亲生儿子的生命之后,内心非常复杂。他当然希望儿子活着,但又唯恐成吉思汗得知真相会使真太子生命不保。而奚大美则以母亲的天性拒绝交出儿子,两人发生了一场冲突:

盛悌:什么?我的儿子还活着吗?
奚大美:是的,快快感谢天吧。你的父子骨肉之情虽未消除,但是你应该表示深深的忏悔!
盛悌:天呀,请宽免我的这一种快乐吧,我正在苦痛的时候意外地得到这一个喜讯!亲爱的奚大美,这快活很快要过去的。
奚大美:亲爱的夫君,请听我说罢……
盛悌:咳……应该让他死。
奚大美:让他死!住口,难道你不顾虑到我吗?
盛悌:我只怕有失我的责任。放弃了你的责任罢,放弃了我的生命罢,把我送到成吉思汗那边去罢!现在是没有伦常没有纲纪的时期,你亲手把我送到刽子手那里去罢!把大宋皇帝的血统统统都葬送了罢!

奚大美:你还要提起皇帝做什么!你的君臣的名分也早已完了,再没有比父子夫妇的伦常更神圣的了。做人第一件事是保护家庭,这是天经地义的第一条法律。至于什么责任呀,君臣关系呀,团体呀,这些都是人为的东西。……我只好向你跪求,啊!亲爱的而又残酷的丈夫呀。请你饶恕我们儿子的生命罢,不要拒绝我的可怜的哀求!

最后,奚大美提出要以自己的生命换回儿子的生命,她对丈夫说,假若可以用我的死来换取儿子的生的话,我非常乐意,绝无怨言,因为"我的心是和你一样的伟大"。

这场冲突设计非常合理,观众绝不会觉得奚大美太自私,她其实真的和丈夫一样伟大。

成吉思汗爱奚大美爱得发狂,以致到了精神恍惚的地步。他之所以被感化,很大程度上是爱情的力量。不妨看看成吉思汗对他手下鄂克图的一段道白:

自从我在这里受了那次侮辱之后,我的心上便受到了一种不能治疗的创伤。这种心境,有人说是受了爱情的作弄,在那个叫奚大美的身上,我是第一次得到这种感觉。在我们住惯的北方,只有做着劳工粗陋的妇女,我从没有看见过像她那样动人的美人,她像一种毒药一直攻进我的心底:奚大美有一双温和的眼睛,她的说话,她的容貌,没有一样不讨人喜欢。但是一受到她冷冰冰的待遇,我好像失去了一切的幸福,我就激动了我的壮志。我已经把世界都征服了,但是心头终不能得到一些平静。我还要赶掉那些已成为过去的软弱的念头,可是一个女人的影子老是绕在我的心上。我要把她忘记,我不愿意再看见她。让她一个人去流泪哭她的骄傲的脾气吧。鄂克图,我不准你以后提起关于她的事情。

这种爱情至上的表白,产生在浪漫的法国非常自然,但在中国戏剧中则匪夷所思。

不难发现,伏尔泰的改作具有无可争辩的合理性与现代性,但却是一个违背中国传统戏曲精神的地地道道的西方故事。传统戏曲不可能让一

个嗜血成性的刽子手放下屠刀立地成佛,"公忠者雕以正貌,奸邪者刻以丑形"(《梦粱录》),这才是元曲的美学原则。当一个"坏人"甫一登场,他已经被钉在"历史的耻辱柱上",永远不得脱身。更何况,成吉思汗之所以幡然悔悟,很大程度上是由于拜倒在了他所苦苦追求的女主人公的石榴裙下,这对于中国人来说简直是不可思议的。另外,在传统中国人看来,舐犊之爱固然是人之常情,但女性必须遵守儒家所制定的"妇德"。而作品中的女主人公竟然不惜背叛君主的重托,擅自替丈夫做主,从摇篮中抢回假孤儿,还承认爱过成吉思汗,其作为不像一个传统中国女性。

今天看来,这两部戏剧只有一点是相同的,就是故事中的主人公用自己的婴儿冒充被通缉、被搜捕的真孤儿。因此,不少人认为,《中国孤儿》是伏尔泰对《赵氏孤儿》的"误读",是对中国文化的误解。我认为不是这样,至少不完全是这样。

的确,伏尔泰对中国戏剧的了解并不多,那么,他究竟从《赵氏孤儿》中发现了什么样的亮点呢?换句话说,是什么东西,使得启蒙思想家伏尔泰要改编、创作《中国孤儿》这样一个剧本呢?我认为,与其说是《赵氏孤儿》中主人公无所畏惧的自我牺牲精神打动了他,倒不如说中国历史中汉文化、儒家文化巨大的同化力和包容力,以及对异族统治者的妥协与宽容对他产生了强烈的震撼。

伏尔泰在《哲学辞典》中说:"有些行动是举世认为美的……人为友舍生,子为父杀身,阿尔衮琴人、法兰西人、中国人都必定说这是一种美德,他们都很喜欢这类行为,不胜赞叹之至。"阿尔衮琴人是北美印第安人的一支,现在仅在加拿大有五万多人。《赵氏孤儿》表彰的正是这种"举世公认"的美德。因此,说伏尔泰为此受感动是有道理的。程婴精神就是一种行侠仗义、扶危济困、杀身成仁的精神,这与西方的骑士精神很相似,很容易得到东西方文化的共同认可和追捧。

但汉民族的巨大同化力使伏尔泰受到更大的震撼。

我们知道,汉唐以来,中原地区两次被北方少数民族占据统治地位,一次是元,一次是清。卢梭认为,蒙古人、满族人,文化均不及汉人,可是却能够征服汉人,可见自然状态比文明社会强大,人类社会应当返璞归真。而伏尔泰却不这么看。《风俗论》第 195 章叙述了明末清初发生在满族与汉族之间的那场战争,其中写到 1644 年(原著误记为 1641 年)李自成攻入北京后,京城一片狼藉,皇后自缢身亡,公主被崇祯杀死,最后崇祯自己上吊的惨状。满族人虽然征服了中国,"但是由于满族采用了汉族的法律、风俗和宗教,这两个民族不久后就成为一个民族了"。可见法律与风俗、宗教的力量比军事实力更重要。他在《〈中国孤儿〉作者献词》中说:

> 这个中国剧本作于十四世纪,就是在成吉思汗朝;这又是一个新的证据,证明鞑靼的胜利者不改变战败民族的风俗;他们保护着在中国建立起来的一切艺术,他们接受它的一切法规。

伏尔泰发现这个反映汉族复仇的剧本竟然产生于蒙古人统治下的元朝,于是他对蒙元统治者的开明、宽容给予了肯定,同时也指出汉族传统文化的巨大同化力。这与《中国孤儿》剧本中的描写完全一致。

在伏尔泰看来,被征服的民族用他们的文化同化了征服者,征服者接受和保护被征服者的艺术、法规和风俗,这是一种双向的包容与宽恕。人类只有实现了这样的包容与宽恕,才能实现理性,走向更高层次的文明。这就是伏尔泰从《赵氏孤儿》中发现的最大亮点,也是促使他写作这个剧本的最重要的原因。

伏尔泰的发现是不是"误读"呢？可以说是,也可以说不是。一方面,伏尔泰对中国文化的了解的确很有限,是片面的,甚至接受了不少错误信息。另一方面,审美不存在正确与错误。鲁迅先生说到《红楼梦》,有一句很有名的话:贾府的焦大,也不爱林妹妹。林妹妹那么可爱,为什么焦大不爱她？能说焦大错了吗？显然不能,这叫"萝卜白菜,各有所爱"。

《红楼梦》里还有一句话:"任凭弱水三千,我只取一瓢饮。"一部厚重的、成功的文学作品,往往释放出巨大的信息量和复杂的审美元素,而读者完全可以只摄取他能够摄取或者乐于摄取的部分,这叫作"取其一点,不及其余"。伏尔泰基于他对中国文化和中国历史的了解,基于他的启蒙主义的思想理念,他可以只吸收《赵氏孤儿》中对他最有用的部分。他在写作《中国孤儿》时,在剧本题目下特意加了一条注释:"根据孔子的教导,改编成五幕剧。"剧本几乎不放过任何一个宣传道德的机会,尤其是奚大美的道白中充斥着说教。最后,伏尔泰让得胜的成吉思汗向盛悌说:

> 现在打了败仗的人民来统治打了胜仗的君王了。忠勇双全的人是值得人类尊敬的;我要以身作则,从今起我要改用你们的法律!

"征服者被征服"，这恐怕就是《中国孤儿》的主旨所在。虽然，这个主旨与元杂剧《赵氏孤儿》的复仇主题偏离得实在太远太远，但却放射出耀眼的光辉。他呼唤征服者放弃武力，被征服者放弃血腥的复仇，而以道德的力量求得共存。

　　从形式上看，这个典型的欧洲戏剧把发生在《赵氏孤儿》中二十年间的故事浓缩为一昼夜，只选取了其中与"搜孤""救孤"相关的两个情节。同时，按照当时欧洲戏剧的要求，把一些感人的场面用第三者的口吻转述出来。例如当奚大美看到自己的儿子就要被当作太子处死时，那种出于母爱的本能，近乎发疯一般的呼号、哭泣，是通过成吉思汗手下的鄂司猛说出来的：

> 臣遵照陛下圣谕已把那个孩子搜索出来，正待把他缢死的时候，忽然发生了一件意外的事，臣不敢自己做主，特来请求陛下处分：有一个发狂的女人两眼都是眼泪，张开手臂，向卫兵们高声叫喊："住手，你们要杀害的是我的儿子，他是我的儿子，你们弄错了人！"她的眼泪，她的声音，她的叫喊，她的号啕哭泣，完全是出于一个做母亲的天性，丝毫没有半点做作的嫌疑……

　　在我们看来，这个情节很有戏剧性，放置在舞台上让演员演出来一定很感人。但按照当时欧洲戏剧的要求，恐怖和血腥的场面不能直接演出来，只能转述。

　　总之，元杂剧中的"搜孤救孤"事件，只给伏尔泰提供了一种创作灵感，让他写出了男主人公舍子救孤的情节，而作品的根本题旨，是褒扬道德的力量、人类间的大爱和相互宽容。如果说这是对《赵氏孤儿》的"误读"的话，那么可以说，这种"误读"，已经成为产生新文学的必要条件。

　　伏尔泰批评《赵氏孤儿》"和今天的好作品比起来蛮气十足"，"剧本的情节延长到二十五年（其实是二十年，引者注）"，"那是许多令人难以置信的事变的堆砌"，"时间和剧情的统一，情感的发挥，风俗的描绘，雄辩、理性、热情，这一切都没有"。这些指责，有的是基于欧洲戏剧"三一律"的标准提出的，有的则正如陈季同所说，是出于节译本的片面介绍。然而他同时指出："《赵氏孤儿》是一篇宝贵的大作，它使人了解中国精神，有甚于人们对这个庞大帝国所曾作和所将作的一切陈述。"其剧情，"尽管令人难以置信,剧中却趣味横生;尽管变化多端,全剧却极其明畅。这在任何时代、任何国家都是两大优点;而这种优点我们现代剧本很多都是没有的。""中国人在十四世纪,并且在长久之前,就会写出比一切欧洲人都更好的诗剧。"可见,伏尔泰对节译本《赵氏孤儿》在责难之外,更多的是赞扬。

《中国孤儿》的演出:不中不西,非驴非马

1755年8月20日,《中国孤儿》首次公演于法兰西歌剧院,引起巨大轰动。一位当时的剧评家这样描述演出时的盛况:"全国都来了,上演伏尔泰的一出悲剧是件国家大事。"这出戏成为法兰西歌剧院的保留节目,演出场次高达190次,进入二十世纪后,法国的艺术家们又两度把它搬上舞台,一次是1918年,另一次是1965年。

值得一提的是《中国孤儿》上演时的服装。在这个问题上,各家资料及相关描述不尽一致。法国学者艾田蒲在《中国之欧洲》中说:

> 不管这个戏的成就大小,大家都一致认为这主要归功于扮演伊达美的女演员克莱龙(Clairon)和她的搭档,扮演成吉思汗的男演员勒冈(Lekain)。大家特别欣赏克莱龙在扮演鞑靼公主(应为"中国公主",引者注)这一角色时未穿路易十五时代的花裙,而是要求穿一件比较符合时代的服装。
>
> 克莱龙担当她的角色时穿的服装带有隐约的东方色彩;伯肖版的《中国孤儿》的卷首插图,出自小莫洛(Moreau le jeune)手笔的那副木刻画表现的是一位女子,长着带有蒙古褶的眼睛,身穿的袍子和头饰或多或少有着东方特征。她跪倒在一位君王的脚下,君王身披的甲胄也有点像蒙古骑兵的甲胄。

克莱容在1755年《中国孤儿》首演时的画像

所谓"隐约的东方色彩"指的是什么呢？根据有关学者介绍，以往的歌剧演出，要求女演员穿晚礼服上台。领口开得很低，为夸张臀部以下裙子的重量感，用裙撑将四周撑起来。而伏尔泰则要求演员穿上典型的东方服装，也要求新的、定制的东方布景。"演出当晚，法国著名女演员克莱容（Mlle Clairon）小姐扮演女主角奚达梅，她穿了无裙撑的中国服装，刚一出场，便引起一片哗然，观众们受到前所未有的震动，致使著名戏剧家狄德罗（Diderot Denis）不得不赶来表示支持，他鼓励克莱容说：'相信你的趣味和天才，让我们看到自然和真实。'"（［美］克勒拉·俞《中西方文化在戏剧中的交流》）而扮演成吉思汗的勒甘登台，"穿的是蒙古征服者的戎装，挎弓箭，披虎皮，十分威武"（钱林森《法国作家与中国》）。

1889年巴黎万国博览会上仿制的身穿戏服的男主角成吉思汗人偶

然而，读者要是按照"典型的东方服装"和"中国服装"的描述去想象《中国孤儿》中男女主角的戏服，可就大跌眼镜了，因为从相关图像中丝毫看不出"中国服装"的踪影。还是陈受颐先生根据法国原始资料所作的具体而微的翻译和描述比较合乎实际：

> 扮演蕙达梅的是克莱朗（Mlle Clairon）小姐，她穿的"中国衣服"是不中不西的，白裙，青丝上衣，衬以金色的网络和缨穗。上衣无袖，两臂赤着，外套略像波兰式，闪着金色和火色，衣里是用蓝绸做的。她又装作所谓东方人的姿势动作，常把两手按着腰部，或握着的拳放在额头。扮演成吉思汗的也是当时艺术界一位重要人物……他的衣服也很有趣：红条金条相间的长袍，袖阔而短，现着两臂；背后是一块狮皮，许多箭矢；身旁是一张土耳其大刀，手执一张弓，头上一顶狮子皮做的盔，盔上有翎毛和红顶。因此大为博得观众的喜欢。

陈先生用"不中不西"来形容所谓的"中国服装"是比较贴切的。实际上，《中国孤儿》的演出服装一直在改进。十九世纪末出版的《伏尔泰全集》中有《中国孤儿》中"勒甘饰成吉思汗""克莱朗饰伊达梅"的图像,图中的女主角虽然不用裙撑了,但成吉思汗却穿着大清官员的朝服,显得不伦不类。

就迄今笔者所见资料来看,究竟何者是伏尔泰所要求的"中国服装"尚待进一步考察。或许由于当时照相技术尚未发明,各家宣传海报出自不同的画家之手,故而差异较大。但有一点可以肯定,即十八世纪的欧洲戏剧家力求在服装方面实现"中国风",但由于眼界和条件的限制却难以做到。要是他们知道中国戏剧演员在戏台上根本不穿"正宗"的中国服装,还不知道会发出何种感慨!

二十世纪60年代,中西戏剧交流进一步密切,着实让"老外"意识到《中国孤儿》的化装与服饰必须进一步"中国化"。1965年在巴黎上演的《中国孤儿》,其化装与服饰已经充满浓浓的"中国味"了。

《伏尔泰全集》中《中国孤儿》男女主角图

顺便说一句,十八世纪欧式"中国戏"作为历史的一页已经被翻过去了,若有人想要知道它究竟是如何演出的,那就请看还在上演的意大利著名音乐家普契尼(Giacomo Puccini, 1858—1924)的歌剧《图兰朵》。这个戏演中国公主图兰朵用猜谜选亲的方式择婿,最后与鞑靼国的王子卡拉夫结为眷属的故事。其主要情节来自波斯民间故事,十八世纪初被法国作家勒萨日(Alain-René Lesage, 1668—1747)改编成《中国公主》,此后再经意大利作家卡罗·哥兹(Carlo Gozzi,一译高吉、勾齐或戈齐, 1720—1806)、德国著名作家席勒(Johann Christoph Friedrich von Schiller, 1759—1805)、意大利著名钢琴家卜松尼(Ferruccio Busoni,

1965年巴黎上演的《中国孤儿》剧照

1866—1924)等人的加工改造,直到1924年,由普契尼完成这一饮誉全球的作品。在两百多年的时间里,尽管欧洲的作家们不断往作品中注入"中国元素",但依然让人感到万变不离其宗,它还是地地道道的西方故事。绝大多数中国观众对这个作品只是好奇,而不会真的喜欢。

总之,《赵氏孤儿》的西传,使欧洲所谓的"中国戏"在以往完全凭借想象胡编乱造的轻喜剧之外增添了一部分严肃作品。以伏尔泰为代表的欧洲戏剧家,凭借着有限的中国文化和中国戏剧知识,加之自己的需要,通过改编和再创作,对马译本《赵氏孤儿》进行了不同程度的解读。这些解读,既有基于中西之间所具有的人性和戏剧性的共通之处而对原作正确理解的一面,又有出于知识、眼界的局限而误读曲解的部分,更多的则是出于作者自己的需要而对原作视而不见。同时,理解的却不见得被认同,背离的反倒有可能歪打正着。在形式方面,他们想方设法使自己的作品更"中国",但却难以超出固有的文化背景和知识领域。加之中西戏剧美学精神迥异,他们对"中国风"的追求,往往停留在浅层次形似的阶段,甚至造成不中不西、非驴非马的古怪相貌。

《中国孤儿》PK《赵氏孤儿》

二百多年过去了,地球变小了,中法之间的距离从几个月的长途跋涉缩短到十几个小时的飞机行进。交流越来越频繁,误解也必然越来越少。这里介绍中西戏剧文化交流的实例。

1990年7月,在天津戏剧博物馆进行了一场奇特的"对台戏"演出。天津戏剧博物馆的前身是晚清修建的广东会馆,2003年我曾前往参观。这是一座长方形建筑,面积比现在都市中一般的剧场要小。馆内有伸出式戏台,二楼有回廊,观众可在上下两层三面环绕看戏,其中下层正面角色的观众区面积较大,里面的桌椅可以移动。移开桌椅,就为这次演出专门隔出一个中央表演区。

之所以说这场演出"奇特",是因为河北梆子剧院在戏台上演出戏曲《赵氏孤儿》片段的同时,天津人民艺术剧院在台下的中央表演区演出中文版话剧《中国孤儿》。一通开场锣鼓之后,伏尔泰剧中的女主人公奚大美在侍女的陪同下从观众身旁走进中央表演区,诉说鞑靼军队入侵、山河破碎的惨状，而这支军队的统帅正是当年向她求爱而遭到拒绝的成吉思汗。这时，乐队奏起急急风，戏台上开始演出河北梆子《赵氏孤儿》，上演的是屠岸贾率兵抄斩赵盾全家的场景。此时奚大美和侍女停止演出，站在表演区与观众一起观看台上的演出。

天津戏剧博物馆馆内布局

此后话剧《中国孤儿》和戏曲《赵氏孤儿》交替进行：台下的中央表演区展示奚大美和她的丈夫在亲子之爱和为国舍子之间的情感冲突，以及再次堕入情网的成吉思汗在奚大美夫妇高尚道德的感召下放弃非人道暴行的经过；戏台上则将托孤、救孤、观画（看图讲史）及孤儿复仇等重要的折子戏连缀起来演出。

台上的戏曲演出，尽可能按照传统模式的演法。台中央一桌二椅，两边的兵器架上整齐地插着枪、刀、剑、戟。多年不见的"检场人"在演出进行期间随便进进出出，移动桌椅，将自刎而死的"韩厥"扶下场去。台下的话剧表演，尽可能采用近年来比较时兴的"贫困戏剧"的演法。中央表演区只铺一大块素色地毯，没有任何道具，演员服饰简单朴素，极少采用音响效果和音乐。

每当《赵氏孤儿》演出时，《中国孤儿》的剧中人就停留在表演区内和观众一道观看演出，只用灯光把他们突出出来。而到台上演到"观画"一折时，《中国孤儿》中扮演成吉思汗的演员干脆坐在戏台上静观《赵氏孤儿》中程婴的表演。

可以说，话剧演员们既是《中国孤儿》的演员，又是《赵氏孤儿》的观众。他们在观赏、评判、思考一个古老的经典剧目的同时，又在演绎着一个迥然不同的西方的救孤故事。从逻辑上说，"中国孤儿"可以观看"赵氏孤儿"，"赵氏孤儿"却无缘观看"中国孤儿"，编导的处理不存在"硬伤"。其实正

如我们已经介绍过的,早在伏尔泰写作《中国孤儿》的时候,对《赵氏孤儿》的思考与批判已经开始了。所以,可以把这场"对台戏"的演出看作是中西方戏剧文化的对峙与交流,也可以把它看成是伏尔泰思考《赵氏孤儿》、重构《中国孤儿》的形象展示,更可以看成是"对台戏"的编导对这种思考与重构的认识和超越。

这场奇特的"对台戏"演出的设计者,与十三年后人艺版话剧《赵氏孤儿》的导演是同一个人,他就是林兆华。这样,人艺版话剧《赵氏孤儿》的来源,就十分清楚了。

关于人艺版话剧《赵氏孤儿》的成败,我们已经说过,此处不再赘述。就这场"对台戏"本身看,可以说充分显示出编导过人的才华。他的思想很前卫,又敢于突发奇想,把中西戏剧文化的交流形象地展示出来,看后令人深思。但同时,这样的演出,依然表现出思想大于艺术、观念大于美的缺陷。我多次表达过这样的观点,作为一个艺术家,有思想固然重要,但作品的思想深度要隐藏在艺术之中。这一点,还有提高的空间。

英文版 PK 豫剧版

2003年7月28日,就在人艺版话剧《赵氏孤儿》在北京公演后数月,旅美华人导演陈士争在美国纽约林肯中心同时推出了中文、英文两个版本的《赵氏孤儿》。

如果说话剧《赵氏孤儿》是有意颠覆传统主题,融入当代人的价值观的话,那么,在纽约上演的中文版《赵氏孤儿》却恰恰与元杂剧精神吻合,突出了侠义和自我牺牲精神。只不过,演员在动作、表情等方面要更为夸张和自由一些。

毫无疑问,中文版的主要观众是华人,而英文版则主要面向西方人,两个版本的风格截然不同。英文版的编剧是纽约剧作家格林斯潘,四个主要演员都是美国人,两名华裔演员只是在剧中扮演屠岸贾的随从。

英文版采用中国乐器伴奏,而选择乐器的方式却是西方式的。纽约颇有名气的作曲家史迪芬·梅里特担任音乐设计。陈士争希望采用西洋乐器,而梅里特却不同意,最后通过抛硬币方式,采纳了梅里特的意见:用京胡、琵琶等中国传统乐器伴奏。

英文版《赵氏孤儿》采用极为简洁的后现代主义舞台设计。林肯中心拉瓜地亚戏剧院的舞台上有一个大水池，里面的水都是红色的。陈士争导演说，这是象征着鲜红的血。水池中央搭起一块白色木板，这就是演员表演的舞台。演员的服装也全部都是白色的。演员们每次走上舞台前都会把红颜色沾在身上、脚上，这样一遍遍地把红颜色带上白色的舞台，直到剧终时。

　　对于编导来说，如何让美国人能够了解剧情、接受剧情是最为重要的。陈士争说："在中国传统戏剧中，演员们可以通过动作来表达剧中人物的情绪。但美国演员则总是想知道并试图向观众说清楚，当时的人为什么为了一个婴儿能够杀死那么多人。"最后的结局虽然还是复仇，但用的是美国人的方式：在赵氏孤儿二十一岁生日时，程婴告诉他，要给他一个"surprise"（惊喜），结果就是告诉他真实身世。观众的反应居然是大笑不已。

　　难道，让美国观众对中国古典戏剧产生共鸣真的难以做到吗？诚然，文学具有不可翻译的一面，文化隔膜有时候难以打破。但是，河南豫剧《程婴救孤》怎么就能赢得欧洲观众的欢迎呢？

　　2008年5月25日至6月6日，河南省豫剧二团的大型新编历史剧《程婴救孤》赴意大利、法国巡回演出。

　　为了让欧洲观众更好地了解豫剧、了解中国戏曲，他们出国前专门制作了中、外文对照的字幕。此外，为了更适应老外的审美习惯，他们在"做"和"舞"方面下了更大的功夫。例如扮演公孙的高红旗亮出了多年不用的老功夫——"僵死功"。扮演孤儿的连彩芬充分施展她的刀马功夫，其他演员也相应增加了一些技巧表演。

　　但可以毫不夸张地说，这是一场原汁原味的豫剧演出。以河南方言为基础形成的高亢、苍凉、悲壮、嘹亮的豫剧唱腔没有变，豫剧的旋律没有变。当然，伴奏、服装、化装、布景、道具等，也都与国内演出时没有区别。更别说故事情节、戏剧冲突、人物性格、思想内涵，这是剧本早就规定好的，想变也变不了。也就是说，豫剧《程婴救孤》不会为了迁就老外而在艺术上让步和妥协。

　　就是这样一场"土得掉渣"、地方特色浓郁的豫剧演出，却征服了欧洲观众，获得了极为热烈的欢迎。下面，请允许我借助豫文的《〈程婴救孤〉感动了欧洲观众》一文，再现当时外国观众的反应：

当整台大戏在罗马音乐厅开场时,一些对中国戏曲毫无了解的欧洲青年观众对台上的人物化装、服饰十分好奇,时不时会发出一丝笑声。几分钟过后,这种笑声就再也听不到了,他们瞪着大大的蓝眼珠看台上的表演,像是忘记了自身的存在。戏演到程婴和公孙杵臼设计救孤时,台下掌声轰然而起。

……6月3日和5日晚,《程》剧在法国巴约纳国立剧院和阿尔卡松奥林匹亚剧院举行了两场演出,同样受到了法国观众的青睐。

法国人对艺术有着非同寻常的热情,演出开始时剧院内已经是座无虚席。演出秩序非常好,剧院内毫无杂音,而在幕间则是长时间热烈鼓掌,每每等到音乐声已起,观众的掌声才暂停下来。

演出结束时,观众压抑已久的掌声和热情彻底爆发出来了,他们长时间热烈有节奏地鼓掌,演员谢幕结束已经退出舞台了,他们还不停地鼓掌,演员们只得再出来谢幕。前面的观众还热情地和舞台上的演员握手,热烈的掌声持续了十几分钟,等到剧院内的灯暗了下来,观众才不得不退场。人们争相与演员们握手、照相。一位法国女士拉着团长李树建的手说:"从今天起,我就成了河南豫剧和您的'粉丝'了。"

豫剧《程婴救孤》在欧洲演出后演员与观众交流

……巴约纳主管文化的副市长说:"这种动情的表演给观众留下了深刻的印象。戏剧讲的是牺牲自己的孩子救赵氏孤儿,这不难理解,其中表现的精神和欧洲文化有某些相通的东西。"

英文版《赵氏孤儿》和豫剧《程婴救孤》的不同遭遇意味深长。

想起了一件亲身经历过的事,不知道能否与我们谈论的话题扯上关系。1994年,我在日本福冈的九州大学任教期间,热情的日本教授领我们全家去当地的"广州酒家"用餐。当时感觉那里的广州菜做得还可以,生意蛮好,于是每隔一段时间就去解解馋。但是后来渐渐感觉到,菜的味道好像变甜了,不大像广州菜了。一打听才知道,厨师为了适合日本人的口味,开始向菜里放糖。再过了没多久,这家菜馆就倒闭了。我想,原汁原味的豫剧可以倾倒欧洲观众,变成百老汇戏剧的英文版《赵氏孤儿》却依然使美国人感到隔膜,这与"广州酒家"在日本的兴衰,是否道理相通呢?

结束语

关于《赵氏孤儿》的话题就要结束了。当我们回顾与这出七八百年前产生的戏剧有关的话题时，还要说上最后几句。

"戏"者戏也，戏剧的本质就是虚拟、假扮。然而，就连熟悉戏剧本质的理论家们也不禁会"看《三国》流眼泪，替古人担忧"。无论到什么时候，人们也离不开文学，离不开艺术，离不开故事，离不开戏剧。因为，文学艺术是人类的精神食粮。

经典往往在不经意中产生。纪君祥不可能想到，他的某一次情感宣泄，他讲述的这个故事，竟然在几百年的时间后、几万里的空间内，还能给人带来审美的愉悦。他没有司马迁那样"究天人之际，通古今之变，成一家之言"的雄心壮志，也没有《红楼梦》作者"满纸荒唐言，一把辛酸泪；都言作者痴，谁解其中味"的感慨。总之，他没有想到要"藏之名山，传之后世"。然而，他的名字，也应该进入第一流作家的行列，让人们永远铭记。

在各种经典里面，戏剧经典最容易被移植被改编，但却不容易被颠覆被超越。经典的核心和主要框架一定要保留下来，否则就称不上经典。所有的戏剧经典，无论是莎士比亚还是王实甫、汤显祖、纪君祥，他们的作品，都经历了并将继续经历被移植被改编的命运，但改编的作品毕竟难以超越原作。

托尔斯泰说过："幸福的家庭总是相似的，不幸的家庭却各有各的不幸。"我要借这句话表达完全不同的意思：成功的文学总是相似的，失败的作家却各有原因。所有成功的文学经典一定都具有超越时空、超越阶级、超越种族，能够打动所有人心弦的艺术力量。说到这里，我不禁慨叹：当前有出息的文学家实在太少了！我不禁要问：何时才能产生新的文学经典？

关于《赵氏孤儿》的话题就此打住，谢谢大家！

杨家将戏曲与宋辽战争

第一集　悲情杨令公

杨家将的故事在中国可以说是妇孺皆知。像杨老令公碰死李陵碑，佘太君百岁挂帅，金沙滩杨大郎殒命，杨六郎镇守边关、辕门斩子，五郎出家当和尚，七郎被奸臣乱箭射死，四郎探母，杨宗保阵前招亲，穆桂英挂帅，十二寡妇征西，烧火丫头杨排风的故事，孟良焦赞的故事，杨文广平南的故事等，大家都是耳熟能详。前几年，我们曾经到辽宁南部考察皮影戏，才知道当地盛传杨家将第九代传人杨满堂的故事。后来再一查，更不得了了，连金庸笔下的杨过，都成了杨家将的第十三代传人！

经常有人问：杨家将的故事究竟是不是真实的？这问题很难回答。为什么这么说呢？因为要是从史书来看，杨家将的故事一大半是虚构的。有人说《三国演义》是"七实三虚"，也就是七分真实三分虚构。那杨家将故事呢？如果以官修史书为依据，恐怕"三七"还不止，很可能是"二实八虚"，甚至"一实九虚"。但是，史书就一定那么准确、客观吗？民间传说、戏曲、小说就一定是空穴来风、不可靠吗？下面，我们就一起走进杨家将戏曲，从杨家将的第一代传人老令公杨业开始说起。

最早的李陵碑故事

杨家将的故事从宋代已经开始出现，但是，完整流传下来的杨家将故事，还得从元杂剧里找。在元杂剧中，包括经过明人修改过的元杂剧中，总共有杨家将戏曲六种，其中直接描写杨业事迹的作品，是元末明初的《八大王开诏救忠》。这个戏的情节是：

辽国大元帅韩延寿与大将土金宿统领百万大军侵犯宋朝，宋太宗令太师潘仁美为元帅,令贺怀简、刘君期为副帅,出征代州迎敌。潘仁美因为在杨业归宋之前,曾经被其射中过一箭,所以他念念不忘公报私仇,于是上奏朝廷,调杨业、杨六郎、杨七郎父子三人为先锋,想把他们置于自己的麾下,好借机除掉杨家父子。杨家父子此时镇守在瓦桥三关,接到调令便赶往代州与潘仁美会合。潘仁美与贺怀简、刘君期以杨家父子与大部队会合来迟为由,命令将杨业父子推出辕门斩首。这时监军呼延赞出面为杨家父子求情,并且抬出八大王的金铜相威胁,潘仁美不得不饶恕杨家父子。但是他下令,杨家父子第二天必须领三千人马与辽军交战,如果获胜,方可将功折罪,否则二罪俱罚。杨业提出,次日乃是"黑道之日",出兵不吉利。潘仁美不予理会,强行发令。

第二天,杨业父子三人率军与辽兵交战,看到对方的军旗上画有一只狼,踢翻一只羊、脚下踏着一只羊、口中衔着一只羊。杨业觉得不祥,想要退兵。而杨七郎为报幽州大战时兄长阵亡之仇,不肯退却。于是杨六郎上阵与辽军将领土金宿交战,土金宿诈败逃走,引诱杨家父子进入两狼山虎口交牙峪。这时辽军元帅韩延寿,带领大军困住了谷口,使得杨家父子里无粮草,外无救兵。杨七郎单人独骑杀出山谷,到代州讨要救兵。不料潘仁美不由分说,令刀斧手把七郎捆在辕门外花标树上。潘仁美、贺怀简、刘君期三人,边喝花酒边轮流拉弓搭箭,将杨七郎射死,总共射了一百零三箭,其中七十二箭射透胸腔。

七郎的魂魄回到两狼山,向六郎托梦,告知自己被害身亡之事。六郎哭醒之后,将梦中之事告知父亲。父子二人一番悲痛之后决计率队突围,将来好为七郎报仇。结果六郎闯出山口,而杨业则被番将打折了马腿,没能冲出去,于是头撞李陵碑而亡。

杨六郎回京,向皇上告御状。皇上及八大王命令太尉党彦进,将潘仁美、贺怀简、刘君期三人捉拿下狱,由丞相寇準审出真情。八大王获知第二天为"郊天大赦",担心太宗会赦免潘仁美等三人的死罪,就让杨六郎当街拦住自己的马头鸣冤,八大王假装大怒,将杨六郎下到刑部大牢,结果杨六郎得以在牢中将潘仁美等三人杀死。第二天杨六郎出狱前去自首,正赶上皇上命人开读郊天大赦的诏书,诏书上说"只赦活的,不赦死的",杨六郎得到赦免。

这个作品非常重要,它奠定了后世杨家将故事的基本框架,这就是:把宋辽之间的民族战争,与杨潘两家的忠奸之争交织在一起。明代的两部杨

家将小说,清宫大戏《昭代箫韶》《铁骑阵》,京剧以及各地方剧种的杨家将故事戏,走的基本上都是这个路子。

剧中的"八大王"实有其人,他是宋太宗赵光义的第八个儿子,宋真宗的弟弟,仁宗的叔叔,名元俨。据《宋史》记载:八大王"元俨广颡丰颐,严毅不可犯,天下崇惮之,名闻外夷",人称"八大王"。到仁宗时,赵元俨辈分高,威望更高。仁宗对他这位叔叔非常尊重,"凡有请报可,必手书谢牍",元俨可以"入朝不趋"。不过在史书中,赵元俨与杨家将未见交集。

明传奇《祥麟现》和清宫大戏《昭代箫韶》,称"八大王"的名字为"德昭",明代小说、京剧与地方戏多称其为"德芳"。

赵德芳也实有其人,他是赵匡胤的第四个儿子、赵光义的侄子,和赵元俨是堂兄弟,但他二十多岁就死了。尽管他死后也被封王,但不可能有"八大王"那样的事迹和声望。但古代皇帝通常传位于子而非传位于弟,民间盛传,赵光义是以非法的手段窃取了原本属于赵德芳的皇帝宝座,所以赵光义对这位侄子非常尊重甚至抱有歉意。可见,后来戏曲中的"八贤王赵德芳",实际上是在"八大王赵元俨"的事迹之上,加了"赵德芳"的名字和出身,又虚构了一些和杨家将相关的故事塑造而成的。

史书中杨家将主要活动在太宗、真宗时代,也波及到仁宗时期,杨家将的第三代传人杨文广就到了仁宗时期,而历史上的"八大王"恰恰经历了太宗、真宗、仁宗几代皇帝。所以后来的戏曲、小说把他拉出来震住奸臣,又加上"赵德芳"的名字和出身,还为他改了名号,多称其为"八王"或"八贤王"。从元杂剧开始,杨家将每到危难关头,总是得到"八大王"的鼎力支持与百般呵护。在后来的戏曲中,皇帝称"万岁",赵德芳被称为"八千岁",威望极高。在清代的戏曲中他甚至和皇帝一样称孤道寡,他的金锏可以上打昏君下打奸臣。这些虽然都是夸张之语,但也并不是完全没有来历的。

值得注意的是,这个戏虽然名叫《八大王开诏救忠》,但却用了一大半的篇幅写杨业之死。京剧以及各地方剧种中的《李陵碑》,保留了这个戏的基本情节,又参照了明代小说和清宫大戏,写杨七郎在打擂的时候将潘仁美的儿子潘豹打死,所以潘仁美才在七郎搬救兵时将他乱箭射死。晚清以来,随着京剧和地方戏曲的繁荣,这个故事在民间传播非常广泛。

那么,杨家将戏曲中写杨业被逼战败,头撞李陵碑而死,有多少历史依据呢?历史上杨业之死的真相究竟是什么呢?

雍熙北伐，攻城略地

根据史书记载，北宋雍熙三年（986年），宋太宗赵光义起三路大军大举伐辽，总兵力超过30万。赵光义企图一举攻克契丹人占领的幽州，从而收复被石敬瑭割给契丹的燕云十六州，这就是历史上有名的雍熙北伐。由于七年前赵光义曾经御驾亲征，在幽州与辽打过一仗，即后面将要讲到的高梁河之战，结果损兵折将，无功而返，所以雍熙北伐又叫第二次幽州之战。

宋军的三路大军分东路、中路、西路。东路又分两路，分别以曹彬、米信为主帅，出雄州，雄州就是现在河北省保定市下辖的雄县，在保定市区东一百多里；中路以田重进为主帅，自定州北上，向西北方向出飞狐口，定州也隶属于保定市，在保定市的西南，飞狐口在保定市西北；西路军以潘美为主帅，杨业为副将，出代州，代州就是现在山西省忻州市的代县。

三路大军中以东路军为主力，其中曹彬领兵十万，米信领兵数万；而中路、西路军合计约十万多一点。赵光义的打算是，东路军距离幽州最近，而幽州又是辽军主力所在，应稳扎稳打。待西路、中路取得进展后逐渐向东靠拢，对幽州形成合围之势。

战争之初，宋军占有优势，尤其是潘美和杨业所率领的西路军进展神速，连克云、应、寰、朔四州。宋军所到之处，势如破竹。

那么，杨业在这次北伐中发挥了什么作用呢？

大家知道，西路军的总指挥是潘美，按照习惯，宋朝史书都把收复云、应、寰、朔四州的功劳归到潘美头上。就连《宋史·杨业传》也只说"诸军"连拔诸州，不提杨业。但《辽史》的记载有明显不同，例如：

《辽史·耶律斜轸传》：杨继业出代州，……继业陷山西诸郡。
《辽史·萧挞凛传》：统和四年，宋杨继业率兵由代州来侵，攻陷城邑。
《辽史·耶律题子传》：（统和）四年，宋将杨继业陷山西城邑。

辽统和四年就是宋雍熙三年，可见以上《辽史》以上所记载的就是雍熙北伐的这次战役。

本来，《宋史》和《辽史》都是元朝的丞相脱脱主修的，似乎不应该有什

么不同。但它们的纂修基础不一样,史料来源不一样。《宋史》依据的史料来源主要是宋朝的官修史书以及文人笔记等,而《辽史》则主要依据契丹人耶律俨的《辽实录》和金朝的史官陈大任的《辽史》。这样,《辽史》和《宋史》就有了比较的价值。可以推测,《辽史》对杨业攻城略地的记载是可信的,因为辽军统帅不可能不知道自己的对手是谁。

所以,可以肯定,宋军攻城略地,带兵者是杨业。他是先锋,不仅在一线直接指挥作战,而且身先士卒,冲锋陷阵,在收复云、应、寰、朔四州的战斗中发挥了极为重要的作用。

孤军深入,遇伏被俘

西路军大捷,但是,号称"北宋第一良将"的曹彬所率领的兵力最强大的东路军却贪功冒进,中了埋伏,惨遭败绩。这一来赵光义就着急了。因为主力东路军大败,意味着此次北伐实际上已经失败,而且辽军的主力就可以腾出手来对付中路和西路的宋军。他唯恐这两路大军实力受损,于是急令中路军撤回定州,西路军退驻代州。

赵光义发出撤军令不过数日,田重进的中路军已经退出战场,躲过了打击,而潘美所率领的西路军的主力部队也已经撤回代州,十多万辽军已经重新占据寰州。如果这一战到此结束,那宋辽战争史可能就要改写了。抗辽骁将杨业不至于丧命,宋军不至于从此畏辽如虎,也不至于后来匆匆忙忙地与辽签下澶渊之盟,燕云十六州的收复也许还有希望。

但是,赵光义在西路军主力已经撤回代州之后,随即又令西路军出代州掩护云、应、寰、朔四州民众内迁。杨业就是在掩护边民撤退时,兵败陈家谷,受伤被俘的。

从战略上看,让潘美和杨业的西路军掩护边民内迁的计划相当冒险。这实际上等于让已经安全撤回到宋朝境内的数万军队再次与十多万士气正盛的辽军交手,很有点送羊入虎口的味道。

赵光义为什么要这样做呢?我猜想,他可能是想效法当年刘备被曹操大军追杀的时候还带着难民逃亡的往事吧?云、应、寰、朔四州被割让给契丹之后,当地的民众很受歧视,他们承担的赋税、兵役远比契丹人多,而待遇远低于契丹人,生活之困苦可想而知。史料上说宋军收复四州时,百姓们欣喜万分,纷纷诉说在辽统治之下生活之苦。将边民内迁,是想让他们摆脱"化外之民"的遭遇,一般百姓也普遍具有"心向中原"的情绪。所以赵光义内迁边民的初衷是好的,但是军事上却相当冒险。

按照杨业的想法,宋军既然大势已去,就不要再与辽军主力交战,而是要避其锋芒,采取一种稳妥的撤退方略。于是杨业提出,宋军应该避开寰州辽军主力,出代州向寰州东北部的应州进军。此时寰州的辽军主力必会赶往应州,那西边云、朔两州的守将就趁机把民众迁到石碣谷去。石碣谷在朔州南约五十里,是通往代州的一条狭窄的山谷。杨业还提出,事先应安排上千名强弩手埋伏在谷口,以对付可能追来的辽军骑兵,同时宋军的骑兵在中路策应,随时准备向东、西两路增援。

杨业的这个计划是个两全的作战方案。若辽军主力上钩东进,则云、朔两州边民则可以趁机后撤到宋朝境内。万一宋军意图被辽军识破,驻守在寰州不向应州方面走,那就将计就计,先掩护应州的边民后撤。无论如何,由于西路军的主力不和辽军主力正面交锋,所以就算边民内迁的计划部分失败,宋军实力也可以保存下来。

但是,这样一个明智的、稳妥的方略,却遭到了监军王侁的激烈反对,而且王侁出言不逊,咄咄逼人,王侁是这样说的:

领数万精兵而畏懦如此!但趋雁门北川中,鼓行而往马邑。

这三句话,第一句是责备杨业怯敌避战,后两句是提出自己的作战方案。马邑就在当时的寰州境内,也正是辽军主力所在的位置。王侁主张,不但要面对辽军主力,而且还要"鼓行而往",要擂鼓行军,制造声势。这是唯恐辽军不知道宋军的主力所在,是有意寻找辽军主力决战。在宋军兵败如山倒、辽军气势如虹而且兵力超过宋军三倍多的情况下,这样一个作战方案,正如同飞蛾扑火,自寻灭亡。所以杨业说:"不可,此必败之势也。"这时候,王侁说出了足令杨业寒心而不得不战死疆场以示清白的话:

君侯素号"无敌",今见敌逗挠不战,得非有他志乎?

你不是号称"无敌"吗?怎么今天见了敌人不敢交战呢?难道于朝廷有二心吗?这个"他志"可以有多方面的理解,不仅仅指贪生怕死,而且由

于杨业是北汉降将，北汉和辽关系交厚，所以这个"他志"含沙射影，指杨业有通辽的嫌疑。王侁这个话显然是有意激怒杨业，逼得杨业不得不表态。所以杨业说：我不是怕死，而是不希望士兵们在毫无取胜可能的情况下白白送死，现在既然你这样责难我，那么我就先一步战死吧！

王侁是什么人呢？他为什么要逼死杨业？仅从《宋史·王侁传》看，王侁似乎不是奸佞之臣，也看不出他与杨业有过个人恩怨。关于他和杨业的争执，《宋史·王侁传》只有九个字的简单记载："侁性刚愎，以语激杨业。"似乎只是王侁个性专断跋扈，二人之间只是意气之争而已。但王侁是赵宋王朝的嫡系。他父亲原是后周的枢密使，和赵匡胤是同事，他本人也在柴荣手下当过中下级军官，是和赵匡胤一同兵变建立宋朝的"老人"，而杨业是北汉降将。这是王侁说话有底气的原因之一。

对于王侁提出的这个愚蠢的作战计划，另一个监军刘文裕也表示赞成。这个刘文裕，官职虽不大，但他是个外戚，他是赵匡胤祖母的亲侄孙。也就是说，他和赵匡胤、赵光义都是表兄弟。

在潘、杨军中任监军的，还有一个侯莫陈利用，姓侯莫陈，名利用。"侯莫陈"是中国古代极为少见的三字复姓，据说起源于北魏少数民族，后世极少见到这个姓。侯莫陈利用通晓幻术，会炼丹，原来是个卖药的，因幻术得官。此次北征与王侁、刘文裕同为监军。但在杨业和王侁的争论中，他并没有表态。另一个没有表态的就是主帅潘美。

在王侁等人的逼迫下杨业决定出战。虽然他知道此战必败，但还是想安排得尽可能周严一些，尽可能把损失减少到最小的程度。所以杨业希望潘美在陈家谷口埋伏"步兵强弩"，待他转战至此时予以接应，施以援手。《宋史·杨业传》写道：

> （业）将行，泣谓美曰："此行必不利。业，太原降将，分当死。上不杀，宠以连帅，授之兵柄。非纵敌不击，盖伺其便，将立尺寸功以报国恩。今诸君责业以避敌，业当先死于敌。"因指陈家谷口曰："诸君于此张步兵强弩，为左右翼以援，俟业转战至此，即以步兵夹击救之。不然，无遗类矣。"

杨业临出兵之前的这段话信息量很丰富，这里先从战术上讨论。辽军的主力部队是骑兵，骑兵冲锋的时候，最怕强弩。这次讨论作战方案，杨业两次提出用强弩对付辽军的骑兵，可谓知己知彼。试想一下，假如潘美真能按照杨业的请求,在陈家谷口预设弓弩手,那么只顾追赶宋军的辽军骑兵在这里突然遭到反伏击,宋军万箭齐发,那辽军骑兵肯定是措手不及、人仰马翻,说不定就会退兵。杨业的这个请求于情于理都无可挑剔,于是潘美答应了杨业的请求,杨业便带着他手下的数百骑兵出发了。

杨业的对手是多次击败宋军的辽国大将耶律斜轸。辽军对付宋军,最擅长的战术是佯装失败,诱敌深入,再以伏兵歼灭对手。据《辽史》记载,此次杨业率兵来到,耶律斜轸故伎重演,假装败退,杨业于是率兵追击,在狼牙村遭到伏击。

那么杨业对辽军诱敌深入的计谋是否毫无觉察呢?当然不是。据《辽史·圣祖本纪》记载,当杨业到达"狼牙村"这个地方的时候,"恶其名,不进;左右固请,乃行"。杨业为什么讨厌"狼牙村"这个地名呢?《辽史》没说。元杂剧《八大王开诏救忠》写杨业父子攻辽时,看到辽军的旗帜上"画着一只狼,三只羊",一只羊被踢翻在地,一只羊被狼踏住,另一只羊被衔在狼口中,杨业就告诉杨六郎说:"他是狼,我是羊,好是不祥也。"戏剧解释了《辽史》的这一记载:杨业姓杨,杨(羊)进了"狼牙村",那还有好吗?所以杨业迟疑不进。

但是我认为,杨业的迟疑不进并非全是因为地名不祥,而主要是担心辽军有埋伏。史书记载,杨业"老于边事,洞晓敌情",他对辽军惯用的雕虫小技不可能看不破。辽军兵力远超宋军,士气正盛,为什么刚一交手就败退呢?稍有军事常识的人都不会上当。那杨业为什么明知辽军有埋伏还要进兵呢?刚才说了,杨业本来就是被迫出战的,王侁责备杨业避敌不战,甚至影射杨业通敌,现在明明辽军退却了你不追,那不更让人抓把柄吗?所以杨业犹豫不进的真实原因应该就在这里。进兵,可能中埋伏;不进兵,被人诬告通敌。经过考虑杨业决定进兵,"明知山有虎,偏向虎山行",因为他早已经表过态了:"今诸君责业以避敌,业当先死于敌。"

有人认为,杨业此役战败和他贸然追击辽军中了埋伏有关。我不这么看。因为这场仗一开始就打错了,宋军已经没有能力再与辽军主力决战了,而杨业早就料到会有这个结局。既然战略上已经失误,那么即使战术上成功,最多也只能延缓失败的时间而已,是没有什么意义的。况且杨业只带了几百名骑兵与辽兵主力交战,他输在寡不敌众,外无援兵,中不中埋伏并不重要。而且刚才我们已经讲过,在王侁等人的逼迫下,杨业没有别的选择。

杨业奋力苦战，从中午打到傍晚，好不容易到了陈家谷口，四处一看，原定的接应部队根本就没有。于是"拊膺大恸"！他完全绝望了，这是坏得不能再坏的结局。

那么潘美和王侁哪儿去了呢？根据《宋史》的记载，当杨业率军正面迎击辽军主力的时候，潘美和王侁的确曾经陈兵于陈家谷口。他们等了一个上午，不见杨业的军队。王侁派人登上朔州西南五十里的托逻台瞭望两军交战的情况，以为契丹军真的败走了。这个时候，王侁想要争功了，他不想把打败辽军的功劳记到杨业头上，于是就率军离开谷口，想要投入战斗了。接着，潘美也率大军离开了陈家谷口，沿着交河向西南方向走。刚走了二十里，就听说杨业战败的消息，于是两个人就顺势退回代州去了。

英雄末路，可歌可泣

《宋史·杨业传》写杨业被俘的场面如同楚霸王在乌江，英雄末路，相当感人。当时杨业手下只剩下一百多人了，杨业对他们说："你们都有父母妻子，和我一起死也没什么好处，现在逃走，将来还可以报效国家报效天子。"这番话说出来以后，所有的人都被感动得泪流满面，但却没有一个人肯离开。为什么呢？杨业作为一名军事将领，作战的时候身先士卒，平时与士兵们同甘共苦，为政简易，深受部下拥戴。所以到了紧要关头，士兵们宁肯与杨业同生共死。

在战死的将领当中，有七十三岁的老将王贵，他位居淄州刺史，也是"地厅级"官员了。他一人杀死了几十个敌人，射完了所有的箭，又用没有箭的空弓击杀了数人，最后壮烈牺牲。

岳州刺史、老将贺怀浦也英勇战死。贺怀浦是外戚，他的妹妹就是宋太祖赵匡胤的元配夫人贺皇后。京剧中有一出很有名的戏叫《贺后骂殿》，讲的是赵匡胤死后贺皇后上朝质问赵光义的故事。当然这故事是虚构的。

另一位战死的，就是杨业的儿子延玉。杨业总共有七个儿子，延玉很可能是老大，详情我们后面再说。

杨业本人，在陈家谷口率帐下将士力战，在身上受伤几十处，将士们几乎全部阵亡的情况下，依然毙敌近百人，直到坐骑也重伤倒地之后，才终于被辽军俘获。这是《宋史》的记载。《辽史》则说，杨业先是被箭射下马来，然后被俘。这两种记载没有根本的区别,只是《辽史》更具体一些。

杨业被俘后三日而死,这一点宋、辽两边记载一致。不过,按照《宋史》,杨业被俘后绝食三天而死。而《辽史·圣宗本纪》却说,杨业被俘后,箭伤发作,不能进食,三日死。从杨业早已抱定了必死的决心来看,他被擒后主动绝食,十分自然。而辽方的记载其实与宋方没有大的区别,只是记载角度不同,不想大力表彰杨业对宋朝的忠勇而已。

总之,把史书与戏曲相比较,可见两者的差别是挺大的。元杂剧《八大王开诏救忠》、京剧《李陵碑》以及各地方剧种的同题材剧目,写杨业兵败后,耻于像汉代李陵一样被俘降敌,以头撞向李陵碑身亡,是虚构。最引人注目的是,在元杂剧中,潘仁美是直接逼死杨业的凶手,而且用乱箭射死了杨七郎,最后被杨六郎杀死在狱中。但史书中逼杨业冒险进兵的主要是王侁,而潘美最多是犯了领导错误,至于乱箭射死杨七郎、被杨六郎杀死在狱中则完全是子虚乌有。

那么,这究竟是怎么一回事呢?戏曲中的那些故事是怎么来的呢?我们下集再讲。

第二集 杨业传奇

上一集我们讲到，戏曲中的杨业头撞李陵碑而死，与文献记载不符，是虚构的。我们还特别提到，戏曲中潘仁美乱箭射死杨七郎，后来被寇准审出真情处死完全不存在。其实这种情况明代就有人发现了，而且明清两代讨论这件事的人不少。当代有人提出：把潘美说成是迫害杨家将、里通外国的奸臣，是中国历史上的最大冤案。那么，情况究竟如何呢？这起"冤案"究竟是怎样产生的呢？

我们先来看看历史上的杨业其人。

"无敌"将军——刘继业

杨业的本名叫杨重贵，籍贯是麟州，就是现在陕西省榆林市的神木县。北宋大文学家欧阳修在为杨业的侄孙杨琪写的墓志中说，杨氏是麟州新秦人。新秦是古麟州的一个寨子，就是现在的神木县杨家城，当时是胡汉杂居之地。欧阳修写道："新秦近胡，以战射为俗。"杨氏居住在这里，受到少数民族的影响，"以战射为俗"，这是以杨业为代表的杨家将能够威震契丹的重要原因。

杨业的父亲叫杨信，是麟州当地的一个富豪，他先是在军阀混战的年代里自封为麟州刺史，后来归顺了后周，得到正式任命。

值得注意的是，杨信自己归顺了后周，却让大儿子杨重贵投奔了北汉。他为什么这样做呢？因为当时军阀割据，其中势力最大的就是以柴荣为首的后周和以刘崇为首的北汉，双方对峙，究竟鹿死谁手，实在难以预料。杨信自己归顺后周，让大儿子杨重贵效力于北汉，也算是狡兔三窟，为自己留条后路。

二十岁的杨重贵，到北汉刘崇麾下从军，以作战骁勇而闻名，很快就由士兵升为下级军官(保卫指挥使),再由下级军官升任建雄军节度使,相当于军区司令。史书说杨业在这一过程中"屡立战功,所向克捷,国人号为'无敌'"。也就是说,杨业早在归宋之前,已经号称"无敌"了。

北汉刘崇为表示对杨重贵也就是杨业的高度信任和宠爱,将他赐姓为刘,改名刘继业,置于孙子辈收养。

"赐姓""赐名"习俗,古已有之。一般是帝王为了笼络人心,将自己的姓氏赐给臣子、属下,或者再给他取一个名字,作为对臣下、部属的一种特殊的奖赏、恩赐,以博得效忠。而获得赐姓、赐名的人往往因此而感恩戴德。杨业不仅被"赐姓""赐名",而且被刘崇作为孙子辈收养,可见他深得刘崇宠爱。

后周皇帝柴荣死后,柴荣手下的大将赵匡胤发动陈桥兵变,黄袍加身,建立了宋朝。赵匡胤志在谋求统一,想要灭掉北汉,但一直没有合适的时机。到开宝元年(968年)七月,北汉主刘钧病死,他的养子刘继恩继位。赵匡胤认为机会来了,就在八月下诏讨伐刘继恩。本来,宋朝的实力远超北汉,但北汉依仗都城太原城高墙厚,特别是有契丹做外援,所以直到公元976年赵匡胤去世,北汉仍未降服。

赵匡胤的弟弟赵光义即位,也就是宋太宗,他在太平兴国四年(979年)御驾亲征,再次讨伐北汉。赵光义采取"围点打援"的办法,先把北汉的援军辽军打败,再回过头来攻太原,使太原城成了一座孤城。城中军心动摇,将领们纷纷偷跑出来向宋军投降。北汉后主刘继元手下的枢密副使马峰此时又老又有病,本来已经退休在家不能动了,见形势危机,就让人抬着觐见刘继元,痛哭流涕地劝说刘继元投降。

当时刘继业也就是杨业据守在太原城的东南面,根本不知道北汉主刘继元已经投降,还在拒城苦战。宋太宗就让刘继元招降继业,继业面向北大哭一场,换上便装来见赵光义。赵光义大喜,让他恢复了本姓——杨,单名业。也就是说,从杨业归宋开始,他结束了在北汉二十多年名叫"刘继业"的历史,恢复了本姓,以"杨业"的名字出现在历史舞台上。

抗辽骁将——杨业

有个现象很有意思,就是宋朝的史书多记他为"杨业",很少记"杨继

业"的；但《辽史》多记他为"杨继业"，很少记他叫"杨业"的。大概由于杨业在北汉叫"刘继业"，北汉和辽关系密切，辽人呼他为"继业"习惯了吧！但后来的戏曲、小说则多称其为"杨继业"，不从《宋史》而从《辽史》，奇怪吧？

赵光义授给杨业的第一个官职是"左领军卫大将军"，这纯粹是一个虚衔，有名无实。杨业的第二个职务是郑州防御使，相当于城防司令，这是一个实职吗？也不一定，因为史料中没有杨业赴郑州上任的记录。这有两种可能，一是这个任命是赵光义从太原班师回开封途经郑州时下达的，于是杨业就地上任了，后来没几天就转任边疆了，所以史书不记。另一个可能是杨业从未去郑州上任，这叫"遥领"，只拿这个职务的俸禄而已。

杨业归宋以后的八年内，带兵驻守在宋朝的北部边陲，主要的任务就是抗辽。

之前说了，杨业的第二个职务是郑州防御使。但是此后不久，赵光义就以"业老于边事"，让他升迁至代州刺史，同时没有免去他郑州防御史的职务。代州就是现在山西省忻州市的代县，位于山西省东北部，与属于辽人的朔州、应州交界，是名副其实的边关，抗辽第一线，战略地位十分重要。契丹若要南下攻宋，代州首当其冲。而且辽人用的是骑兵，路近且平，转眼就到。赵光义把代州交给杨业，可见对他的信任。

此外，赵光义还让杨业"兼三交驻泊兵马部署"。三交城，在古晋阳城北约几十里的阳曲县境，也是契丹南侵赵宋的要道。宋灭北汉以后，赵光义任命潘美担任"三交驻泊兵马都部署"。用今天的话说，潘美是大军区司令，而杨业是军区副司令兼代州最高军政长官。

赵光义对于杨业久闻其名，现在这位"老于边事"，洞晓辽国军事情况的猛将能够归顺自己，替宋朝守边，他自然是喜出望外。所以在杨业即将赴代州前线上任的时候，赵光义给了杨业丰厚的赐予。史书上说："帝密封橐装，赐予甚厚。""橐"就是袋子，至于这袋子里装的是什么，是金银万两，还是珍珠玛瑙？装了多少？由于是"密封"的，谁也不知道。请注意，赵光义之所以如此厚赏杨业，可能和杨业高梁河之役救驾有关，这我们后面再讲。

杨业上任后不久，就与潘美合作，打了一个漂亮仗。当时，契丹的十万大军南下入侵雁门关。雁门关在现在代县城西北大约四十里的地方，是古代有名的军事要塞。李贺那首《雁门太守行》大家都熟悉吧？"黑云压城城欲摧,甲光向日金鳞开……"写的就是雁门关,可见雁门关战略地位自古就很重要。清代有连台本京剧《雁门关》,演"八郎探母"的故事,剧名就是从杨家将抗辽而起的,这我们后面再说。

杨业率领数百骑兵,从小路绕到雁门关北口,从背后突袭敌人,与潘美的大军前后夹击,使辽军丢盔卸甲,溃不成军,节度使驸马侍中萧多罗被斩,马步军都指挥使李重诲被活捉。杨业在这一仗中大显神威,从此以后契丹军队一看见杨业的旌旗就急忙退兵。

这一仗也让宋太宗更加信任杨业,让杨业在担任郑州防御史、代州刺史的同时,还给了他一个荣誉职务——云州观察使。云州,即"燕云十六州"的云州,在现在的山西大同一带。"观察使"本是朝廷派出巡视地方的特派员,后来转变为地位在刺史之上的地方行政长官。不过宋代官制有"寄禄官"和实职的区别。杨业任云州观察使就是寄禄官,他的实际职务是三交驻泊兵马部署。当时的云州还在辽人占领下,赵光义让杨业任云州观察使,可见他对杨业收复失地寄予厚望。

出奇制胜的四个"法宝"

那么,杨业的优势究竟在哪里?他为什么被称为"无敌"?为什么辽兵一见他的旗帜就被吓跑?为什么宋太宗对他那么器重、那么信任呢?

答案是,除了杨业本人武艺高强,可以以一当百,更重要的,他还是一位非常善于作战的优秀的指挥员。我总结了四条:第一是他善用骑兵,第二是他善于突袭,第三是他善于夜战,第四是他善于对付骑兵。

我们知道,契丹本是一个以游牧生活为主的民族,骑马、放牧、狩猎、射箭对于他们来说就是日常生活的一部分。契丹的军队,以骑兵为主,而生活在中原地区的宋军以步兵为主。骑兵对步兵作战的最大优势是速度快、冲击力强。无论冲锋、退却、袭扰、救援,都是来去如风。即便是打了败仗,骑兵逃跑也快,步兵根本追不上,只能望尘莫及。辽军之所以成为北宋的心腹大患,主要原因就在这里。

杨业和他部下的骑兵,恰恰弥补了北宋军队的缺陷。杨业手下有几百人的轻骑兵。这支骑兵,早在北汉时就已经训练有素,后来在抗辽战争中发挥了巨大作用。我们看几条记载:

《东都事略·党进传》:"太原骁将杨业,领突骑数百来犯。"这说的是杨业还在北汉的时候,用几百骑兵突袭宋军的情形。

《续资治通鉴长编》:"会契丹入雁门,业领麾下数百骑自西陉而出,由小陉至雁门北口,南向背击之,契丹大败。"这就是我们刚才讲到的,杨业归宋后和辽兵第一次交战的情况。请注意,《宋史·杨业传》说,这次作战杨业带领的人马是数千人,而《续资治通鉴长编》则说是"数百人",究竟哪个说法对呢?根据当时的情况,杨业所率领的兵马顶多数千人,而由于是突袭对方,不可能把所有的部下都带上。余嘉锡先生推断说:"业于此役才率兵数百,《宋史》云领'数千骑',盖误。"(《杨家将故事考信录》)我认为这个推断是正确的。

宋杨亿《杨文公谈苑》:"即部帐下骑兵数百人,自石碣路趋朔州。"这里说的是杨业生前的最后一战,被迫孤军深入陈家谷时,依然只带领数百骑兵迎敌。

可见,杨业率领的这支几百人的骑兵部队,在对辽作战中能够发起突袭,以快制快,出奇制胜。

关于杨业善于夜战,南宋人黄彦平的一首诗说:"天家会遣杨无敌,磨斧衔枚夜半来。"所以我们知道杨业是善于打夜战的,可惜没有更多的史料佐证。

杨业不仅善于使用骑兵,而且还善于对付骑兵。杨业深知骑兵的弱点。骑兵最怕什么呢?怕弓弩。弓和弩是两种不同的兵器。弓比较原始,靠弓弦的弹力直接推动箭支发射,有效射程不到一百米,而且拉起来很费力,也很难瞄准。弩则可通过机关来积蓄弹力,还可以用双脚踏弦,力量比手拉弦大得多,有效射程可达数百米,弓弩手也不容易疲劳,而且弩还可以上好弦再瞄准,命中率比弓高得多。刚才说了,辽军以骑兵为主,有人有马,挨射的目标比步兵大;加上骑兵速度快,躲闪、遮蔽弩箭的能力也比步兵差。我们提到,杨业在陈家谷之战时两次提出用"强弩"对付辽军,可见他的确掌握了骑兵的弱点。

这就是杨业使宋太宗放心、令辽兵胆寒的主要原因。

在战略上,杨业也有超人的谋略,他不仅仅是一位优秀的指挥员,还是一名卓越的军事家。他曾经在天寒地冻的季节穿着很薄的夹衣"露坐治军事"。什么是"治军事"?无非是读兵书、研究战略。代州与辽营距离很近,路又平坦,敌人的骑兵一冲就到,怎么据守?只有筑城堡、修军寨。这是很有战略眼光的做法。宋仁宗的时候,包拯曾经上书,说"先朝以骁将杨业守代州,创城垒,于今赖之"。这就是说,杨业在代州修建的城垒,经历了太宗、真宗、仁宗,过了近半个世纪,还在抵御辽兵的战争中发挥作用。

"金沙滩救驾"的来由

这里我们还要补充一下。除了杨业有善用骑兵、善于突袭、善于夜战、善于对付骑兵这四条"法宝",还有一个重要原因让宋太宗特别信任杨业,额外赏赐杨业,这就是史书中不载,而戏曲、小说中屡屡提到,在民间流传甚广的"金沙滩救驾"。

晚清天津杨柳青木版年画《金沙滩》

郑骞先生认为,戏曲、小说中的金沙滩之战,应当是从史书中的"高梁河之役"衍变而来。史书记载,太平兴国四年五月,宋太宗兴兵北伐,欲夺回五代时后晋石敬瑭割给契丹的燕云十六州。但此战的结果却是,宋军在幽州城下的高梁河附近遭遇辽军反击而惨败,宋太宗赵光义狼狈不堪,乘驴车逃走。史书并未记载杨业父子参与了这次战役,但郑先生分析说:

> 太宗高梁河之败,乃历史事实,杨业于此役有救驾之功,则不见记载。(苏颂诗有"死战燕山护我师"句)业为降将,若无特殊表现,不会于数月内即被重用且密封厚赐;而业立功表现之机会,舍幽州战役外,更无他事。和上述苏颂诗"死战燕山护我师"句及《长编》所记诸事观之,业必从征幽州,即使未曾直接救驾,其曾力战却敌,掩护撤退,使太宗得以安抵涿州,

则可以断言。宋之史官既因讳败而不书其事,旧将老兵必有能言之者,遂转入民间,此即幽州救驾传说之由来也。

(郑骞《杨家将故事考史证俗》)

郑先生的分析很有道理。戏曲、小说虽非信史,但杨家将在金沙滩救驾的描写,却并不全是空穴来风。当然,戏曲、小说写杨家将第二代的七人中,经金沙滩一战,大郎、二郎、三郎牺牲,四郎失踪,五郎出家,这是虚构的。

另一方面,杨业的对手契丹人对杨业既畏惧又敬重。《辽史》记其他宋将被擒,只记一次,最多记两次,但对于擒获杨业,在《辽史》的《圣宗本纪》《耶律斜轸传》《耶律休哥传》《耶律题子传》《萧挞凛传》中反复被表彰,可见辽人平日对杨业的畏服,一旦成擒,则举军相庆。最能体现辽人对杨业敬重的,就是杨业死后不久,辽人就在古北口为他修了一座庙,令后人瞻仰。古北口就在现在北京市密云县古北口镇,顺着京密公路可直达,那座庙现在还在。清初顾炎武曾经怀疑,说杨业抗辽不在这儿,也不死在这儿,干吗在这儿为他建庙? 余嘉锡先生推测,杨业被杀以后,其首级曾被辽军传示,到过古北口;或生前被押解燕京途经古北口,所以辽人在这个地方为其建庙。

北京密云古北口的杨令公庙

进一步说,辽人为杨业建庙不在他战死的地方,而在离幽州不远的古北口,更能说明杨业在辽影响之大。杨业死后六十九年,宋人刘敞出使辽国,写了一首《杨无敌庙》诗,明确注云:"在古北口。"可见杨业庙在他战死不久就在古北口建成了。辽人不会不知道杨业死于何处，只是由于杨业是辽人心目中的英雄，是战神，是曾经令他们心惊胆战的"杨无敌"，在自己的家门口为杨业建庙，是为了就近纪念他、祭奠他方便而已。

前面已经提到，北宋苏颂，写过一首《和仲巽过古北口杨无敌庙》诗，诗云：

> 汉家飞将领熊罴，死战燕山护我师。威信仇方名不灭，至今遗俗奉遗祠。

苏颂是宋哲宗时的宰相，是著名的天文学家、药物学家，这首诗是他奉命使辽，在途中所作。题目中的"仲巽"是北宋大臣、诗人张宗益的字。仲巽也曾使辽，到过古北口，写过瞻仰杨无敌庙的诗，可惜没有流传下来。苏颂的这首和诗不仅将杨业比作汉代的飞将军李广，讴歌了他"死战燕山"的英勇事迹，而且揭示出"威信仇方名不灭，至今遗俗奉遗祠"的事实，说明杨业在对手、在敌方的心目中的崇高地位。

大诗人苏轼的弟弟苏辙也写过《奉使契丹过杨无敌庙》诗，其中的两句是："驱驰本为中原用，尝享能令异域尊。"对于辽人为杨业建庙表示理解。

从后来宋太宗的诏书看，赵光义对杨业战死是极其悲痛的，甚至要比东路军的惨败更伤心。为什么呢？因为前面说了，杨业是北宋最熟悉契丹战法、最能对付契丹骑兵的将领。有杨业在，这次败了，以后还可以训练新的骑兵。而杨业牺牲之后，宋对辽的攻势转为守势，收复燕云十六州的梦想彻底破灭了。

赵光义对杨业之死的态度

然而，杨业战死之后，宋太宗赵光义对杨业的态度，却有一个转变的过程，尽管这个过程不太长，大概一两个月吧。

当宋太宗刚刚听说杨业阵亡的消息时，"赐绢布各百匹，粟一十石"。如果按宋朝的规定，凡观察使卒，应当赐"钱三百贯，绢布各二百匹，酒五十瓶，羊五十口"，战场牺牲者，赏赐应当更高。显然，对杨业的赏赐远远低于一般的规定标准。但没过多久，赵光义再次下诏，"赐其家布帛千匹，粟千

石"、"赠太尉、大同军节度"。布帛的赏赐数达到最初赏赐的十倍,而粟的赏赐数达到最初赏赐的一百倍。杨业生前官至观察使,四品,战死以后追赠太尉、大同军节度史,一品,堪称超规格追赠。欧阳修在为杨业侄孙杨琪写的墓志中说,杨业死后被赠"太师、中书令",这个荣誉职务更远远高于观察使这个级别的官员阵亡后应得的待遇,一般生前为一品的官员死后才能得到这种荣誉职务。中书令可简称"令公",这就是后世戏曲称杨业为"令公"的来历。

此外,杨业的几个儿子,有官的升职,无官的封官,而潘美则被降了三级,王侁、刘文裕被罢官发配。

赵光义对战死后的杨业,为什么会有这样一个转变过程呢?

原来,杨业战死之初,并没有被当作烈士看待。想想也是这个理,并不是每个战死的人都是功臣。由于自己指挥失误打了败阵,轻敌冒进,孤军深入,中了埋伏,损兵折将,给全局、给国家造成了重大损失,即使战死了也不能算功臣,是不是?那杨业应不应该为这次战役负责任呢?当然不应该。前边说了,他早料到此战必败,是被迫孤军深入的。可是,他死了,死无对证。假如应该承担责任的人反咬一口,说他争功、轻敌,甚至说他于我大宋有二心、通敌,以致酿成此败,那皇上该怎么处理呢?事实上,正是有人这样做。

有学者发现,有个叫刘吉的大臣,曾经冒死上疏,"证杨业忠赤,为奸臣所陷"(张其凡《杨业之死发覆》)。这个发现很重要。你想,要是没有人在皇上面前说杨业的坏话,一贯信任杨业的赵光义,能在杨业战死的时候给他那么点儿赏赐吗?要是没人说杨业的坏话,用得着"冒死"为杨业昭雪吗?那么歪曲事实、颠倒黑白,说杨业坏话的人会是谁呢?不用说,一定是和陈家谷之战有利害关系的人。

这样,王侁、刘文裕、侯莫陈利用那几个监军,还有主帅潘美,就都在嫌疑人名单上。而为杨业雪冤须要"冒死",可见说杨业坏话的人权势之大。那么这个人是谁呢?

主帅总要为失败承担主要责任的,况且,正是由于他们一帮人的轻敌、争功,甚至怀有更加阴暗的心理,才造成西路军副帅、太宗皇帝的爱将杨业牺牲,其部下将士几乎全军覆没。事情发生以后,他们怕了,怕皇上追究责任,于是串通一气编出一套谎话忽悠皇上。

当然,赵光义不是傻子,也没那么好忽悠,即使刘吉不上疏,他也会派人调查的。有学者认为,刘吉就是赵光义派去调查陈家谷战役的人。赵光义重用降将杨业,是被传为佳话的,是不拘一格使用人才的典型。他重用的人死了,他能善罢甘休吗? 从这一点来看,刘吉的"冒死雪忠臣",只是为太宗调查真相提供了一个证据而已。

真相既明,赵光义下了两道诏书,一道主要表彰杨业,也附带谈了对潘美等人的处理结果;另一道宣布处罚潘美。前一诏书称杨业"诚坚金石,气激风云",并说杨业兵败是由于"群帅败约,援兵不前",致使"独以孤军,陷于沙漠,劲果焱厉,有死不回"。可见赵光义对杨业之死的原因已经十分清楚。既然知道是由于"群帅败约,援兵不前"才造成杨业兵败,那就不能不对"群帅"予以处罚。所以诏书末尾宣布,将大将军潘美降三级,监军王侁罢官发配金州(今陕西安康),刘文裕罢官发配登州(今山东蓬莱)。

赵光义的另一道诏书说:潘美虽然拥有重兵,却不能侦察敌情、了解敌情,来防范敌人的进攻,致使"陷此生民,失我骁将"。这就是说,由于你潘美的失误,使我内迁边民的计划失败,骁将杨业牺牲。接着说,"据其显咎,合正刑书"(《潘武惠公美传》),这错误十分严重,本应交司法处置,但看在你久在边陲,累建战功的份儿上,故予从轻处理,降三级为检校太保。总之,在赵光义看来,潘美本应交予司法处置,但从整体上说,还算是"功大于过",故予"从轻"发落。

民间的种种传闻

但是,民间对于赵光义的这种处理却不认可,潘美仅仅被贬官三级,他们认为处罚太轻。关于刘吉"冒死"证杨业赤忠的事,一般民众要么不知道,要么不理会。于是,出现了各种说法。

民间的说法之一:如元杂剧《八大王开诏救忠》所叙述的,令公撞李陵碑自尽之后,杨六郎冲出重围向皇上告御状,在八大王和宰相寇準等人的帮助下,在狱中击杀潘仁美。

民间的说法之二:见于明代小说《杨家将演义》,写杨业战死之后,潘仁美等上表,称杨业父子邀功贪战,损国害己;而杨延昭上疏,则称潘仁美等陷害杨业,双方各执一词。太宗令参知政事傅鼎臣审理此案。潘仁美遣使女向傅鼎臣行贿,被八王赵德芳当场抓获。太宗再命西台御史李济审案,

李济用刑令潘仁美三人招供。潘仁美被削职为民,刘君其、贺国舅充军。

民间的说法之三:见于清代的地方志,说杨业战死后,潘美、王侁畏罪,想要掩盖事情真相,杨业的妻子"折氏"上疏,力辩杨业战死之由,太宗遂将潘美、王侁削职为民。

民间的说法之四:以近代的地方戏《潘杨讼》为代表。

这个戏说杨业战死后,六郎延昭回朝向母亲佘太君报信,老太君借与杨令公庆寿为名,将宋太宗赵光义、八贤王赵德芳等请至杨府,借机状告潘洪(在地方戏里潘洪,字仁美)勾结番邦,陷害忠良。太宗起初不愿接状,后来在赵德芳等人的坚决要求下,将潘洪逮捕,令寇準审理此案,最后将潘洪充军边关,潘洪的儿子要劫囚车,被尽数消灭。

清嘉庆间的宫廷大戏《昭代箫韶》,写杨六郎为父申诉的过程十分曲折,几乎被害身亡,而潘仁美一家的下场也最惨。由于八大王德昭主持公道,太宗判潘仁美及全家发配朔州充军,不料途中被各路占山为王的绿林好汉劫往山寨,好汉们以其人之道还治其人之身,让潘仁美亲自下令射死自己的儿子潘虎。最后,杨七郎的妻子呼延赤金、杜玉娥将潘仁美处死。

其他的说法还有,不再一一介绍。

总的来讲,系列戏曲夸大了潘美的罪行,把他塑造成了戏剧形象潘仁美,欲置之死地而后快,同时抹杀了他本来的功劳。但历史人物潘美的确应该为杨业之死承担罪责,而且他很有可能在事后掩盖真相、推脱责任。从本质上说,戏曲、小说或许比史书更接近真相。

那么,历史上的潘美究竟是怎样一个人呢?他对于杨业之死究竟应承担什么责任呢?他是不是勾结番邦、陷害忠良、十恶不赦的大奸臣呢?我们下集再讲。

第三集　从潘美到潘仁美

上一集我们主要讲了杨业,今天该讲潘美了。

戏剧中的潘、杨之争给人们的印象太深了。去过开封的人大概都知道,开封有潘、杨二湖。开封最著名的景点之一龙亭,正对着一条贯通南北的大道,道东侧为潘家湖,道西侧为杨家湖。民间传说,杨家湖水清,潘家湖水浊。但我在开封生活了九年,却从未见到过传说中的情景。不过这个传说,正反映了杨家将故事的巨大影响。

顺便提及,开封有新修的旅游景点"天波杨府"。但根据杨业、杨延昭的官职和地位,似乎不应该有如此阔气的府邸。《宋史》以及宋代其他文献均没有御赐杨家府邸的记载。《汴京遗迹志》《宋东京考》只记录了"杨六郎宅",可见杨家在开封肯定是有住宅的,只是不可能太辉煌、太豪华。所以,关于天波府的描写,应该是戏曲作家虚构的。

《元曲选》中的《谢金吾诈拆清风府》一剧,写宋太宗给杨家"造下一座门楼,题曰'清风府无佞楼'。至今楼上有三朝天子御笔敕书,大小朝官,过者都要下马",奸臣王钦若命其女婿谢金吾私把圣旨中"拆到清风府"改为"拆倒清风府",惹得杨景与焦赞私下三关。这些描写,只可当作文学看,不能当作历史看。但后来的某些人竟然信以为真了,可见杨家将戏曲已经影响到对历史遗迹的认识。因此,把戏曲中的潘仁美和历史人物潘美划等号,也就不足为奇了。

北宋开国功臣

其实,戏曲中的潘仁美形象,与他的原型——历史人物潘美之间,有着非常大的差异。

潘美是北宋的开国功臣之一。他是大名人,大名就在现在河北南部,

属邯郸市,当时正是后周的势力范围。所以潘美很早就投靠了后周,在后周世宗柴荣属下,当一名武将。柴荣病死,他七岁的儿子柴宗训继位,后周大将赵匡胤在离国都开封不到四十里的陈桥驿发动兵变,黄袍加身,当上了宋太祖。

自古"国无二主,天无二日",赵匡胤当了皇帝,可是开封城里还有个小皇帝柴宗训在位,这怎么行?你要改朝换代,总得对后周有个交代、要宣示天下才行啊。所以赵匡胤一回开封,就派潘美向后周的执政者下达谕旨。这是一件很冒险的事,你怎么知道后周的太后和文武百官就一定服气呢?万一他们不服气闹起来怎么办?潘美不辱使命,他向后周的君臣们宣布,赵匡胤"受禅"是天命,只能归顺不能违反,于是做到"兵不血刃,市不易肆",朝局稳定,使赵匡胤顺利掌握了政权,实现了和平交接。这是潘美为北宋王朝立的第一功。

首都虽然安定了,地方上那些个拥兵自重的军阀们闹起来也不得了。赵匡胤最担心的,是陕西的袁彦。这个人性格凶悍,拥有重兵和一帮亲信,又善于作战,赵匡胤当了皇帝他一直不来朝见。赵匡胤很担心他搞兵变,就派潘美率兵监视袁彦的部队,找机会消灭他。潘美呢,他"单骑往谕",不带一兵一卒,告诉袁彦"天命既归,宜修臣职",天下大势就这样了,当今宋太祖是天命的皇上,众望所归,我们当臣子的别无选择,只能尽臣下的职责。结果袁彦听了这番话,当即表示臣服,即刻就随潘美进京朝见宋太祖去了。赵匡胤连声称赞,说潘美不杀袁彦,能把他说服前来朝见,这事办得超出了预期。

宋太祖开宝三年(970年),赵匡胤以潘美为主帅,开始了讨伐南汉的战争。南汉的首府在番禺,就是现在的广州。潘美的战略是:外围突破,步步为营,稳扎稳打,积极推进。他先后打下了广西的富州,就是现在广西贺州市的昭平县,还有广西桂林和广东的连州,大军直逼韶州。

韶州,就是现在的广东韶关,是广州的北大门,战略地位重要,当时由南汉都统李承渥带领十多万军队镇守。李承渥有一个绝招,就是训练了一支象阵。打仗的时候让上百头大象列在阵前,每头大象身上载有几名到十几名精兵,手执兵器,以壮军威。宋军初见时十分恐慌,镇定下来后潘美就指挥军士集中强弓劲弩朝着大象猛射,大象中箭后狂奔不止,士兵们纷纷从象身上摔下来,又被大象踩踏。南汉军一片混乱,溃不成军。潘美率领的宋军乘势占领了韶州。

韶州被攻占,南汉后主刘𬬮感到情况不妙,他采取了两面手法,就是一面派人向宋朝奉表乞和乞降,一面又让他的弟弟保兴准备抗拒宋军。潘美看透了刘𬬮的用心,就率领精兵兼程赶往距离广州一百二十里的栅头。"栅头"是地名,也是南汉的军营名,刘𬬮就在这里指挥作战。这个军营四周用竹木编制的栅栏围住。潘美用火攻,让数千士兵每人拿两把火炬,从小路来到栅栏前,将栅栏点燃。当天晚上正好刮大风,把南汉军营烧得片甲不留。刘𬬮惊恐万状,逃回广州的南汉王府。宋军攻陷广州,刘𬬮被潘美率领的宋军俘获,于是南汉政权灭亡。

宋灭南汉后,下一个目标就是南唐。南唐后主就是大名鼎鼎的词人李煜。赵匡胤任命曹彬为元帅,潘美为副帅,逼进秦淮。当时宋军与南唐之间隔着长江,渡船还没有完全准备好,潘美对军士们说:"我潘美受皇上之命带兵数万,志在必胜,难道能被这一衣带水限制而不能渡过吗?"于是率先渡江,大军紧随其后。潘美指挥士兵在江面上夺取南唐的战船,接着攻破了南唐军的江南水砦。宋军逼近金陵时,南唐水陆十万大军布列城下,潘美率领士兵偷袭营寨,南唐军大败。李煜不甘心,夜晚派遣士兵数千,拿着火炬大声叫嚷,前来袭扰宋军。潘美率领精锐部队,用短小的兵器和南唐军近战,并趁机与大将曹彬率领各路人马攻陷了金陵城,南唐被平定。

宋灭南唐的当年,也就是宋太祖开宝九年(976年)秋,赵匡胤任党进为主帅、潘美为副帅攻打北汉。潘美率军在汾河岸边与北汉军作战,取得了胜利。可就在这个时候,赵匡胤突然去世,加上北汉军的援兵契丹军队就要赶来,所以朝廷命令潘美撤兵。

接下来的这次战役我们讲过了,就是赵光义继位后太平兴国四年(979年)御驾亲征北汉的这一次。结果是太原城被攻破,北汉主刘继元投降,杨业归宋。这次潘美身为主帅,功不可没。战后潘美被任命为三交都部署,开始镇守北疆。三交西北三百里,契丹军占领地有个叫固军的地方,地势险要,是宋朝北边的咽喉之地。潘美派部队偷袭并占领了这个地方,此后这一带很少再受到辽军的侵扰。他还在代州打败了万骑辽兵的进犯,被封为代国公,不久又晋封为韩国公。

"公"是古代的爵位,"国"本是封地。先秦时在天子之下有公、侯、伯、子、男五等爵位,公为最高爵位。到宋代情况早已发生变化,在"公"之上有"王",但"王"主要授给皇亲宗室。宋初,异姓功臣在生前最高封国公,个别功勋卓著的死后追封郡王,这是最顶尖的功臣。潘美比他们略逊一筹,死

后未能追封王爵。到宋仁宗的时候,因为潘美的女儿被追封为"章怀皇后",潘美也连带被追封为"郑王",这个不算正式追封王位,因为他已经是皇亲了。但他生前也获得了异姓功臣所能获得的最高爵位。宋代宰相寇準获封莱国公,世称寇莱公;王安石封荆国公,世称王荆公;司马光曾封温国公,世称司马温公。这些都是很有名的例子,以此可看出潘美在北宋的地位。

潘美死后的宋咸平二年(999年),真宗下诏,潘美得配享太宗庙庭。所谓"配享",是指功臣祔祀于帝王宗庙。这就是说,后人祭祀前代皇帝,连他也一起祭祀。这是一种很高的荣誉,只有功劳最大的臣子才能享受这一荣誉。

除了赫赫战功之外,潘美还和皇帝有一层特殊的关系。杨家将戏曲、小说里有一个重要人物就是潘仁美的女儿潘贵妃,由于这位"西宫潘娘娘"大吹枕头风,才让奸臣潘仁美能够有恃无恐,横行霸道。但这不是事实。根据史书,雍熙二年,也就是雍熙北伐的前一年,太宗为儿子真宗娶潘美的次女为夫人。但潘女出嫁时,真宗还没有当皇帝,是个储君,而且潘女二十二岁就死了,到真宗即位后才被追封为"章怀皇后",不可能有小说、戏曲中西宫弄权的事情。虽然潘美因为这层裙带关系被追封为"郑王"是事实,但这已经到了宋仁宗时期。

潘美与宋太祖赵匡胤私交甚好。他们两人曾经同为后周柴荣属下,所以赵匡胤黄袍加身时,才派潘美向后周的小皇帝柴宗训以及垂帘听政的符太后宣示代周。

赵匡胤当了皇帝以后,有一次在宫里看到一个宫女抱着一小孩儿,上前一问,知是柴荣的儿子。赵匡胤问宰相赵普,应该怎么处置这孩子呢?赵普回答说:"去之。"也就是主张把这孩子杀掉。赵普的意思很明白:你夺了他柴家的江山,留下这孩子后患无穷。赵匡胤问潘美,潘美不敢回答,于是赵匡胤再追问一次,潘美说:臣与陛下曾在周世宗手下做事,若是劝陛下杀了他,就辜负了世宗;若劝陛下不杀,那陛下一定生疑。赵匡胤听了这番话,明白潘美的意思是这孩子不能杀,于是当场把这孩子送给潘美当侄子。后来这孩子官至刺史,名叫潘惟吉。从这件事看,潘美很有点人情味。

逼杨业孤军深入的幕后指使者

这样一个北宋的开国元勋，为什么成了十恶不赦的大奸臣呢？中国有两句俗语，一句是"一着不慎，全盘皆输"，另一句是"一失足成千古恨"。史书中有大功于宋朝的潘美，由于陈家谷一战，而成了戏剧中十恶不赦的大奸臣潘仁美。

从《宋史·杨业传》看，逼死杨业的直接责任人是王侁。但在王侁和杨业的争论中，潘美一言不发。王侁提出寻找辽军主力决战的作战方案，明明是找死的方案、必败的方案，潘美身经百战，难道看不出来吗？王侁说杨业"君侯素号'无敌'，今见敌逗挠不战，得非有他志乎"，这就是激杨业去送死，潘美难道听不出来吗？

在这样一场关乎全局胜负的争论中，主帅潘美竟然一语不发。不表态就是支持王侁，我们看杨业挥泪出兵的时候潘美并不制止，就不难看出他的心思了。

有人认为，级别低于杨业的王侁敢于如此嚣张，是由于杨业是北汉降将。这只是问题的一个方面。事实上，王侁与杨业素无恩怨，没有必要这样对待一个老将。但要是有潘美撑腰，情况就不同了。那么，潘美为什么支持王侁呢？是看不出两种作战方案孰优孰劣，还是有意让杨业去送死呢？或者，按照有些人的看法，是由于宋朝的监军权力很大，潘美无可奈何呢？

我们再来看一次《宋史·杨业传》的这一段描写：

> （业）将行，泣谓美曰："此行必不利。业，太原降将，分当死。上不杀，宠以连帅，授之兵柄。非纵敌不击，盖伺其便，将立尺寸功以报国恩。今诸君责业以避敌，业当先死于敌。"因指陈家谷口曰："诸君于此张步兵强弩，为左右翼以援，俟业转战至此，即以步兵夹击救之，不然，无遗类矣。"

这一段描写其实把潘美与王侁等人"捆"到一起去了。杨业的话里连用了两个"诸君"。"诸君"不是一个两个人，而至少是三个人。我们讲过，当时的监军，除了王侁和刘文裕之外，还有侯莫陈利用。或许，杨业说的前

一个"诸君"可能不包括潘美。但是,杨业指着陈家谷口要求"诸君"于此处设援兵,毫无疑问主要是对潘美而言的,"(业)将行,泣谓美曰",是对潘美说的。因为潘美是主帅,只有他才能号令全军。而潘美,则在关键时候与王侁等人撤走了援兵,表现出他与王侁的高度一致。这能说,逼迫杨业出战的"诸君"中,没有潘美吗?

《宋史·杨业传》说王侁"领兵离谷口"的时候,"美不能制,乃缘交河西南行二十里。俄闻业败,即麾兵却走"。

如果仅仅从"美不能制"四个字,可能会觉得潘美的过错仅在于不能控制王侁,但这个结论经不起分析。在雍熙北伐中,潘、杨所率领的西路军总兵力为数万人,杨业作为先锋能带走多少人呢?《宋史·杨业传》不载。杨亿的《杨文公谈苑》说,杨业带走的只是几百个骑兵,不过总兵力的百分之一;就算在这个数字上加上十倍,也不过总兵力的十分之一而已。

王侁率先"领兵离谷口",他带走了多少人呢?王侁是"监军",只有监督权而没有指挥权,能带走的兵力是十分有限的。而作为主帅的潘美,一定掌控着绝大部分军队。如果仅仅是对王侁"不能制",那么主帅潘美完全有权力、有实力,自己在陈家谷口设援军,等待杨业。但是,他却跟王侁一道将援军全部撤走。潘、王的军队走了二十里,就得到杨业兵败的消息,他不是赶往救援而是"即麾兵却走",逃跑了。当杨业一面奋力苦战,一面指望救援的时候,潘美的大军却早已经安然地逃回了代州。

杨业临死前,说自己"为奸臣所迫,致王师败绩"。杨业所说的"奸臣"究竟指谁?是否和上文所说的"诸君"一样包括潘美在内?请大家思考。

潘美为什么要害杨业?

如果把一个完整事件分为效果和动机两部分的话,从效果看,潘美的失约撤军造成了杨业被俘,因果关系是清楚的。关键在于动机——潘美为什么要陷害杨业?元杂剧写杨令公曾射中潘仁美一箭,后来的戏曲、小说写杨七郎打擂将潘仁美的儿子潘豹打死,潘仁美公报私仇,千方百计置杨氏一门于死地。这完全是文学虚构,不可信。我认为从主观动机上说,潘美陷害杨业的原因是嫉妒。

有人认为,潘美绝不可能嫉妒杨业,因为潘美的官职比杨业高得多,其实未必。北宋初每个官员至少拥有"官号"和"差遣"两个头衔。官号又称"寄禄官",只用来确定官员的等级,即属于几品官,据此确定这个官员应得多少俸禄。"差遣"才是他们担任的实际职务,又称"职事官"。从"官号"来看,潘美位居检校太师、忠武军节度使、韩国公,为一品。而杨业只不过是一个州的军政长官(云州观察使),四品,二人不具有可比性。但雍熙北伐前,潘美的实职是三交驻泊兵马都部署,杨业是三交驻泊兵马部署,杨比潘少一个"都"字。雍熙北伐时,潘美为云应路行营都部署,杨业副之。用今天的话,一个是司令,一个是副司令,二人在实际职务上的差别并不像以往想象的那么大。这一点,只要看宋征南唐时,曹彬为主帅,潘美为副帅;征北汉时,党进为主帅,潘美为副帅,就不难明白。

让杨业做潘美的副帅,堪称"破格使用"。赵光义不仅破格任用杨业,而且还给了杨业一份异乎寻常的赏赐,即前文所言的"密封橐装,赐予甚厚"。对一个降将如此礼遇,自然会引起一些老臣的猜忌和嫉妒。《宋史·杨业传》写道:

　　主将戍边者多忌之,有潜上谤书斥言其短,帝览之皆不问,封其奏以付业。

余嘉锡先生分析说:"是时主将并无他人,实即潘美,史臣以美功名甚盛,故讳其姓名。"这个分析很有道理。比起王侁等人,潘美与"主将戍边者"更吻合。"帝览之皆不问,封其奏以付业",这种超常的信任,更加重了潘美的嫉妒,陈家谷之战恰好给了他除掉杨业的机会。

《宋史·杨业传》中写杨业的两次落泪,颇带情感色彩,有太史公风格。有道是"丈夫有泪不轻弹",而杨业,这个多少次在战场上出生入死,令辽兵闻风丧胆的"杨无敌",竟然在一天之中两次掉泪。第一次是在率军出征前,业"泣谓美曰……",他痛陈孤军深入的无奈,要求潘美在陈家谷口设援兵予以接应。第二次是他撤到陈家谷口时没有见到援兵,于是"拊膺大恸",带伤力战被俘。两次落泪相呼应,效果明显。所以,尽管《宋史·杨业传》的作者没有写潘美有意陷害杨业,但是无论从情感上或是情理上,人们都是很难原谅潘美的。

《宋史·杨业传》之外,文人笔记、诗文、戏曲,为潘美应该对杨业之死承担主要责任提供了旁证。我们只举北宋文学家、苏东坡的弟弟苏辙的

《过杨无敌庙》诗中的后两句为例,这两句诗是:

> 我欲比君周子隐,诛肜聊足慰忠魂。

诗里把杨业比作周子隐,周子隐是谁?就是大名鼎鼎的周处,他字"子隐"。周处年少的时候为祸乡里,被乡亲们当成三大祸害之一,后来浪子回头,改过自新,成为有名的忠臣武将。

晋元康七年,也就是公元297年的时候,氐人齐万年率兵七万反叛。当时周处担任建威将军,隶属于征西大将军梁王司马肜和安西将军夏侯骏之下。由于周处严格执法得罪过司马肜,司马肜趁机报复,令周处领五千兵出击。周处提出,敌众我寡,加之孤立无援,出兵必败,自己身亡事小,还会给国家带来耻辱。司马肜与夏侯骏不听,逼周处进兵。结果在战斗中,周处虽斩获甚众,但最终"弦绝矢尽,救兵不至,遂力战而死"。由于司马肜地位太高,他不仅是征西大将军和梁王,而且还是当朝皇帝司马炎的叔叔。所以朝廷明明知道周处之死司马肜应当担责,但也不能处罚他。

苏辙诗中把杨业比作周处,那谁是司马肜呢?显然只有位高权重的潘美了。王侁只不过是区区一个监军,并非主帅,苏辙不可能把王侁比作司马肜。

同时还可以推测,苏辙的这种态度不是孤立的。也就是说,早在北宋,就有一种倾向性的意见,把杨业兵败被俘死难的责任归于潘美。而这种意见与正史不完全相同,应当是民间的口述历史,而口述历史有时候恰恰可以还原历史真相。北宋大文学家欧阳修在给杨业的侄孙杨琪写的墓志中说:杨业和杨延昭父子的事迹,"至今天下之士,至于里儿野竖,皆能道之"。欧阳修比苏辙大三十一岁,可见,苏辙把杨业之死归罪于潘美,正是在北宋民间舆论的大背景下出现的。

劣迹被夸大的潘仁美

但是必须指出,民间艺人的口无遮拦信口开河、夸大事实甚至无中生有,一步一步地把有贡献也有错误的历史人物潘美,塑造成了戏剧中从头到脚坏透了的奸臣形象潘仁美。这个过程,即使在早期的杨家将戏曲里也可以看出来。

在我们讲过的元杂剧《八大王开诏救忠》中，潘仁美虽然是反面角色，但并不是汉奸，潘仁美"勾结辽兵"是党彦进编出来骗潘仁美交出帅印的谎言。党彦进对潘仁美说，杨六郎告你勾结辽兵，把帅印都给了萧太后，潘仁美说没有啊，帅印在这里呀。党彦进把可以调兵的帅印骗到手，才放心地把潘仁美拘捕起来。但到了清代戏曲中，潘仁美真的成了勾结番邦的汉奸。一个十恶不赦的"大奸臣"形象就这样逐渐被定格在戏剧舞台上。

那么，戏曲作家、民间艺人为什么不按照史书的记载，去塑造一个性格复杂、有功有过的潘美呢？这牵涉到口述历史的性质及传统戏曲的特点。

我们知道，人类有语言、有文学的历史，要比有文字、文献的历史长得多。最早的历史是口述历史，最早的文学是口述文学。早期的口述文学往往与历史混为一体，难解难分。《荷马史诗》的编定者是一个盲诗人，无独有偶，《左传》《国语》的作者也是一个盲人（司马迁有"左丘失明，厥有国语"之说）。他们都是靠口头传说而不是靠搜集文献来叙述历史的。在他们的作品中，历史上的人物和故事，是文学，也是历史。

那么，在有文字、文献的历史开始以后，特别是在中国，修史传统异常深厚，文献史料异常丰富，口述历史还有什么作用呢？

第一，由于史书对历史真相的遮蔽或者歪曲，口述历史可以对正史进行反拨、修正与补充，在特定的场合可以一定程度上还原历史真相。

史书，尤其是官修史书，总是有意无意地对历史真相进行部分遮蔽。孔子编《春秋》，提倡"为尊者讳，为亲者讳，为贤者讳"，后世史官多遵循之。所以从远古至今，大量的信息被删减、过滤、淘汰、舍弃掉了，我们能看到的史书，只是经过删选的历史而已。有的事情是"烛影斧声"，千古之谜，永远搞不清真相了。

然而，越是遮掩防范，就越是能激发起人们的好奇心。求真求实、揭密探秘是人类的天性。于是，从某一点蛛丝马迹出发，各种传说秘闻、街谈巷议便应运而生。口述历史就这样自发地、自然地产生出来。如果能够将口述史料与文献史料互相参证，加以合理的甄别、客观的分析，口述史料就可以部分地还原被有意无意屏蔽掉的历史。

第二，史书只能给识字的人阅读，而我国古代有大量文盲存在。不识字的人只能通过口耳相传了解历史，这样口述历史就派上了用场。然而，口述历史最容易走样、变形，这就变成了文学，离历史真相越来越远。

我国上古就有瞽史,就是讲唱历史的盲人。又有稗官,是史官之外专门采集民间传说的人,以往被当成"小说家"的源头。到宋代出现了具有职业化、商业性的"讲史"活动,这些"讲史"者就是说书人。他们要耸人听闻,必然极尽渲染、铺排之能事。因为,一般化的东西不足以吸引人们的眼球,要使人耳目一新,只有虚构和夸张。

而我国戏曲从宋代起就有脸谱化的特点,人物性格单一,元杂剧乃至后来的杨家将戏曲也都是如此。只有一出《四郎探母》,写了人物性格的复杂性,还引起了很大争议。戏曲里的坏人身上是不允许有优点的,好人身上也很难找到缺点。

由于以上种种原因,历史人物潘美的功绩被全然不顾,其劣迹被无限夸大,成为戏剧形象潘仁美。今天,我们看戏的时候,不能再把历史剧与历史画等号,千万不要对号入座;读史的时候,也不应该从潘美联想到潘仁美,在两人之间画等号,以至于为潘美抱不平。

第四集　寻找"佘太君"

在传统戏曲中，佘太君名叫佘赛花，她是杨业的妻子、杨六郎的母亲。佘赛花不但人长得漂亮，而且武艺高强。她少年的时候通过比武招亲与杨业相识，为杨家生下七男二女，并在杨业、杨六郎去世之后成为杨门女将的领军人物。她百岁挂帅，号令三军，大获全胜。佘太君这个人物，在戏里，赢得了杨家上下、丞相寇準、八贤王赵德芳，乃至皇上的尊敬；在戏外，也博得了观众的喜爱。那么，这个戏剧形象是怎样形成的呢？历史上是否真有其人呢？

宋代文献记北宋抗辽骁将杨业有七个儿子，但没有只言片语谈及杨业的妻子。杨业当然是有妻子的，没有妻子，七个儿子从哪儿来？在以正史为代表的古代文献中，这种有儿子没妻子的现象非常普遍。我们讲过，《史记》以及元杂剧中的程婴也是有儿子没妻子，程婴牺牲自己的独生子不需要和妻子商量。这种歧视妇女、无视女性存在的现象，从根本上说是违反人性的。本来，夫妇乃人伦之首嘛！"有夫妇，然后有父子；有父子，然后有君臣"，所以，我们的民间文学，戏曲、小说纷纷给没有妻子的男人娶了老婆。表面上看是"瞎编"，实际上恰恰还原了历史真相。这种现象值得我们注意。

杨令公之妻——"令婆"

那么，杨业的妻子是从什么时候开始出现的呢？

根据现有材料，我们可以知道杨业的"妻子"最早出现在明代中期以后的戏曲、小说中。之前讲过的元末明初的杂剧《八大王开诏救忠》，杨业自

报家门,提到父亲是"火山杨衮",还提到了七个儿子的名字,但完全没有提到自己有妻子,更别说"佘太君"的名号。元末明初的另外两部杨家将戏曲也一样,这和《宋史》的记载基本上一致。

到明嘉靖以后的戏曲、小说中,杨业开始有妻子了。但她刚出现的时候不叫"佘太君",而叫"杨令婆"。很明显,"杨令婆"是和"杨令公"相对的一个叫法,丈夫是"杨令公",妻子就成了"杨令婆"。大家知道,杨业是死后才被追封为"中书令"的,把活着的杨业叫作"杨令公",本来就有点怪怪的。可是民间戏曲艺人不管那一套,不光给活着的杨业封"令公",还给他妻子封了一个"令婆"。明传奇《三关记》说:"圣旨封继业为老令公,封妻老令婆。""令公""令婆"前还带个"老"字,这纯粹是民间想象。

明代《杨家将演义》这部小说中,对为什么有"令公""令婆"这样的称谓作了解释:宋太祖赵匡胤率兵伐北汉,被北汉军打得大败。赵匡胤问手下,是什么人这么厉害,害得我损兵折将,手下大将石守信回答,是"令公"。赵匡胤问:"是名叫'令公'吗?"石守信说:"不是,他名唤继业。"赵匡胤再问:"缘何又唤令公?"石守信说:"继业出战,打着红令字旗;其妻出战,打着白令字旗,因此号为'令公''令婆'。"这个解释非常可笑,把"令公""令婆"的"令"字与令旗联系在一起,但同时也可看出这个名号初出现时候的朴素与原始。

明代的小说《杨家将演义》给后来戏曲中的佘太君形象的完善提供了想象空间。作品写"令婆"每每打着白色令旗出战,勇不可当,直到娶了孙媳妇木桂英之后,依然老当益壮,率兵攻打通明殿,与梨山老母交战。而且这个"令婆"还是个长寿星,直到最后"十二寡妇征西"的时候也未见她仙逝,虽然她不在"十二寡妇"之中。但后来的戏曲《百岁挂帅》《太君辞朝》都是佘太君挂帅,在有的剧种里,《十二寡妇征西》以佘太君为元帅,穆桂英为先锋。

《杨家将演义》中的杨令婆给人印象最深的是,早在杨业归宋之前,她和丈夫杨业分头领兵保卫太原,抵抗宋军。在北汉君臣"吓得面如土色,魂不附体"的时候,"令婆打白令字旗,当先冲杀,宋兵望见,纷纷逃窜"。接下来写她和潘仁美交战,假装战败,暗中抽弓搭箭,"扭身回射仁美",把潘仁美射落马下。当令婆催马向前,要来砍杀潘仁美的时候,潘仁美的部将洪先赶来救援,被令婆一刀斩于马下。洪先的弟弟见哥哥被斩,要为哥哥报仇,与令婆交战数回合,也被令婆斩之。可见年轻时候的令婆无比神勇。

后来的杨家将戏曲虽然没有完全照搬小说,但小说中"杨令婆"的勇敢善战、老当益壮,为后来杨家将戏曲中的"佘太君"形象提供了借鉴。

在明代的杨家将戏曲、小说中,从"杨令婆"到"佘太君",这个形象逐渐完善乃至完美,我们只举一个例子。

我们知道,杨六郎"私下三关"的故事在元、明两代十分流行。大致说的是:奸臣向宋真宗进谗,想要拆毁御赐杨家的宅第天波府无佞楼,杨六郎得知后私下三关,惩罚了奸臣。但是各种作品在写到杨六郎的母亲,这个老人家对杨六郎"私下三关"的态度,有比较大的差异。

凡早一点的作品,一般使用"令婆"这个名号的,写杨六郎私下三关是被母亲"令婆"召回去的。例如明传奇《金铜记》中,杨六郎说:"子见母书,不得不去。"产生于明嘉靖时期的小说《杨家将演义》,也使用"令婆"这个名号,但她已经有了娘家的姓氏——"吕"。作品写让六郎私下三关,是"令婆"的女儿八娘提出的建议,"令婆"采纳了她的建议,即刻派九妹赶往边关,召杨六郎回京。总之,早一点的戏曲、小说,杨六郎私下三关完全是被动的,是奉了母亲"令婆"之命才擅离岗位的。

而万历时期的《杨家府演义》,一般还是使用"令婆"这个名号,但她已经从"吕氏"改姓"佘氏"了。这个作品,增加了"令婆"犹豫不决的描写。当她听了八娘的建议后,答复说:"未有诏命,六郎怎敢擅离三关?"八娘提出权且让部下代掌几日兵权,让杨六郎悄悄回来,事情处理完即刻赶回去。"令婆"才勉强同意。

《元曲选》中的"佘太君"

汤显祖的《牡丹亭》传奇中有这样的唱词:"咱比李山儿何足道,这杨令婆委实高。"可见,在《牡丹亭》流行的万历中期,"佘太君"的名号还没有流传开来。但是在万历四十年以后刊行的《元曲选》中的《谢金吾诈拆清风府》(以下简称《谢金吾》)这出戏里,"杨令婆"变成了"佘太君"。面对奸臣拆毁甚至当街推倒宅第,佘太君表现得相当冷静,她对老院公说:

你近前来。只今日我修下一封书,你直至瓦桥三关,说与六郎孩儿。若有明白的圣旨,着他下关来;若无明白圣旨,着他休下关来。小

心在意者。

又唱道：

虽则是被那厮抢白,嘱付孩儿宁奈,休得要误军机私下禁关来。

当杨六郎私自回家探母,她见到儿子后的第一句话是责备六郎：你不曾请旨,私下关来,这样做不行的。奸臣就是要赚你离开边关,"罗织你些罪过"的,"你慌来家做甚么,你敢跳不出这地网天罗"。并说自己只不过受了些窝囊气,这几天已经好了。

我们知道,民间故事大体遵循世代累积的原则,《元曲选》中的人物形象也应当是逐渐趋于合乎情理的。传奇《金铜记》以及早期小说中的"杨令婆",遇到突发事件便按捺不住愤慨之情,写信让镇守边关的杨六郎"私下三关",不符合这个人物的年龄与身份。万历后期的小说写"令婆"踌躇不定,是一个过渡。到万历四十年以后,《元曲选》中的"佘太君"才称得上老谋深算。

《元曲选·谢金吾》为四折一楔子,楔子中王钦若独白："杨六郎母亲封为佘太君。"请注意,刚才讲了,传奇里面说杨业之妻被封为"老令婆",到这里成了"佘太君"了。杂剧的第一折、第二折正旦扮演佘太君主唱,从这两折戏看来,佘太君虽然年事已高,但性格刚强,疾恶如仇,特别是头脑清醒,考虑事情周全,处理突发事件冷静、老到。

清以后的杨家将戏曲,大体继承并且发展了《元曲选·谢金吾》的写法,佘太君成为一位不仅忠勇有谋、经验丰富的战将,而且是能够忍辱负重,明大义、顾大局、识大体的老英雄,成了杨家的主心骨了。从"杨令婆"到"佘太君",这个形象越来越成熟了。

不过,戏剧形象佘太君的形成过程也并不是一条直线。在清宫大戏《昭代箫韶》中,王强、谢庭芳在设有"下马牌"的杨府门前遛马、喧哗,佘氏令人将二人扯下马来,拖入府中责罚。王、谢二人不服,再到杨府门前试御马骗骗,佘氏令人痛打二人,这才引起王、谢面圣,请圣旨拆毁天波府无佞楼。佘氏将此事告知六郎,六郎受母命私下三关,中了奸臣之计,被发配汝州。显然,《昭代箫韶》为了强调皇权的绝对不可挑战,把佘太君写得过于莽撞,不合情理。

"令婆"还是"太君"?

那么,后来戏曲中的杨业之妻、杨六郎之母为什么不叫"令婆"而改称为"太君"了呢?"太君"这个称呼到底是怎么来的呢?

我想,这很可能和明代两部杨家将小说中,杨六郎的妻子"柴太郡"的称谓有关。在小说里,杨六郎的妻子是后周世宗柴荣的女儿,宋太祖优待后周皇室,公主成了"郡主",依然很受尊崇。在小说里,杨六郎的妻子被众人呼为"太郡"。也就是说,在小说中杨业的妻子是"令婆",而杨六郎的妻子是"太郡"。而且,这个"太郡"经常和"令婆"在一起。你想,杨六郎在边关镇守,"令婆"和"太郡"这婆媳俩一起留守家园不是很正常吗?所以,小说中经常出现"令婆与太郡"这样的写法。有的时候,"令婆与太郡"中间那个"与"字没有了,而且古书没有标点,便写成"令婆太郡"。

演义一类的小说,我们今天是用来阅读的,但那个时候是讲唱文学的底本。而讲唱文学与戏曲的表演者很多都不识字,在口口相传中,"令婆太郡"可能就从两个人变成了一个人。最近,我在新加坡抄藏的"外江戏"(广东汉剧)剧本里,发现了《杨太郡辞朝》的剧目。这个"杨太郡",就完成了从"柴太郡"到"令婆太郡",再到"杨太郡"的演化过程。如果再进一步,"太郡"就变成了"太君"。《杨太郡辞朝》京剧叫《太君辞朝》,是为显证。毕竟,"太君"作为对有地位的老年妇女的尊称,要比"太郡"使用广泛,而且顺口。

"佘太君"这个称谓出现之后,渐渐流行开来。不过,这个名号并没有完全取代"杨令婆"。对于杨业之妻,北曲杂剧称"佘太君",传奇和南方产生的小说则称"杨令婆"。这说明,"令婆"这个叫法带有南方方言色彩。北方虽然也把"公""婆"相对而称,但一般只用于儿媳称呼丈夫的父母。但南方就不同了,将"公""婆"相对而称,用来称呼长辈要比北方普遍得多。例如对于祖父祖母,北方叫爷爷奶奶,南方叫阿公阿婆;对于外祖父外祖母,北方叫姥爷姥姥,南方叫外公外婆。

所以,我们看后来的京剧和梆子系统的剧种,几乎全叫"佘太君",而广东的潮剧,现在还叫"杨令婆"。潮剧里有一出很有名的戏,叫《杨令婆辩本》,擅演杨令婆的演员被当地观众誉为"活令婆"。

有一个有趣的现象是"太君"和"令婆"的混用。就目前所见,最早将"令婆"与"佘太君"混用的,是明末清初"苏州派"代表作家李玉的《昊天塔》。这个戏把元杂剧《八大王开诏救忠》与《谢金吾》融为一体,某些唱词直接借鉴了元杂剧,可知李玉对明人修改过的《谢金吾》十分熟悉。可以判断,将"太君"和"令婆"的混用,是同时借鉴了《元曲选》和明代小说的结果。再如上面提到的广东汉剧《杨太郡辞朝》,京剧中叫《太君辞朝》,楚剧剧目叫《杨令婆辞朝》。奇怪的是,楚剧除封面标题之外,内文一律用"佘太君"。这也是受到自《元曲选》而下的北方戏剧和明代小说及南方传奇的双重影响造成的,同时也和楚剧流行在南北交会、九省通衢的武汉地区很有关系。

"佘赛花招亲"故事的来由

京剧、秦腔、汉剧、豫剧等许多剧种均敷衍佘赛花招亲的故事。这个故事从何而来呢?

清乾隆间,有个叫吴璿的作家,写过一部长篇小说《飞龙全传》。其中第五十回,叙述杨业年轻的时候,奉了父亲杨衮之命,到远处探亲,途遇一座高山。占山为王的绿林好汉叫佘志龙,他要杨业留下买路钱,两人就打了起来。战了多时,不分胜负。佘志龙见杨业一表人才,便请他上山,好言抚慰,纳作了乘龙快婿。佘志龙的女儿佘氏,惯使一个流星锤,武艺超群,而且通晓兵机,熟谙阵法,与杨业正是天作之合。杨业劝告佘志龙改邪归正,图取功名。佘志龙接受了朝廷招安,做了封疆大吏。

这里所叙述的杨业娶佘氏为妻的故事,就是戏曲《佘赛花》的故事来源。

《佘赛花》这个戏,原来叫《七星庙》《紫金带》。在早期京剧剧本《七星庙》中,"佘氏"叫"佘彩花",在《紫金带》中叫"佘蔡花",到民国初出版的《戏考》中才叫"佘赛花"。到这里,我们就可以知道,佘太君的故事从无到有、从贫乏到丰满的演进轨迹了。看来,京剧的作者想清楚了,杨业之妻在未婚之前既不能叫"令婆"也不能称"太君",还是称"佘氏"为妥。但"佘氏"并不是正式的名字,所以后来才又渐渐编出为大家所认同的"佘赛花"这个名字。

"佘太君"的原型为"折太君"说不可信

历史上究竟有没有佘赛花也就是佘太君这个人呢？或者换句话说，戏曲中的佘太君有没有一个真实的历史人物原型呢？这个问题早就有人提出来了，"佘太君"的原型人物早就有人在找了，不光是普通的百姓在找，而且一些名家大腕儿也在找，他们声称：找到了！

清乾隆年间，有一位大学者毕沅，他在陕西任职期间，发现了一块"折克行墓碑"。折克行是宋代的一个武将，待会儿我们还会提到他。这块碑的阳面记录了折克行的家世、官爵、事迹等，阴面记录了折氏家族近五百年的兴衰史。毕沅注意到，这块墓碑被当地人误传成了"折太君"的墓碑。他认为不是，这块碑明明是折克行的墓碑，碑文写得很清楚、很明白嘛。但他接着说："折太君"是折德扆的女儿、杨业的妻子。请注意，毕沅说了，"折太君"就是杨业的妻子，而杨业的妻子在戏曲里就是"佘太君"。这样，"折太君"和"佘太君"就画等号了。

毕沅是什么人呢？他是乾隆二十五年中的状元，历任陕西按察使、陕西布政使、陕西巡抚、河南巡抚、湖广总督等职。他不仅是个大官，而且是个非常优秀的史学家。他编纂的《续资治通鉴》记载了上自宋太祖建隆元年（960年）下到元顺帝至正三十年（1370年）的中国历史，其中北宋部分尤其精审。而且他还编纂了《关中金石记》《关中胜迹图志》这两部书，对关中的历史文物予以实录，非亲眼目睹不下笔。由于这样一个治学严谨的大学者的权威地位，北宋武将折德扆的女儿为杨业之妻的说法就流传开来。从晚清到近代以来的许多有名的学者都认同这个说法。大家认为，杨业的妻子是"佘太君"，这是由于"折"和"佘"发音相近搞混了。到现在，"折太君"就是"佘太君"的说法广为传播，几乎成为定论了。不信你在"百度"搜搜看，还有人说杨业娶了折德扆的女儿是"门当户对"呢。

那么，北宋武将折德扆的女儿真的就是"折太君"，真的就是杨业的妻子"佘太君"吗？

我认为这个说法疑点很多。第一个疑点，毕沅的说法有什么根据呢？其实他的根据，就是清代康熙、雍正两朝的地方志。就我们看到的史料，关于宋代折德扆之女为杨业妻的最早记载，见于清康熙四十一年（1702年）刊

刻的《岢岚州志》。这本书记载说，杨业的妻子是折德扆的女儿，她曾经辅佐杨业立下战功，杨业战死于陈家谷之后，潘美和王侁畏罪，想要掩盖真相，她上疏为丈夫申冤，力陈真相，致使潘美和王侁被削爵，"除名为民"。

　　这就奇了怪了，北宋的历史要靠清人来记录，并且这个说法出现在"佘太君"的戏曲、小说在民间广为流传之后，这本身就十分可疑。而且说潘美、王侁被削"爵"，"除名为民"，与史书记载不符。当时潘美是被贬官三级，王侁则根本没有爵位，不可能被削爵。其次，又说折氏上疏为杨业申辩，也没有任何文献佐证。我们已经讲过，为杨业申诉的人名叫刘吉，根本不是杨业的夫人。

　　第二个疑点，折德扆是什么人？他的女儿有没有可能嫁给杨业为妻？

　　根据《宋史·折德扆传》的记载，折德扆在五代末和赵匡胤同事，他们同在北周柴荣手下做节度使。而当时杨业则在北汉，北周与北汉互为仇敌，老是打仗。赵匡胤建立宋朝后的第二年折德扆就归顺了，三年后就去世了，当时杨业还在北汉。所以两个人一直是对手，似乎不可能结亲。

　　第三个疑点，毕沅说折德扆的女儿是"折太君"。可是，文献中还有另一个"折太君"。早于《岢岚州志》的陕西《延绥镇志》，记载神木境内"有杨六郎墓"，又"有折太君墓"，不过《延绥镇志》特意说明，这个"折太君"是宋代名将折克行的母亲。折克行，就是刚才我们讲到的毕沅所发现的"折克行墓碑"的碑主，而他，原来就是折德扆的重孙子！

　　这就有了两个"折太君"了，而且两个"折太君"都和北宋折德扆家有联系。一个是嫁到杨家的折德扆的女儿，她是跟了娘家的本姓；另一个，是折德扆的孙媳妇，折克行的母亲，她是从了丈夫家的姓。果真出现这一情况简直太不可思议了！这两种不同的称谓方式虽然都可以使用，但出现在同一个家族内则绝无可能，二者必一真一假，或两个全假，而两个全真的可能性几乎没有。那谁是真正的"折太君"呢？

　　记得我们讲过古代妇女的姓名问题。一般而言，妇女嫁人以后应该从丈夫的姓，比如我姥姥娘家姓李，婆家姓王，她就叫"王李氏"。折克行的母亲为"折太君"显然也是从婆家姓。如果两个"折太君"一真一假的话，那么折克行的母亲被称作"折太君"在先，应为真。郑骞先生说得好：

　　　　予认为各方志所谓折太君墓如确系真墓，应为折克行之母而非杨业之妻。若谓折太君有二：一为人所共知之佘太君即杨老太太佘小姐，一为人所罕知之折老太太末小姐,则真成"异闻",可资"谈助"矣。

(郑骞《杨家将故事考史证俗》)

也就是说,折克行的母亲是绝无可能嫁给杨业为妻的。折克行活动在杨业死后一百年左右的时间里,假如他的母亲比他年长三十岁的话,那么这个真的"折太君"大约比杨业小七十岁,她是不可能嫁给杨业的。而折德扆的女儿是被附会出来的"折太君",刚才已经分析过,她的父亲与杨业互为仇敌,两家结亲的可能性实在太小。

还有第四个疑问,也是最关键的,"佘太君"根本就是戏剧形象,而且她最初多是以"令婆"的名号出现的,她的第一个姓氏是"吕"。以"折"和"佘"发音相近而把二者往一块扯,就是把历史人物和戏剧形象进行无缝对接,根本就是驴唇不对马嘴。

基于以上四点疑问,杨业的妻子就是折德扆的女儿的说法不能成立,"折太君"就是"佘太君"原型的说法完全是牵强附会。

我们推测,把折德扆的女儿附会成"佘太君"的理由和过程大概是这样的:从地缘上看,折氏家族居住的陕西府谷县与杨业的故乡神木县交界,宋代分别称府州与麟州。而且历史上这两个县还曾经同属于一个行政区域。在这个地区,既有"杨六郎墓",又有"折太君墓",这很容易激发人们的想象力。由于"折""佘"音近,于是在民间传说中,"折太君"便与戏曲中的"佘太君"合二为一了。但由于辈分、年龄相差太大,原本折克行的母亲"折太君"便进一步被"合理化"为折德扆的女儿。

讲到这里,戏剧形象"佘太君"的来历及其与历史人物"折太君"的关系,大体上可以搞清楚了:

明代的民间艺人给杨令公娶了一位勇敢善战的妻子"杨令婆",最早的时候她姓"吕";万历中期以后改姓"佘"。"佘太君"的名号在万历后期出现在明人改编过的元杂剧中,这个名号的形成大概与小说中杨六郎的妻子被称为"太郡"有关。"令婆"这个名号带有南方方言色彩。所以,直到现在,南方的某些剧种,仍称杨业的妻子为"杨令婆"。

由于杨家将戏曲在民间的广泛影响,加上"折""佘"同音和地缘的原因,大约在清康熙中期,宋代武将折克行的母亲被杨业故里附近的百姓附会成戏曲中的"佘太君"。但是折克行的母亲比杨业晚几十年,于是后来进一步将"折太君""合理化"为折德扆的女儿。这实在是历史的误会。

戏曲、小说为杨业增添一位妻子，本来合情合理，补充了历史文献的缺憾。但另一方面，既然是文学，就不可避免向壁虚构。从少年比武招亲到百岁挂帅，这已成为实实在在的文学，不能当历史看了。至于小说中的杨业之妻为什么最初姓"吕"，后来姓"佘"了？到现在也还是个谜。我们期待日后发现新的材料，来解开这个谜。

第五集　杨六郎历史档案

今天,我们讲杨家将第二代传人——杨延昭,也就是戏曲中"杨六郎"的原型。

杨业有七个儿子。《宋史·杨业传》说:杨业战死之后,他的儿子有官的升官,没官的封官。老二延朗从供奉官被擢升为崇仪副使,延朗后来改名延昭,就是戏曲中"杨六郎"的原型;老三延浦、老四延训从殿直升为供奉官;老五延环、老六延贵、老七延彬原来没有官职,成为殿直。前面讲过,在陈家谷战死的一个,叫延玉,应该是老大。

光一个杨业,即使再厉害,都不能叫"杨家将"。但有了这几个如狼似虎的儿子,情况就不一样了。更何况,历史上杨业的孙子、杨延昭的儿子杨文广,先跟随狄青南征,后对抗西夏,是留名青史的武将。

但是,杨业的七个儿子中,除了老大延玉和老二延朗,其他的五人,虽然留下了名字,但他们的事迹统统不可考了。由于老大延玉早死,所以,在杨业的七个儿子中,继承其父杨业遗志,在抗辽前线屡立战功的,是老二延朗,也就是"杨六郎"。

有人会问,"杨六郎"难道不是排行老六?他要是老二的话为什么被叫作"六郎"呢?那我们就先来看看杨延朗的名和号。

杨六郎原名"延朗"

杨延朗,公元958年出生。到他五十五岁那一年,也就是公元1012年,突然改名了,从"延朗"改为"延昭"了。"杨六郎"五十七岁去世,那他为什么活了大半辈子还要改名呢?因为要避讳。古代的避讳在形式上多种多样,其中之一就是,姓名中犯了帝王或尊者的名、字、号的要改。

"延朗"二字犯了哪位尊者的讳呢?是犯了"赵玄朗"的讳。赵玄朗是

什么人呢？他就是民间大名鼎鼎的财神赵公明的前身，是宋真宗赵恒造出来的一个赵氏家族的祖先神。

和唐玄宗一样，宋真宗也迷信道教。但唐玄宗迷信道教，下面的人就编谎话骗他，今天说见到了老子，明天是某地藏有灵符，唐玄宗信以为真。宋真宗却是编出谎话骗别人。大中祥符五年（1012年）十月，宋真宗对手下大臣们说，他做了个梦，梦见玉皇大帝让赵氏的祖先神授给他天书。这个祖先神非同一般，他原是"人皇"中九人之一，后来曾转化为轩辕黄帝。王旦等一帮宰臣听宋真宗这么说，也不管真信假信，全都磕头贺喜。真宗于是下诏，给这位"圣祖"起名叫"玄朗"，从此犯"玄""朗"这两个字的名字都要避讳。例如孔子的封号原来是"玄圣文宣王"，改作"至圣文宣王"。连孔子的封号都改了，更不用说武将杨延朗，这个叫了大半辈子的名字当然也得改，就改为杨延昭了。所以，宋代文献有时把他记为杨延朗，有时记为杨延昭，其实是同一个人。但在戏曲、小说中，他往往叫杨景或者杨延景，这我们后面再说。

有意思的是，被宋真宗起名为"赵玄朗"的赵氏祖先神，元、明以后逐渐演化成财神赵公明了。到了清代，"赵玄朗"这名字犯了康熙皇帝"玄烨"的讳，"赵玄朗"又被改成了"赵元朗"。宋真宗泉下有知，不知作何感想？

并非老六的"杨六郎"

杨延朗改名延昭了，那我们下面就叫他杨延昭了。《宋史·杨业传》是给杨业的六个儿子排了序的，杨延昭排在最前，官职又是最大，本来应该是老大。但在陈家谷战死的延玉没有排序，所以杨延昭应该是老二。

杨延昭排行不是老六，为什么被称为"六郎"呢？由于史书没有明确的记载，所以不少人都像猜谜一样地在猜。有人猜"六郎"是小名、乳名，"郎"，看样子像是小儿郎的"郎"，你看杨业的七个儿子，从"大郎"到"七郎"，不都是小名吗？有人认为是总称，杨业总共七个儿子，延玉死后剩下六个，所以"六郎"是对杨业六个儿子的总称。有人认为是大排行，旧时兄弟不分家，按照堂兄弟排行延昭居第六。还有一种"将星说"：古人往往以天上的星宿比喻世间人物，契丹人赞扬杨延昭为"北斗七星"中的第六颗星，是契丹的克星，久而久之，"杨六星"便成为"杨六郎"了。这些说法，证据都不足。

那么,杨延昭被叫作"杨六郎",宋代文献究竟是怎么记载的呢?"唐宋八大家"之一的曾巩,为杨延昭写过一篇千把字的传,其中说:

> (延昭)威震异域,守边二十余年,虏情畏服,止呼曰"杨六郎"。
>
> (曾巩《隆平集》)

此后的《宋史·杨延昭传》《续资治通鉴长编》,王称的《东都事略·杨延昭传》等文献,大同小异,都说杨延昭"在边防二十余年,契丹惮之,目为杨'六郎'",或者说"虏人畏之,呼为'六郎'"。

看了这些记载,就知道上面的几种猜测中有三种明显是猜错了。契丹人害怕杨延昭,就用小名、乳名称呼他?因为害怕他,就用兄弟六人的总称称呼他一个人?因为害怕他,就用大排行来称呼他?都说不通啊!

"将星说"很流行,"百度"的"杨延昭"条目就是这么说的。但这个说法太绕,根据也不足。先称他"杨六星",再把"六星"改成"六郎",有什么根据呢?为什么把"六星"改作"六郎"呢?这么绕来绕去,恐怕连契丹人自己都不知道是什么意思了。

我们分析一下上面的文献。"六郎"最早是辽人叫起来的,辽人,也就是契丹人,为什么把杨延昭叫作"杨六郎"呢,是因为害怕他。"惮之""畏之",才把他叫作"六郎"的。

根据文献,契丹人自北魏开始,就在辽河上游的长白山一带活动。到隋炀帝的时候,隋朝大将来护儿骁勇善战,在辽东战役中战功显赫,被封为"荣国公"。来护儿的第六个儿子来整和他父亲一样,隋末在辽东一带"讨击群盗,所向皆捷"。《隋书·来护儿列传》说:

> 整尤骁勇,善抚士众,讨击群盗,所向皆捷,诸贼甚惮之,为作歌曰:长白山头百战场,十十五五把长枪。不畏官军十万众,只畏荣公第六郎。

这首歌,《北史·来护儿列传》也有收录,字句略有不同:

> 长白山头百战场,十十五五把长枪。不畏官军千万众,只怕荣公第六郎。

请注意,当年来整,也就是这位"荣公第六郎""讨击群盗"的长白山一带,恰恰就是辽人的先祖们活动的区域。也就是说,唱这首歌的人,就是后来辽人的先祖。所以我认为,杨延昭之所以被称为"六郎",就是因为他被看成了"荣公第六郎"之外的另一个"六郎"。也许有人会问:从隋末到宋初,三百多年过去了,契丹人还记得当年的"荣公第六郎"吗?答案应当是肯定的。民歌是一种集体记忆,传唱三四百年不足为奇。和杨延昭同时代的王钦若等人编修的《册府元龟》,就收录了来整的事迹和这首民歌。更重要的是,来护儿、来整与杨业、杨延昭都是老子英雄儿好汉,令对手"惮之""畏之"的英雄。当辽军遇到英勇善战的杨延昭,想到这首民歌,把他看成是"荣公第六郎"之后的另一个"六郎",即"杨六郎",这是完全可能的。

抗辽有功,屡获晋升的杨延昭

那么,辽军为什么如此害怕杨延昭呢?下面,我们来看他的事迹。

杨延昭乃将门之后,是在军队的熏陶中长大的,是个天生的将才。他从小不爱讲话,沉默寡言,但很喜欢玩排兵布阵一类的军事游戏。杨业常对人说:这孩子很像我。所以杨业每次作战,都让延昭随行。

我们讲过,雍熙三年宋军大举北伐,一度收复了云、应、寰、朔四州,当时杨业立下了汗马功劳。而在那次战役时,杨延昭二十九岁,任供奉官,相当于现在的营级军官。他在朔州城下被飞箭射穿了臂膀,但斗志不减,越战越勇。至于他有没有参加后来的陈家谷之战,史书没有记载。元杂剧《八大王开诏救忠》说他突出了重围,这是民间文学的说法。根据史书,他很可能没有参加那次战斗。不然的话,他的父亲被俘、兄长战死,他若参加了那次战斗,史书应该有所披露。

杨业死后,杨延昭被擢升为崇仪副使,相当于副团级。此后,他逐渐成为杨家将的第二代领军人物,也逐渐成为宋真宗所依靠的抗辽战争的中坚力量。

宋真宗咸平二年(999年)冬天,契丹军队由萧太后亲自督战,围攻遂城。遂城现在隶属于河北省保定市的徐水县,是县下的一个镇。由于遂城城小,兵马和武器装备都很有限,所以城内人心惶惶,形势非常危急。当时正值隆冬季节,杨延昭组织军民登上城墙,沿着城墙从上向下浇水,浇下来的水立马就冻成了冰,和城墙结为一体,坚冰成了城墙最好的保护层,"坚滑不可上"。辽军久攻不下,只好撤退。宋军乘机开城追杀,辽军大败,宋军缴获了大量武器装备。

这次战役使杨延昭声名大震,他所镇守的遂城被称为"铁遂城",他本人以战功晋升为莫州刺史,相当于师级武官。真宗召杨延昭询问边防要务,延昭从容应对,切中要害,真宗非常满意,指着杨延昭对诸王说:"延昭的父亲杨业,是前朝的名将,延昭治兵护塞,有其父亲的风范,深可嘉也。"于是真宗给了杨延昭丰厚的赏赐。

第二年,辽军再次南侵。宋军提前获悉了消息,于是杨延昭在羊山,就是现在河北省保定市徐水县西五十里的杨山,设下精兵埋伏。然后带领少量宋军向北迎敌,假装败退,且战且走,引诱辽军进入伏击圈,此时伏兵四起,辽军大败,辽军大将被斩首。战后,杨延昭晋升为莫州团练使。据说,就是由于杨延昭指挥这次战役取得了胜利,地名由"羊山"改为"杨山",以歌颂其英勇善战。

按照北宋官制,同为州的建制,根据其在军事上的重要程度,可分别设置节度使、观察使、防御使、团练使、刺史这几种不同的头衔,其实际权力并没有什么不同,但待遇相差很大。州的节度使最高,为三品;刺史最低,为五品。团练使低于节度使、观察使、防御使,高于刺史,应当是从四品。所以,羊山之战后,杨延昭的级别、待遇,再次得到提升。

杨延昭的靠山——宋真宗赵恒

最值得注意的是,这次战役之后,宋真宗对宰相说的一段话:

> 上谓宰相曰:"……嗣及延昭,并出疏外,以忠勇自效,朝中忌嫉者众,朕力为保庇,乃及于此……"
>
> (《续资治通鉴长编》卷四十八)

这里所说的"嗣",指的是另一位抗辽名将杨嗣,他和杨延昭并称为"二杨",和杨延昭一起晋升为保州团练使。宋真宗说,杨嗣和杨延昭都并非嫡系,没有背景,没有靠山,而完全是靠他们自己的忠勇获得晋升和荣誉的,

朝中好多人嫉妒他们,都是我来力保,才让他们达到了今天的地步。什么是"疏外"?"疏"与"亲"相对应,"外"就是外人,与自家人相对应。

我们讲过,当年杨业在陈家谷,逼他进兵的王侁和刘文裕,前者是赵匡胤的旧部下,后者与赵匡胤、赵光义是表亲。潘美就更不用说了,是赵匡胤、赵光义的心腹,北宋的开国元勋。而杨业却是北汉降将,他得到赵光义的破格重用,就招来了赵氏王朝嫡系的嫉妒,最终惹祸上身。到了他的儿子杨延昭,还是不被赵氏王朝的嫡系当作"自家人",而是出自"疏外",再次招来妒忌。可见,杨家将戏曲、小说中讲杨业死后,杨家还一直遭到奸臣的陷害,并不是没有来由的。

宋真宗表白自己对杨延昭的庇护,也实有其事。咸平五年,辽军进攻保州,杨延昭和杨嗣率领部队支援,还未列阵,就遭到辽军突袭,部队损失很大。按理说主将应该治罪,但宋真宗以杨延昭和杨嗣素来忠勇,就赦免了他们的罪过,继续让杨延昭担任莫州团练使。

咸平六年,杨延昭又被任命为缘边都巡检使,后又迁宁边军部署。"宁边军"在今河北保定市东南的蠡县,"宁边军部署"相当于杨业曾经担任的"三交驻泊兵马部署",用现在的话说,就是军分区司令。

景德元年(1004年),宋真宗将杨延昭指挥的兵马增加到上万人,如果辽国进犯,可以便宜行事,不听都部署王超的指挥,这又是一次破格。按照杨延昭担任的职务,他最多能指挥数千人,而指挥上万人的军队是超规格,也超过了当年他父亲杨业所指挥的军队数量。而且,允许他便宜行事,可以不听都部署的指挥,就等于授给他尚方宝剑,在关键的时候,司令可以不听总司令的。我们知道,当年杨业就是在总司令潘美手下阵亡的。宋真宗这么做,很明显是为了使杨延昭避免重蹈当年杨业兵败身死的覆辙。宋真宗的其他功过是非姑且不论,单就他对杨延昭的宽容、信任、重用、庇护而言,是非常值得大书一笔的。戏曲中杨家将的靠山是"八大王"(八贤王),但其实杨六郎的靠山就是宋真宗本人。戏曲写宋朝的皇帝忽而开明,忽而昏庸,让"八贤王"多次出面制止奸臣对杨家将的陷害,比史书曲折、好看。

杨延昭与"澶渊之盟"

就在宋真宗破格给了杨延昭上万人指挥权并可便宜行事的景德元年

秋,二十万辽军在萧太后与辽圣宗耶律隆绪的率领下,再次侵犯宋朝。辽军一路攻城略地,直逼黄河岸边的澶州。澶州就是现在河南省的濮阳市,离首都开封已经不足三百里,此时宋廷朝野震动。当时有大臣主张迁都南逃,而宰相寇準力请宋真宗赵恒御驾亲征。宋真宗被迫北上,并登上澶州城墙鼓舞士气,寇準则指挥宋军出击,消灭了辽军数千,射死了辽军主将萧挞凛。萧太后见辽军陷入被动,便要求议和。

请注意,辽国求和还有一个重要原因,就是辽军虽深入宋朝境内,但杨延昭等诸将所率领的大军已经守候在边关,切断了他们的归路,使他们腹背受敌。如果寇準指挥的宋军与杨延昭的大军南北夹击,辽军很可能就会被包了饺子。

所以寇準在听到宋辽可能议和的消息后,急忙向宋真宗赵恒苦谏,称契丹已是强弩之末了,现在正是打败他们的大好时机。杨延昭也派人上疏,称敌军人困马乏,我军士气高涨,正应该趁此良机,扼守各路要道,对敌围而歼之,然后再乘胜北上,一举收复幽、易数州。

幽州、易州都属于"燕云十六州",而幽州是辽军的大本营。如果寇準和杨延昭的主张被采纳,那中国的历史就有再一次被改写的可能。但是由于赵恒已打定主意议和,所以他对寇準和杨延昭的主张不予采纳,最终与辽签订了"澶渊之盟"。

"澶渊之盟"在对宋军有利的情况下签署,宋朝每年还要向辽交纳银两和绢布,并且放弃了收复"燕云十六州"的要求,所以"澶渊之盟"以往完全被否定,被当作屈辱求和的盟约。不过,宋朝在"澶渊之盟"中并不是完全没有收获,因为辽同意放弃遂城及涿州、瀛州、莫州,这三个州即属于"燕云十六州"。更重要的是,"澶渊之盟"的签署,结束了宋辽之间长达四十余年的战争,双方从仇敌关系变成合作、交流关系,百姓得到休养生息。所以"澶渊之盟"的签署从军事上说宋朝很失策,但从更高的层面,从百姓利益的层面,应该得到积极的评价。

此外,后世戏曲、小说中写宰相寇準,每到杨家危难时就力挺杨家,但史书中并未见寇準和杨延昭有过交集。我们推测,大概就是由于杨延昭和寇準的主张不谋而合,这一点激发了戏曲、小说作家的想象力。

根据史料,杨延昭在"澶渊之盟"刚签订时,还率领人马进入辽国境内,攻破了古城,取得了不小的战果。古城,在今河北省涿州,离当时的幽州已经很近了。

第二年,杨延昭被授予"高阳关副都部署",相当于副总司令,同时兼任莫州防御使。莫州,就是辽宣布放弃的"燕云十六州"之一的莫州,在现在的河北省任丘县的鄚州镇。

大中祥符七年,也就是公元1014年,杨延昭卒于任上,终年五十七岁。宋真宗听到这个消息,极为悲痛,派使者护灵而归,当地的百姓,自发在路上为杨延昭送行,许多人"望柩而泣"。

杨延昭继承了父亲杨业的作风,在北宋边关镇守二十余年,号令严明,英勇善战,公而忘私。《宋史·杨延昭传》说:

> 延昭智勇善战,所得奉赐悉犒军,未尝问家事。出入骑从如小校,号令严明,与士卒同甘苦,遇敌必身先,行阵克捷,推功于下,故人乐为用。在边防二十余年,契丹惮之,目为"杨六郎"。

这就是威震契丹,被辽人目为"杨六郎"或呼为"杨六郎"的杨延昭,也就是戏曲中"杨六郎"的原型。

如果要总结一下杨延昭和他父亲杨业的同和异的话,那么杨业抗辽八年;杨延昭抗辽的时间比他父亲长,有二十余年,要是从雍熙北伐算起,有二十八年。杨业抗辽主要在代州前线,即现在的山西中北部;而杨延昭抗辽主要在河北。元杂剧《谢金吾》说,杨六郎镇守的三关是"梁州遂城关,霸州溢津关,雄州瓦桥关",这三关都在现在的河北中部,与文献记载的杨延昭的防御位置大体相合。杨业官至"三交驻泊兵马部署";杨延昭是"高阳关副都部署"兼莫州防御使,略高于他父亲,而他的实际权力和他指挥的军队数量则明显超过了他父亲杨业。此外杨业和杨延昭都不是赵宋王朝的嫡系,他们以战功获得破格晋升和赏赐,都遭到一些朝臣的嫉妒。杨业最终被害致死,而杨延昭在宋真宗的庇护下,得到善终。

史书中还说了杨延昭的一个小缺点,就是他"不达吏事",不懂得如何处理军中的文书和诉状,老是让一个叫周正的小秘书代办,而这个秘书老是骗他。宋真宗知道了这件事,也不怪罪杨延昭,而只是把那个小秘书训斥一通而已。

杨延昭之子——杨文广

杨延昭有三个儿子,他们的名字是:传永、德政、文广。这三个儿子中除文广之外,另外两个都没有事迹可考。

现在简单介绍一下杨文广的生平,以后我们就只说戏曲、小说中的杨文广了。

杨文广最初因为讨伐逆贼张海有功,被授予殿直。殿直是下级武官。后来他和三个著名人物产生了交集。一个是大政治家、大文学家范仲淹,一个是名将狄青,还有一个是名将韩琦。

庆历四年(1044年),范仲淹任陕西安抚使,一次偶然和杨文广相遇,在交谈中发现文广很有才能,就把他置于自己麾下,但杨文广并没有实际的建树。

八年后,狄青南征广西侬智高时,杨文广随军从征。侬智高是广西少数民族领袖,宋仁宗皇祐四年(1052年)四月起兵抗宋。不过史书记载南征侬智高将领的姓名,并无杨文广之名,大概因为杨文广当时还是个无名之辈。广西民间传说,杨文广是狄青的先锋,被侬智高打败了,不知有何根据。

又过了十多年,到英宗治平年间(1064—1067年),宋英宗认为杨文广是名将之后,而且还有军功,于是提拔他为成州(今甘肃成县一带)团练使,龙神卫四厢都指挥使,迁兴州(今陕西略阳)防御使。

当时,名将韩琦派杨文广率领部队修筑筚篥城。由于先前宋军修建城堡,西夏人都会出兵破坏。于是杨文广采取声东击西之计,扬言要到某地修建喷珠城,引西夏军队前去破坏。然后率军迅速赶往筚篥,连夜构筑好了防御工事,做好了战斗准备。第二天天明,西夏骑兵赶到,看到宋军已经占据有利地势,做好了准备,只能无奈撤退。临走前,扬言还要以数万骑兵再来破坏。于是杨文广立即派兵出击追杀,斩获甚众。这次战斗后,西夏人不敢再来捣乱。这是史书中记载的杨文广取得的唯一的一次大捷。皇帝下诏嘉奖,赏赐丰厚,并任命他为知泾州(今甘肃泾州)镇戎军、定州路副总管,迁步军都虞候。后来,辽国与宋朝在代州的边界划分上发生争执。杨文广向朝廷献上列阵图以及攻取幽、燕的策略,可还没等到朝廷回音,杨

文广就死于任上，北宋朝廷追赠他为同州观察使。

杨业、杨延昭、杨文广，这三个人是历史上杨家将的主要人物。但相比之下，杨文广没有取得和他父亲、祖父相并列的功绩。欧阳修说杨氏"父子皆为名将，其智勇号称无敌，至今天下之士，至于里儿野竖，皆能道之"，说的是杨业和杨延昭。

按照戏曲、小说的谱系，杨业的儿子为"杨六郎"，"杨六郎"的儿子是杨宗保，杨宗保的儿子是杨文广。但实际上，杨宗保这个人物不存在，他是元末明初的戏曲虚构出来的人物，这个我们下集再讲。

第六集　戏曲中的"杨六郎"

上一集我们主要谈了史书中的杨延昭,今天我们讲戏曲里的"杨六郎"。

在元杂剧乃至后来的一些戏曲里,杨六郎的名字多叫"杨景",或者"杨延景"。这个事情我曾经百思不得其解。戏曲作家为什么要给"杨六郎"改名字呢?为什么不叫他的真实名字"杨延朗"或者"杨延昭"呢?史书中"杨六郎"的真名他们不会不知道吧!

后来联系到戏曲把历史人物"潘美"叫"潘仁美",后来的京剧或地方戏,进一步把潘美叫作"潘洪,字仁美",离"潘美"这个真名字更远了;还有,在元杂剧中曾经智赚潘仁美帅印的太尉"党彦进",实际上应当是宋初名将"党进",元杂剧故意把他叫成"党彦进"。我猜,聪明的戏曲作家,可能早就料到后来的观众或者读者会把戏曲当真了。我写的是"潘仁美",你们当成"潘美",那是你们的事啊!同样的道理,戏曲中的杨景,与史书中的杨延昭,也基本上不是一回事。

在流传至今的六部元代的杨家将戏曲中,"杨六郎"全部出场,无一缺席。明清以来,以杨六郎故事为题材的戏曲越来越多。清宫大戏《昭代箫韶》中,一大半的篇幅演杨六郎抗辽,同时也对杨六郎的执法、招亲进行演绎。后来的京剧《洪羊洞》,还写了杨六郎之死。但这些故事,几乎没有一个可以和史书对上号。

抗辽故事戏:《杨六郎调兵破天阵》

元末明初的杂剧《杨六郎调兵破天阵》,是流传至今最早最完整的"杨六郎"故事戏。这个戏的大致情节是:

韩延寿率领辽兵南侵,宋真宗御驾亲征,寇準领兵,在铜台抗敌,不料

被番兵包围,里无粮草,外无救兵,无计可施。此时宋真宗夜间做梦,梦中被番兵追赶,前面有一条河,河中的船上立着一个美人,戴着满头花。美人对皇上说:"有保驾将军在此。"说着从船舱里跳出一只大羊来,羊跳到岸上,驱退了番兵。寇準请道士苗士安解梦,苗士安解梦说,水和女子合在一处便是个"汝"字,船就是舟(州),暗指为"汝州";羊自然就是"杨",女人头上戴花就是"景"。所以这个梦说的就是,能为宋军解围的保驾将军就是汝州杨景。寇準非常吃惊,因为当初杨景私下三关,被贬到汝州,已经被斩首,怎么会还活着呢?寇準虽然疑惑,还是派呼延赞的儿子呼延必显去汝州,找杨景前来护驾。

呼延必显到汝州寻访杨景。原来杨景并没有被斩首,而是被汝州太守胡祥藏起来了,胡祥另找了一个和杨景容貌相似的人当了替死鬼。呼延必显来到汝州之后,颁旨赦免杨景前罪,命胡祥请出杨景,前往铜台救驾。胡祥不知底细,不肯说实话。夜间,呼延必显潜入太守府中打探虚实,在后花园正遇上杨景。呼延必显向杨景传达了圣旨,杨景表示愿意前往救驾。第二天,杨景和呼延必显辞别太守胡祥,先去郑州寻找被刺配到该地的旧将焦赞,再由焦赞持杨景的书信,上太行山去招安杨景麾下的旧将——二十四位指挥使。

焦赞上山来招安诸将,众将见杨景书信之后愿意下山助战。于是杨景会齐三关诸将,来到铜台救驾。

值得注意的是,杨景麾下将领,除了岳胜、焦赞、孟良等人之外,还有杨景的儿子杨宗保。史书上说杨六郎的儿子是杨文广,在这个戏里成了杨宗保。也就是说,杨宗保最早在这个戏里出现。从此以后,戏曲小说中杨六郎的儿子就成了杨宗保,而杨文广则成了杨宗保的儿子、杨六郎的孙子。

顺便说一句,杨家将戏曲很早就影响到了历史。明嘉靖年间,有一位学者叫邵经邦,他编了一本史书叫《弘简录》,就说"杨延昭孙文广"。《弘简录》可不是戏曲、小说,而是一部史书,这部书给杨延昭作了传,基本是从《宋史·杨延昭传》抄来的。但在《宋史》里,杨文广明明是杨延昭的儿子,《弘简录》为什么写成是"杨延昭孙"呢?很可能是戏曲影响太大,误导了作者的判断。当然也有可能不是作者的错,而是刻书者的错,但无论是谁的错,都是受到戏曲的影响才出错的。

好,我们接着介绍《杨六郎调兵破天阵》的剧情。

杨景率领宋军来解铜台之围,要解围就得破阵。韩延寿听说杨六郎被杀,遂与麾下萧天佐、萧天佑、土金宿、耶律灰等人,带领十万番兵围住宋朝皇帝所在的铜台,并听从军师严洞宾的策划,在铜台摆下一座天阵。天阵按上界天象之五行八卦、四象八门、二十八宿、九曜七星十二宫、三十六天罡等排演成一百四十二个阵,非常坚固。

杨六郎认得严洞宾所摆是周天八卦阵,于是派麾下诸将分别去打青龙阵、白虎阵、朱雀阵、玄武阵等。剩下天门阵最难打,杨宗保自告奋勇前去攻打。杨六郎则亲自带领三千人马攻打二十八宿阵。

结果,各将领依次率军破阵,大获全胜,辽军韩延寿和军师严洞宾等人落荒而逃。寇準将捷报上奏真宗,在帅府安排庆功宴,论功行赏。岳胜封三关镇守节度使,焦赞、孟良等人均封为州的节度使,杨宗保辅佐其父为总镇边关提督军将都招讨。

在虚构的基础上再虚构:《寇準背靴》

在史书里,"杨六郎"抗辽不假,但他什么时候破过阵呢?在此之前,他哪有什么"私下三关"的事呢?哪有被发配到汝州造酒,再被陷害、无奈假死的事呢?完全是虚构。

值得注意的是,后来的戏曲、小说,在这个戏的基础上进一步发挥。就像是滚雪球,越滚越大,故事越来越多,更加不可考究了。

比如,这个戏里首次出现了杨宗保破天门阵。众所周知,在后来的京剧和地方戏中,是穆桂英大破天门阵。后世戏曲是在元杂剧的基础上,又参考了明代的杨家将小说,进一步虚构、想象而成。

这个作品还有一个非常具有戏剧性的情节,就是杨六郎假死这一段。后来的戏曲作家进一步发挥,把它演绎成了脍炙人口的剧目《寇準背靴》。《寇準背靴》讲的是:

杨景被充军之后,奸臣王钦若假传圣旨,要毒死杨景。任堂辉代杨景喝下毒酒——这个任堂辉,就是京剧《三岔口》里摸着黑和刘利华打斗的那个任堂惠——使六郎逃过一死。佘太君将计就计,上奏朝廷,虚报儿子杨景亡故,并在府中假设灵堂。此时,辽军进犯,边疆告急。八贤王和天官寇準听到杨景的噩耗,心情十分沉痛,二人同往杨府吊唁。寇準在灵堂上,看到杨景之子杨宗保不怎么悲哀;又看到杨景的妻子柴郡主,外面身着孝服,

里面却着红裙,心中顿生疑窦。便以守灵为名留在杨府,想要看个究竟。夜晚,他发现柴郡主来到窗外窥视,然后提着篮子悄悄向后花园走去。于是寇準就尾随柴郡主前往花园。夜深人静,寇準唯恐靴子踏在地上会有响声,为了不被柴郡主发现,寇準便脱下靴子,背在肩上,暗暗跟踪柴郡主。拐弯抹角走了好久,终于发现柴郡主将饭菜送进花厅,并听到她和杨景在花厅里对话。寇準知道六郎没死,又惊又喜,急忙将此事报知八贤王。八贤王和寇準劝说佘太君,佘太君亦劝杨六郎以国家利益为重,带兵抗辽。

这个戏的主角是寇準,由老生扮演,非常有戏。尤其是寇準跟踪柴郡主那个桥段,既要亦步亦趋,又要蹑手蹑脚。寇準年纪大了,又是夜晚,肩上还背着一双靴子,他深一脚浅一脚,身体晃晃悠悠,趔趔趄趄,几乎跌倒,再正正身子摸索着往前走。这就需要演员发挥表演才能,创造出新程式。什么叫"有戏",这就是"有戏"。我们的传统戏曲,本来就是有程式的,但旧的程式不一定能表现新剧目、新情节,像《寇準背靴》这样的剧目刚出现的时候,对演员一定是个挑战。只有优秀的演员,才能游刃有余地把戏曲程式发挥到极致,令观众发出会心的笑。

讲到这里,我们会发现一个有意思的现象:后世的戏曲作家,往往在前代作品中寻找有戏剧性的情节,发展出新的故事、创作出新的剧目来。这些剧目可能脱离了原来的轨迹,主人公都变了。就像《寇準背靴》,主人公是寇準,杨六郎的假死只是一个由头。到杨六郎出现了,这出戏就该落幕了。

据赵景深先生介绍,二十世纪30年代,上海天蟾舞台曾上演连台本戏《天波杨府》,计有《破洪州》《天波楼》《三岔口》《双吊孝》《探地穴》等五出老戏。其中《双吊孝》和《探地穴》中"寇準装模作样,学女人走路说话"(《杨家将故事的演变》),应当就是《寇準背靴》的前身。显然,《寇準背靴》比起《双吊孝》和《探地穴》要精致多了。

杨六郎执法:《辕门斩子》

下面我们谈杨六郎执法。《宋史·杨延昭传》说杨延昭"号令严明",戏曲《辕门斩子》把这个记载具体化、形象化了。这个戏讲的是:

辽国萧太后南下入侵,摆下天门阵。杨六郎请兄长五郎下山帮助破阵,五郎称破阵需要穆柯寨的"降龙木"作斧柄。于是焦赞、孟良前往穆柯寨讨要降龙木,结果都被穆桂英打败。杨延昭亲自前往,也被穆桂英用枪挑下马来。杨宗保押运粮草回营途中听说了这件事,未请示父帅而绕道到穆柯寨和穆桂英交战,结果被生擒。穆桂英见杨宗保一表人才,主动表达对杨宗保的爱慕,二人遂结为夫妻。宗保回营后,杨延昭大怒,要将杨宗保绑在辕门斩首。佘太君、八贤王先后求情,都被杨六郎断然拒绝。穆桂英得知消息,身背降龙木到宋营献宝,并请杨六郎赦免杨宗保。杨六郎见到降龙木很高兴,但不同意赦免杨宗保。穆桂英假装要动武,杨延昭知道穆桂英的厉害,十分害怕。加上佘太君、八贤王作保,于是赦免了杨宗保的死罪。宗保、桂英披挂上阵,夫妻二人大破天门阵。

戏曲《辕门斩子》突出了杨六郎的执法如山,连佘太君、八贤王讲情都没用。在有的剧种里,佘太君为了保住孙子杨宗保的命,竟然向儿子杨六郎下跪,但还是遭到拒绝。那这样一来岂不是走入死胡同了?矛盾岂不是无解了?聪明的戏曲作家明白,解铃还需系铃人,他们让穆桂英充当杨六郎的"克星"。这个堂堂大元帅,曾经是没过门儿媳妇穆桂英的手下败将,所以穆桂英一旦要动武,杨六郎就不得不服软。

山东潍县木版年画《白虎帐》

在剧中,杨六郎这位镇守边关的大元帅,与穆桂英这位山寨女英雄形成对比,加上焦赞、孟良的插科打诨,造成亦庄亦谐的戏剧场景。这出戏既突出了杨延昭的铁面无私,同时又写得很有戏,而且矛盾解决得也比较合理。所以《辕门斩子》成为脍炙人口的名剧,京剧和各地方戏中都有这个剧目。有的剧种又把这个剧目叫《白虎帐》或《白虎堂》。

《宋史·杨延昭传》只说杨延昭"号令严明",但并没有举出具体的事

例。明代小说《杨家府演义》提供了辕门斩子的情节,但令婆一出面讲情,杨六郎就同意不杀杨宗保了。在清宫大戏《昭代箫韶》中,杨六郎"辕门斩子"的故事已经基本定型,而且非常有戏。可以肯定,京剧以及各地方戏中的《辕门斩子》,来自于《昭代箫韶》。

《昭代箫韶》的第六本第十八出《违严令宗保忤亲》、第十九出《奋雄威救夫闯帐》,与后世的《辕门斩子》已经没有什么不同。杨六郎为宗保误了缴令的时间而在中军帐中发火,孟良编谎话说是因为五郎迟迟不肯下山才延误的,被六郎识破,焦赞不得已说出实情。六郎命令将杨宗保绑进营来,并传令"若无圣旨,一应大小将官不得进帐,违令者斩"。经审讯,六郎命令将宗保斩首。此时佘太君、柴郡主前来求情,被拒绝。六郎以为是孟良、焦赞向佘太君通报的消息,还要将孟良、焦赞斩首。接着木桂英上场,六郎坚决不认儿媳妇。五郎为木桂英求情,被六郎拒绝。木桂英被赶出营房,继而向宋营挑战。此时寇準、八王德昭上场,再为宗保求情,又遭拒绝。木桂英向佘太君告罪并替宗保求情,佘太君再向六郎求情,六郎再次拒绝,并说"谅此山僻草寇,有何本领"。于是木桂英放出豪言:"将台上下,不论男女将官,有人擒得住我木桂英,情愿与公子一例同罪。倘不能胜我,宗保是我夫主,恕他无罪。"宋营先后由杨七郎之妻杜玉娥、呼延赤金、八娘、呼延赞与桂英交战,均败下阵来。杨景要亲自与桂英交战,此时寇準、德昭颁布圣旨,赦免宗保,将木桂英赐与宗保为配,待平辽后完婚。

《昭代箫韶》中的这个桥段,人物众多,戏剧冲突激烈,场面紧张,文场、武场搭配合理,同时又不失诙谐。《辕门斩子》在这个基础上再加工,才成为戏曲经典。可见,经典剧目的打造绝非一朝一夕所能完成。

杨六郎招亲:《状元媒》

下面得说说杨六郎的妻子了。在史书中,杨六郎有三个儿子,"唐宋八大家"之一的曾巩记下了他三个儿子的名字。但他妻子是谁,宋代文献没有记载。最早给杨六郎"娶"妻子的,还是元杂剧。

元杂剧《谢金吾诈拆清风府》《焦光赞活拿萧天佑》等,都提到了杨六郎的郡马身份,特别是《谢金吾》一剧说得更为明白。

什么是"郡马"呢?欧阳修说:"皇女为公主,其夫必拜驸马都尉,故谓之驸马。宗室女封郡主者,谓其夫为郡马。"(《归田录》卷二)也就是说,郡马比驸马低一个等级,他娶的不是皇帝的女儿,而是皇帝直系亲属的女儿,皇帝的哥哥弟弟、叔叔伯伯、姐姐妹妹,他们的女儿,都可能被封为郡主;而郡主的丈夫,就是郡马。那杨六郎娶的是谁的女儿呢?

元杂剧《谢金吾》,写奸臣王枢密以杨六郎私下三关,焦赞杀死谢金吾一门十七口的罪状,判六郎和焦赞被斩。行刑之前,杨六郎的岳母,"长国姑"出面为女婿杨景求情,她说自己的出身是"太祖皇帝的妹妹,太宗皇帝的姐姐,真宗皇帝的姑姑,柴驸马的浑家,杜太后的闺女,柴世宗皇帝的媳妇"。

这出身够高贵吧,但有点绕。简单说,杨六郎的岳母,柴郡主的母亲,是宋太祖赵匡胤的妹妹,太宗赵光义的姐姐,真宗皇帝的姑姑,她嫁给了后周世宗柴荣的儿子"柴驸马"为妻。这样,她的女儿是"郡主",杨六郎是"郡马",就说得过去了。

但根据史书,赵、柴两家并没有联姻,赵匡胤的妹妹并没有嫁给柴荣的儿子。所以,杂剧中的"长国姑"是虚构的,杨六郎的"郡马"身份也是虚构的。

至于杨六郎与柴郡主是如何结缘的,元杂剧没说,明代的杨家将小说也没说。在明代小说中,杨六郎的妻子被称为"柴太郡"。她在小说中出现得很早,早在杨业父子要作为潘仁美的先锋出征之前,杨令婆和柴太郡唯恐此战对杨家父子不利,就上朝请太宗任命一位有名望的朝臣随同前往,以保护杨业父子,后来八王举荐了呼延赞。这一回的回目就叫《宋太宗议征北番 柴太郡奏保杨业》。

从史书看,杨业去世的时候杨六郎二十九岁,此时他应该已经结婚。元、明两代的戏曲、小说只说杨六郎的妻子是柴郡主,但不提他们结缘的经过,这就给后来的戏曲作家留下了想象空间。

清宫皮黄本《铁骑阵》写柴王宗训立擂,要为妹妹柴媚春比武招亲,胜者招为妹婿,不料打擂者皆不是柴媚春的对手。此时杨六郎为扫平南唐前来借兵,柴宗训见六郎相貌堂堂,武艺高强,欲招为妹婿。六郎为借兵,只好答应。

晚清以来的梆子戏中,有一出《杨六郎招亲》,又叫《八贤王说媒》《状元媒》。1960年,京剧在梆子戏传统剧目的基础上改编成新的《状元媒》,大致情节是:

宋太宗赵光义和柴郡主一同去打猎,遭到辽将的袭击,柴郡主被辽军生擒。杨业之子杨延昭赶到,先救了皇上,又去救柴郡主。此时大臣傅龙的儿子傅丁奎,也来到皇上身旁。皇上令傅丁奎去救柴郡主,并说若救下柴郡主就招他为郡马。此时柴郡主已被杨延昭救下,郡主爱慕杨延昭,就以祖传的珍珠衫相赠。杨延昭回京,向八贤王说起此事。八贤王就请新科状元吕蒙正做媒人,向皇上提亲。但皇上坚持认为救柴郡主的是傅丁奎,并且提出柴郡主已经许配,不能改变。柴郡主却坚持说救她的是杨延昭。于是皇上要求在金殿辩明此事。第二天,杨业、傅龙分别带杨延昭、傅丁奎上殿。吕蒙正让杨延昭、傅丁奎各自讲述自己救驾的经过。杨延昭讲得明明白白,而傅丁奎却讲得漏洞百出。此时皇上又称,郡主的珍珠衫,是柴世宗留给郡主的订婚信物,获得者才能成为郡马。杨延昭当即展示柴郡主赠送的珍珠衫。皇上只得承认了杨延昭与柴郡主的婚事。

戏里的"皇上"赵光义和柴郡主是什么关系呢?若按元杂剧里交代的,赵光义是柴郡主的舅舅,因为郡主的妈妈说了,赵光义是她弟弟。舅舅是否可以决定外甥女的婚姻大事?那她的爸爸妈妈呢?咱不讨论了,因为这个舅舅不是一般的舅舅,是皇上,皇上手握一切人的生杀大权,决定外甥女的婚姻应该不是问题。

在这部戏里,帮助杨家的人,除了原有的八贤王之外,又增加了一个新科状元吕蒙正,这便是剧名《状元媒》的缘由。吕蒙正史有其人,曾三次为相,是宋朝的一代名臣。但历史上并没有记载吕蒙正与杨家有什么渊源。上次我们讲到,宋真宗曾经当着"宰相"的面,说起杨延昭被人妒忌的事。但这个"宰相"是不是吕蒙正还不一定。

《状元媒》这个戏,主要的悬念就是谁是真正救柴郡主的人,谁最终能够娶柴郡主为妻。戏中的人物性格很鲜明,尤其是柴郡主,她对杨延昭的爱慕始终如一,先私订终身,后来又拒绝她的舅舅——当朝皇上的武断决定。金殿对质一场,杨延昭和傅丁奎各自讲述救人过程,一庄一谐,对比鲜明,戏剧性很强。

1960年,京剧《状元媒》由北京京剧院改编上演,由张君秋饰演柴郡主,马连良饰演八贤王,谭富英饰演吕蒙正,刘雪涛饰演杨六郎,轰动一时,成为张派代表作。后来不少地方剧种对其进行了移植。

杨六郎的另一个妻子：大刀王怀女

一些老的戏迷观众可能知道，杨六郎不止一位妻子，还有一个"大刀王怀女"，是杨六郎的第二个妻子。在不同的剧种、不同的版本里，"王怀女"的故事也不一样，大致上是说：

宋朝武将王廉的女儿王怀女武艺高强，特别善于使大刀。她和杨六郎早有婚约，但在一次和辽军的交战中，王廉战败，和妻子、女儿一同被俘，这婚事就没办。王廉是个软骨头，被俘后投降了辽邦，但王怀女和母亲却坚贞不屈。多年后，王母借机帮助女儿逃回宋营，却遭到杨六郎的冷遇。佘太君想要认儿媳，六郎不快，甚至怀疑王怀女是辽邦的奸细。此时正遇上辽将挑战，太君命王怀女迎敌，王怀女手执大刀，大败辽军。还有的版本说，王怀女大义灭亲，阵前手刃叛国投敌的生父，将辽军驱逐出境，杨六郎与王怀女择吉日完婚。

王怀女的故事在民间非常流行，戏曲和讲唱文学中都有这个人物。在杨门女将中，佘太君、柴郡主、穆桂英，年轻的时候都是美女，但王怀女其貌不扬，性情暴躁。还有的评书说她"身材高大，红眉毛，绿眼睛，黄头发"，这不成怪物了？其实这也不是怪物，而是西域女子的相貌特征。在《杨家将演义》里，杨六郎的第二个妻子黄琼女是西夏国的公主。西域女子，是不是身材高大、绿眼睛、黄头发？只有"红眉毛"有点奇怪，是化妆画的还是民间文学的夸张之语就搞不清楚了。

在明代小说里，黄琼女是西夏国公主，早年曾经有"邓令公作伐"，将她许配给杨六郎，但这媒人邓令公不幸死了，这桩婚事就停下来了。

后来辽国摆下天门阵，请黄琼女助阵。按照辽国军师的安排，黄琼女守的这个阵叫太阴阵，很特别。守阵的女将必须"赤身裸体，立于旗下，手执骷髅骨，遇敌军大哭"。和黄琼女对阵的是呼延赞的妻子"金头马氏"。马氏见黄琼女赤身裸体，就骂她"下贱""不识羞耻"。黄琼女被骂，自觉羞愧，无话可说，勒马便走。回到帐中，黄琼女反复思考，想起当年曾许配杨六郎为妻，现在杨六郎就在对面阵中，而辽国让自己赤身裸体，受如此侮辱，不如投降宋营，帮宋军破阵。第二天，她就把这个意思暗中通报给了宋营。还好，令婆和杨六郎也都还记得当年许婚的事。于是黄琼女与宋军里

应外合,攻破太阴阵。令婆大悦,让她和杨六郎完婚了。

地方戏和评书中杨六郎的第二个妻子——大刀王怀女,应该就是从西夏国公主黄琼女演变而来的。但在这个演变过程中还有一个中间环节,是《昭代箫韶》。

《昭代箫韶》写:西夏国元帅王怀,曾与杨令公交厚,其女王素真,在襁褓中已许嫁杨六郎。辽国兴兵犯宋,请五国助战,王怀父女参与其中。但由于与杨家的特殊关系,王怀父女多次暗中助宋破辽。一次杨宗保窥探天门阵,被辽军追赶,得王怀父女搭救方才脱身。宗保回宋营向父帅报告此事,杨六郎却完全不记得许婚之事了。此后,王怀父女多次协助宋军破天门阵,最终事泄,几乎被杀。二人逃到宋营,辽人与潜伏在宋军中的奸细王钦勾结,使用反间计,要除掉他们。一直到辽军兵败投降,六郎才奉旨与王素真完婚。

可见,后来民间戏曲和说唱中的所谓"王怀女",是从"王怀父女"或者"王怀之女"讹变而来的。其父"王怀"要么被遗忘了,要么被改编成叛徒了。王怀女的故事说明,从"误会"到"讹变",是民间文学的一条发展途径。

在明代小说里,杨六郎还有第三个妻子,是河东"庄令公"的女儿,因为是九月九日出生的,所以叫"重阳女"。在小说中,重阳女为宋朝做出的贡献就更大了。

重阳女自幼武艺精通,曾经许嫁杨六郎,但因为两家都忙于公事耽搁了,婚事一直没办。杨六郎带兵攻幽州,重阳女带领所部一万人,和辽邦的驸马、假装投敌的杨四郎一起,与宋军里应外合,攻陷了幽州。萧太后不愿被俘受辱,在宫中上吊自尽。杨四郎杀了辽国大将耶律学古,向妻子琼娥公主讲明身份,琼娥公主愿意与杨四郎回归中原。不用说,杨六郎与重阳女也得以夫妇团聚。

演义,演义,果然是越演越没边儿了。萧太后是在"澶渊之盟"缔结五年之后,宋辽之间的大规模战争结束之后,因病去世的。哪有幽州城被宋军攻破,萧太后自尽的事呢?不用说,重阳女作为杨六郎的第三位妻子,也完全是杜撰出来的。

杨六郎之死:《洪羊洞》

最后说说戏曲中的杨六郎之死。

元杂剧中有一出戏叫《昊天塔孟良盗骨》,其故事情节如下:杨景镇守三关时,有一天,已经故去的父亲杨令公托梦给他,说自己头撞李陵碑而亡之后,被番兵焚烧了尸首,把骨殖吊在幽州昊天寺塔尖上,每天让一百个小兵,轮流对着骨殖射箭,每人射三箭,叫作"百箭会"。杨景就和孟良一起,潜入幽州,盗了父亲的骨殖,由孟良断后,杨景一人一骑,带着杨业的骨殖赶回宋营。杨景在途中经过五台山兴国寺,他的哥哥杨五郎正巧在这里出家当和尚,但兄弟二人已经互不相认。经过一番曲折,误会消除。此时辽国韩延寿带着五千精兵将兴国寺围住。杨五郎以寺院和尚的身份,将韩延寿骗进寺院,将其生擒并枭下首级,剜出心肝,祭献杨令公。

后世戏曲抓住杨六郎和杨五郎相会时产生误会这一情节,改编为《五台会兄》。杨六郎以末(老生)扮演,杨五郎用花脸(净)扮演。昆曲和京剧都有这个剧目,基本上是一出喜剧。在昆曲中,杨五郎一角唱做兼重,身段繁多,成为净脚的代表剧目。

此外,著名京剧老生谭鑫培的代表作《洪羊洞》,也是从《昊天塔孟良盗骨》衍生出来的,同时受到明代小说《杨家府演义》的直接影响。这个戏演杨六郎梦见父亲杨继业说自己的尸骸被辽国藏匿在洪羊洞内,于是派孟良前往辽邦洪羊洞盗取杨业骸骨,焦赞听说这一消息后,嫌六郎没把这差事交给他,遂秘密地尾随而至。孟良因洪羊洞洞内黑暗,误以为是敌将,用斧头将焦赞劈死。后来发现是焦赞,哀悔不已,把遗骨交付随行的兵卒送回,便当场自刎而死。当时杨六郎正在患病,听闻此噩耗,惊痛呕血,病势益重,与八贤王及母亲、妻子诀别而死。这是一出感人至深的悲剧。这个戏,除谭派谭富英之外,杨宝森、余叔岩、孟小冬等也都演过。

大家看,从元杂剧的一出《昊天塔孟良盗骨》,就衍生出了《五台会兄》和《洪羊洞》两出戏。可是这两出戏中杨业的骸骨所藏之处不同,总不能一具骸骨盗两次吧?所以《洪羊洞》一开始杨六郎就和孟良说了,上次盗的是假的,真的在洪羊洞里。这个细节是从明代小说《杨家府演义》沿袭而来的。

总之,戏曲把杨六郎的抗辽、执法、招亲、病故都写全了。从元代到现在,关于杨六郎的剧目越来越多,似乎离史书中的杨延昭越来越远,但在戏曲观众看来,戏曲中的杨六郎才是鲜活的、更富有生命力的。

第七集　杨六郎的兄弟们——以《四郎探母》为中心

今天,我们讲戏曲中杨六郎的兄弟们。

为什么不讲史书中的杨家兄弟呢?杨业不是有七个儿子吗?是的。但史书对杨家将的第二代只记录了一个杨延昭,也就是杨六郎。还有一个延玉,在陈家谷之战阵亡了。所以除了杨延昭之外,史书中只有杨延昭兄弟们的名字,而没有具体事迹,我们只能讲戏曲、小说。

在戏曲、小说中,杨业的七个儿子从"大郎"到"七郎",按排行每人都是"某郎",这是虚构。实际上,除了"六郎"是用来称呼杨延昭的,是把他看成隋末"荣公第六郎"之外的另一个令对手畏之的"六郎"之外,其他的从"大郎"到"五郎"乃至"七郎"的称呼,全都是史书不载、文学作品想象出来的称呼。

要说戏曲中杨六郎的兄弟们,首先就得说说那场史书中不载,但是在民间流传很广的"金沙滩之战"。

我们知道,在明代以后的戏曲、小说中,杨家将的第二代,也就是杨六郎的兄弟们,除了五郎出家当和尚、四郎招赘番邦之外,其他四人都在金沙滩战役中阵亡了。这个悲壮的故事起源很早。在南宋,就有两种杨家将话本。其中一种是《杨令公》,另一种就是《五郎为僧》。这两个作品都没有流传下来。我们推测,《杨令公》讲的应当就是《李陵碑》的故事,而《五郎为僧》很可能就是后来"金沙滩"的故事来源。因为五郎不可能无缘无故出家,他出家应当就是在一次惨烈的战争之后。

元、明两代的戏曲都提到了这个故事,但都没有正面描述,而只是从剧中人的叙述或唱词里披露出来。元杂剧《八大王开诏救忠》借辽国元帅韩延寿之口,说在两狼山之战前,宋、辽曾在幽州有过一次大战,杨大郎假扮宋太宗,出北门交战,被长枪刺死;杨二郎在短剑下身亡;杨三郎被马踏为泥;杨四郎不知所在。

明传奇《三关记》中则说就是在杨业碰死李陵碑那一次战役中,长子延平死于战场,次子延挥马踹如泥,三子延定被擒不降,跳入油锅;四子延朗逃奔萧邦,五子延德五台山为僧,六子延昭为宋守边关,七子延嗣被乱箭射死。

明代小说《杨家将演义》中说,在陈家谷之战前,一次宋太宗被辽军围困在五台山,杨业带领七个儿子前往救驾,结果大郎、二郎、三郎战死,四郎被俘,五郎出家。

以上这些描写,都为清代戏曲、小说中的"金沙滩之战"奠定了基础。

关于杨五郎出家

《杨家将演义》对五郎出家的过程有具体描述。小说写五郎延德一个人冲出重围,想起当年在五台山,智聪禅师曾经送给他一个小匣子,吩咐他遇难则开。他打开匣子一看,原来是剃刀一把、度牒半纸。五郎领会这是让他出家的意思,于是就卸下战袍、头盔,截短了头发,往五台山出家去了。《元曲选·谢金吾》中,奸臣王枢密对长国姑说:"想他哥哥杨五郎,削发为僧,这等怕死,也是有功劳的?"或许,在早期的话本中,杨五郎很可能是为了躲避战争之祸才出家的。佛教最忌杀生,出家便成了避祸的最好去处。明末清初李玉的《昊天塔》传奇,写五郎在那次恶战前,在全家人的见证下剃度出家,似有回护五郎、回护杨家将的意思,但这种说法流传不广。

晚清以来的京剧,五郎出家还是回归到元、明两代的写法。《五郎出家》的本子一般接续在《双龙会》(《金沙滩》)之后,杨五郎的大哥、二哥、三哥战死,四哥、八弟失落在番邦。此时五郎向宋太宗、八贤王和父亲杨继业苦苦哀求,要到五台山出家为僧,他的唱词有:"这一阵杀得我心中害怕,你一刀我一枪谁肯让咱。"他避祸的心态是十分明确的。此时六郎、七郎也在场,父子四人哭作一团,令人泪奔。

但是总的来看,无论是在元杂剧还是明代以后的戏曲、小说中,杨五郎都并没有看破红尘。他出家之后不仅协助六郎活捉并杀死了韩延寿,还协助六郎大破天门阵,这对于佛教来说,是犯了戒的。那他为什么还要出家呢?难道他像鲁智深一样,是个"花和尚"吗?可能这一形象受了《水浒传》的影响,但他不喝酒,也不惹事,只为杨家将出力,为宋朝效力,很有家族意识、家国情怀。应该说,这是一位"爱国和尚"的典型。

顺带说一下杨七郎打擂的故事,这个故事在民间流传甚广。清宫大戏《昭代箫韶》(昆弋本),写七郎杨希在擂台打死潘仁美之子潘豹,被拘捕。吕蒙正审案,潘仁美、傅鼎臣到场。吕蒙正以"大言牌"明确规定"比武打死不论"为由,判七郎无罪,潘仁美则欲置之死地而后快。双方面圣,圣旨判七郎削去官职,监禁三年。从此潘、杨两家结怨。清宫皮黄本《铁骑阵》中描写杨七郎的故事最多。这个戏不仅在明场搬演杨七郎在擂台比武打死潘豹,与潘家结仇的过程,而且还刻意塑造了他在对辽作战中勇不可当、威风凛凛的形象,同时较详细地写了他招亲的过程。所以若要详细了解杨七郎的故事,大家不妨看看《铁骑阵》。

杨四郎:"身在辽营心在宋"的"卧底"

在杨家将第二代,最有故事的,除了杨六郎之外,就是杨四郎了。

元杂剧《八大王开诏救忠》中写"杨四郎不知所在",只是说他失踪了,并没有说他被俘。明传奇《三关记》说他"逃奔萧邦",还没说他招赘番邦为婿。到明代小说,杨四郎就被迫入赘,成了潜入辽邦的"卧底"。

小说中的杨四郎叫延朗,这其实是史书中杨六郎的原名。杨四郎被俘以后,坚贞不屈,厉声高叫:"误遭汝所擒,今日唯有一死,何必多问?"萧太后令军校推出斩首。延朗全无惧色,泰然自若,说:"大丈夫谁怕死!要杀便请开刀!"但萧太后爱惜人才,杨四郎越是不怕死,她就越不忍心杀他,而且杨四郎长得英俊潇洒,于是萧太后好言劝慰,要把女儿琼娥公主嫁给他,把杨四郎招为驸马。延朗沉思半晌,觉得现在死了也白死,不如暂时应承,暗中潜伏,以后再找机会报效宋朝。于是就答应下来,他告诉萧后,自己名叫"木易",是宋军中的一名普通武官。萧后大喜,择吉日为木易和琼娥公主办了婚事。

那杨四郎潜伏下来,为宋朝办了什么事呢?

上次讲过,他和杨六郎的第三个妻子合作,与宋军里应外合,攻破了幽州,萧太后自尽,萧太后的女儿琼娥公主和他一起回归了宋营。这功劳够大的!

另外,在此之前还有两件事,也不能不提。

一件事是：八王和寇準等十大朝臣所率领的宋军被耶律学古围困在九龙谷中，粮草已尽，形势危机。杨四郎明为辽军先锋，暗中为宋军提供了二十车粮草，足足可以吃一个月。而且还放走了回东京搬救兵的孟良，使得宋真宗派出杨宗保、八姐、九妹等人到九龙谷解围。这又是大功一件。

还有一件事更奇特，要不是"辽国驸马"的身份，谁也干不了。

一次，杨六郎患了重病，需要萧太后的头发当药引子才能治好。这是什么病啊？太奇怪了！令婆让人把此事告知四郎。四郎装作腹痛难忍，声称需要岳母大人的"龙发"。公主即向母亲萧后说明缘由，萧后遂剪下一绺头发，使人交给驸马，驸马暗中派人送到宋营，问题就解决了。

可见，明代小说中的杨四郎，就是这样一位"身在辽营心在宋"的"卧底"。

这里插一句，上党梆子有《八姐盗发》一剧，久已失传，《山西地方戏曲汇编》第三册有存目。该剧演的是佘太君身染重病，需要肖银宗（即萧太后）的"龙发"方能治愈。杨八姐、焦光普与肖银宗的驸马杨四郎合谋，让桃花公主给萧太后梳头的时候暗取一绺，带出宫来。这明显是从明代小说取材改编的，剧中的杨四郎也在暗中帮助宋朝。据介绍这个戏是清代连台本戏《昊天塔》《五绝阵》《八姐盗发》《忠孝节》中的一部。但奇怪的是虽然剧中的杨四郎暗中帮助了宋朝，医好了母亲佘太君的病，但在《忠孝节》（又名《三关排宴》）中，他还是被母亲佘太君逼死了，这我们后面再讲。

杨八郎：被拷贝出来的另一个杨四郎

清嘉庆年间的宫廷大戏《昭代箫韶》，不仅杨四郎被招赘辽邦，而且还多了一位杨八郎。作品写四郎杨贵在幽州救驾时被擒，不屈，经劝降，化名"木易"与琼娥公主成婚。八郎杨顺在救援呼延赞时被擒，改名王英，假意降辽，与青莲公主成婚。四郎、八郎当然是"身在辽营心在宋"，但有时候在郡主的要求或胁迫下，也做一些有利于辽军的事情。《昭代箫韶》中对两位辽国郡主的描写，最值得注意。

当四郎和八郎的身世暴露之后，两郡主不仅继续向萧后隐瞒郡马的身世，而且还协助郡马，暗中多次帮助宋军。例如帮助孟良盗取以前杨业使用过后流落辽邦的"九环神锋刀"，放走被擒的八娘，助宋破万弩阵，等等。

但二郡主身份毕竟不同,她们有"夫唱妇随"的一面,但在形势对辽不利的时候,又自然地回归本国的立场。例如第十本,宋军大破天门阵,并乘机攻击辽营,形势危急,二郡主以自杀相威胁,逼二郡马行缓兵之计,迫孟良退兵。辽军韩德让、师盖二元帅俱被杨景"刺于马下",辽营震动。二郡主以四郎、八郎妻之身份,请求德昭和杨六郎"可怜全城百姓",暂停攻城。最后,二郡主终于向萧太后讲明四郎、八郎的身份,萧后"惊呆",欲斩二女。二女反怪萧后招婿时"见识不明",将女儿"错配杨家"。萧后后悔莫及。此时宋军攻城益急,萧后无奈,只得同意投降。萧后的两个女儿归宋,萧后伤心地说:"今此一别,何日重逢,痛煞我也!"杨景则回答:"自此两国通好,不绝来往音信,何必伤悲。"

很显然,杨八郎这个形象,完全没有自己的特点,而是被拷贝出来的另一个杨四郎。

《昭代箫韶》中并没有探母的情节,但四郎、八郎双双招赘辽邦的描写,对后来的《雁门关》(《八郎探母》)产生了影响。而《四郎探母》的故事,则是把唐末五代时韩延徽的事迹、明末的《祥麟现》传奇、明代的杨家将小说杂糅在一起,加以创造的成果。

京剧《四郎探母》的故事

京剧《四郎探母》,产生于晚清道光年间。剧本很成熟,大概是从山陕梆子或汉调移植而来的。戏的故事背景和明代小说没有什么不同,也是写金沙滩之战,四郎杨延辉被俘,宁死不屈,慷慨陈词。萧太后见四郎一身好武艺,又生得一表人才,于是好言劝慰,招降四郎,并把女儿铁镜公主嫁给了他。四郎化名"木易",成为萧太后的乘龙快婿。

但后来的"探母"情节,写十五年后杨延辉回宋营探母,惹出一场风波,是以前的戏曲、小说所没有的:

十五年来,杨延辉得到萧太后和铁镜公主的关爱,而且还和铁镜公主有了孩子,但他的思乡之情,思念母亲佘太君的感情却丝毫没有减弱。

一天,辽国元帅萧天佐兵犯雁门关,杨延辉、铁镜公主也和萧太后来到前线,宋朝的佘太君和杨六郎领兵前来抵抗。四郎思母心切,决心要去和母亲见一面。但是没有令箭,怎么才能出关呢?他思来想去,无计可施,愁

261

眉不展。铁镜公主见状，用语言试探，四郎终于把自己的真实身份向公主坦白，并请求公主帮助自己回宋营探母。

铁镜公主抱着幼子向母后请安，看见令箭就放在太后的龙案上。她急中生智，在儿子屁股上拧了一把，儿子顿时大哭起来。太后忙问，阿哥为何大哭？公主说，这孩子该打。太后问，为什么该打呢？公主说，他要玩令箭，还不该打吗？太后说，他喜欢玩就让他玩吧，不过明天天亮前一定得给我还回来。

公主把骗得的令箭交给四郎，嘱咐他天亮前一定得回来。

四郎手持令箭，顺利出关，然后快马加鞭，直奔宋营。当他快要接近宋营的时候，被一员长得魁梧英俊的小将军俘获，押到中军帐下，来见六郎。六郎刚问了四郎几句话，兄弟二人便相认了。六郎领着四哥到后帐来见佘太君。母子相见，悲喜交集，抱头痛哭，互相倾诉离别之情。

四郎叙述了自己如何被俘，如何被招为驸马，萧太后和铁镜公主如何对他情深义重。佘太君则诉说了杨家这十多年来的景况，并对萧太后、铁镜公主表示感激。这时，六郎把宗保叫进来相见，四郎发现他的侄儿原来就是刚才带兵俘获他的那位英俊小将，十分高兴。接着八姐、九妹听说四哥回来了，也都到母亲帐中相见。一家人团聚，喜不自禁。佘太君吩咐八姐、九妹带四郎去看望自己的妻子。

四郎的结发妻子孟氏，独守空房十五年，见到丈夫，竟然一下子昏了过去。杨四郎不停地呼唤，八姐、九妹给她喂水、揉背，孟氏才长出一口气，哭出声来。

正在这时，忽听得三更鼓响。杨延辉只得忍痛再与母亲、妻子和弟弟妹妹们离别。最苦的是孟氏，她泪如雨下，再一次哭晕了过去。

杨四郎刚过雁门关，就被辽兵拿下，押送到银安宝殿。萧太后一脸怒容，坚决要杀杨四郎。铁镜公主知道事情败露，就抱着儿子，来到银安宝殿，向母后承认了自己骗取令箭的错误，并且为四郎求情。其他的文武大臣也都跪地求情，但萧太后就是不松口。铁镜公主又在儿子屁股上拧了一把，她怀中的阿哥"哇哇"地大哭起来。公主索性把阿哥往太后怀里一塞，说："小畜生，你也别闹，你爹活不了，你娘也不想活了。母后，以后阿哥就交给你了。"

阿哥在萧太后怀里越发哭得厉害，萧家的几个兄弟趁机再为妹妹、妹夫求情。萧太后终于宽恕了驸马的罪过。于是，铁镜公主接过阿哥，和四郎一起叩头谢恩,一场风波得以平息。

《四郎探母》的主旨

《四郎探母》这出戏,许多著名京剧表演艺术家都演过,晚清的张二奎、余三胜、杨月楼、谭鑫培、梅巧玲、时小福,后来的梅兰芳、程砚秋、周信芳、马连良、谭富英、姜妙香等,都演过这出戏。而且是常年盛演不衰,很受观众欢迎。

梅兰芳的祖父梅巧玲(1842—1882)扮演的萧太后

梅兰芳扮演的铁镜公主

但另一方面,对这个戏的不同评价,围绕这个戏产生的争论,也一直不断。即便是到了改革开放后的二十世纪 80 年代,也还是有人写文章,否定这个戏。

否定者的主要观点是:杨家将满门忠烈,但作为杨家将的一员,《四郎探母》中的杨四郎的所作所为与这种荣誉大不相称。甚至有人提出,杨四郎的行为是变节行为,《四郎探母》是歪曲杨家将、美化叛徒的戏。

我个人不太同意这种激烈的批判,因为人都有多面性,一部戏既写出了人的坚强、勇敢、忠贞的一面,又写出了人内心彷徨、进退两难、痛苦伤感

的一面,这样才更真实,更感人。传统戏曲中的多数作品,非黑即白、泾渭分明,好人身上没有缺点,坏人身上没有优点。但《四郎探母》是个例外。

杨四郎不是英雄,他不是杨业、佘太君、杨六郎、穆桂英这样的英雄。而事实上,并不是所有的人都能成为大义凛然的英雄的。在元、明两代的杨家将戏曲中,杨四郎逃奔番邦、杨五郎出家为僧,这两个人都有贪生怕死的弱点。贪生怕死是弱点,也是常态,更何况杨四郎隐姓埋名,成了辽国的驸马,这也是无奈之举。正如汉代的李陵,在弹尽粮绝、援兵不至的情况下,投降了匈奴。司马迁为其辩护言:"身虽陷败,彼观其意,且欲得其当而报汉。"他们虽不值得歌颂,但也不应当受到批判,重要的是要看他以后做了什么。《四郎探母》的重点是写杨四郎对母亲的思念,所以他才冒着生命危险回宋营探母。

其实杨四郎性格中有一个很鲜明的特点,就是"吃软不吃硬"。他初被俘时,也是准备慷慨赴死的。但萧太后和铁镜公主"软化"了他,于是他就半推半就地、不无痛苦地做了十五年的辽国驸马。但是他对故乡的思念,对母亲、对兄弟姐妹、对结发妻子的思念却日益强烈。他回宋营探母,是冒着极大风险的。事实上,若不是铁镜公主用儿子打动萧太后,他必会因探母之事而被斩首。

在宋营,与亲人瞬间的团聚,顷刻间又再分离,这是最感人的一幕。年迈的老母亲泣不成声,结发妻子独守空房十五年,刚和丈夫见上一面,就要面对终生守活寡的命运。造化弄人,《四郎探母》写出了许多人的无奈。而这一切,都是战争造成的,所以我从这个戏里读出来的是——诅咒战争。

杨四郎"回令"之后,知道了事情真相的萧太后也面临两难的抉择。宋、辽互为仇敌,特别是杨家将,更是辽邦最惧怕、最仇恨的对手,所以理应杀了杨四郎。但这个"木易",又是自己一手招赘的乘龙快婿。杀了他,女儿成了寡妇、外孙没了父亲。在女儿、儿子的劝说下,她顺坡下驴,给了自己一个台阶下,决定赦免女婿杨延辉。

但这件事就完全风平浪静了吗?不会!著名学者钱穆对《四郎探母》评价很高,他分析说,萧太后虽然赦免了杨四郎,"但四郎内心自此以下,将永不得安静欢乐之一日"(钱穆《中国近代学术论衡》)。这虽是对戏外故事的推量,但作为观众的体悟,却不无道理。只要宋辽战争不结束,只要两国依然互为仇敌,那杨四郎就不可能心安理得地做辽国的女婿,佘太君对儿子的牵挂,结发妻子孟氏对丈夫的思念,萧太后和铁镜公主对杨四郎的芥蒂,就永远不会终止。

《四郎探母》写出了丰富的、多层面的人情味。母子情、夫妻情、兄弟姐妹情,个个动人。那么杨延辉探母之后为什么不留在宋朝呢?不是他不敢,而是他不能。因为铁镜公主和他也有夫妻情,而且他们还有儿子,增加了父子情。所以即使杨延辉可以在宋朝和家人团聚了,他也不能离开他生活了十五年的辽邦,不能拆散另一个家庭。作品深刻地展示出杨四郎的双重人格和他进退两难的处境。这就是《四郎探母》的高明之处,它把一切矛盾纠葛,都置于宋辽战争的大背景中展开。

晚清天津杨柳青木版年画《四郎探母》

退一步说,就算你不喜欢杨四郎、不同情杨四郎,甚至鄙视他的变节行为,但也可能会喜欢《四郎探母》这个戏;你不喜欢杨四郎,但你可能喜欢扮演杨四郎的演员,可能喜欢铁镜公主和扮演铁镜公主的演员。为什么呢?因为戏剧中的人物和戏剧作品是两码事。《四郎探母》是成功的,这就够了。它独特的矛盾冲突与心理起伏、强烈的情感表现、婉转而凄厉的音乐唱腔,加上演员的精彩表演,使这部作品充满迷人的魅力。而杨四郎的行为引起争议,这本身恰恰是作品成功的一个标志。回到刚才讲过的,难道作品中的人物非黑即白就好吗?法国著名作家维克多·雨果的小说《九三年》,结尾写共和军司令郭文放走了冒着被捕的风险从大火中救出三个孩子的叛军首领朗特纳克,郭文认为在"绝对正确的革命之上有一个绝对正确的人道主义"。小说中人物的做法引起了争议,但一点儿也不妨碍作品的伟大,它留给人们的思考是意味深长的。

可惜的是,以往多数人看到了杨延辉的性格矛盾、两难处境,分析了这

个戏所写的"人情""人性",但并没有对造成这种矛盾和处境的根本原因进行深入分析。2005年,中国戏曲学院新排演的《四郎探母》增加了一个情节,就是四郎返回辽邦之前,佘太君要杨四郎向萧太后转达:"宋辽战争几十年,两败俱伤甚惨然。若能议和免征战,黎民百姓得平安。"(海震《杨家将探母故事的形成及演变》)很显然,改编者参考了《雁门关》,把《四郎探母》潜在的主旨点明了。

《四郎探母》的故事来源

《四郎探母》有没有本事依据呢?

有人认为,明代小说《杨家府演义》中,四郎延朗与六郎的第三个老婆重阳公主一起,和宋军里应外合,击败辽军,彻底归宋之后的母子重逢,是戏曲《四郎探母》的本事。这有一定道理,请看作品写延朗见到母亲后的一段描写:

> 却说六郎与延朗回无佞府拜令婆。延朗且悲且喜,言曰:"辽人捉不肖而去,幸萧后放释,招为驸马。一十八年未奉甘旨,死罪死罪。今日归拜慈帏,忽觉皓首苍颜,须信人生如白驹之过隙也。"令婆曰:"吾儿羁留异国,老母终日悲思。今日汝回,愁怀顿解,可着汝妻来见。"延朗唤过琼娥公主入拜令婆。令婆不胜之喜。延朗曰:"此女性颇温柔,儿得他看承,未尝少逆。"令婆曰:"亦汝之前缘也,须信赤绳系足,仇敌亦必成就。"言罢,令家人具酒庆贺。是日府中众人依序坐下,欢饮而散。

显然,这里所描写的母子间久别重逢的喜悦,与《四郎探母》乃至下面讲到的《八郎探母》均有一定的重合度。但战后母子重逢,与战争中回国探母,这两件事在性质上毕竟不同,《四郎探母》必另有本事。

明末的《祥麟现》传奇,在明代杨家将小说的基础上,虚构了杨文鹿赴辽议和的故事,大致情节是:

萧太后令耶律休哥设天门阵以攻宋,成都人杨文鹿被派往边关议和。萧太后赏其才,不仅准予议和,而且将夜珠配以为妻,不使归国。文鹿在辽营发现了王钦若通辽的书信,于是就窃取兵符潜遁入关,通报钦若罪。因伐辽有功,文鹿得封高官。辽耶律休哥在阵中亡故,夜珠代为统帅,但因在

天罡阵中突然分娩,杨延昭破阵成功。十三年后,夜珠奏明萧太后,携已满十三岁的儿子入宋朝讲和。(《曲海总目提要》卷十四)

有学者指出,《祥麟现》传奇中窃兵符下三关的情节,对《四郎探母》有一定启发作用。但是,这里缺少了"探母"这一核心情节。1981年,李一氓先生发表《读〈辽史〉——兼论〈四郎探母〉》一文,认为唐末"韩延徽"的事迹很可能就是"杨延辉"探母故事的本事。李一氓引的是《辽史·韩延徽传》,其实《资治通鉴》卷二六九的记载更能说明问题:

> 刘守光末年衰困,遣参军韩延徽求援于契丹。契丹主怒其不拜,留之,使牧马于野。延徽,幽州人,有智略,颇知属文。述律后言于契丹主曰:"延徽能守节不屈,此今之贤者,奈何辱以牧圉!宜礼而用之。"契丹主召延徽与语,悦之,遂以为谋主,举动访焉。延徽始教契丹建牙开府,筑城郭,立市里,以处汉人,使各有配偶,垦艺荒田。由是汉人各安生业,逃亡者益少。契丹威服诸国,延徽有助焉。
>
> 顷之,延徽逃奔晋阳。晋王欲置之幕府,掌书记王缄疾之。延徽不自安,求东归省母,过真定,止于乡人王德明家。德明问所之,延徽曰:"今河北皆为晋有,当复诣契丹耳。"德明曰:"叛而复往,得无取死乎?"延徽曰:"彼自吾来,如丧手目;今往诣之,彼手目复完,安肯害我!"既省母,遂复入契丹。契丹主闻其至,大喜,如自天而下,拊其背曰:"曏者何往?"延徽曰:"思母,欲告归,恐不听,故私归耳。"契丹主待之益厚。及称帝,以延徽为相,累迁至中书令。
>
> 晋王遣使至契丹,延徽寓书于晋王,叙所以北去之意,且曰:"非不恋英主,非不思故乡,所以不留,正惧王缄之谮耳。"因以老母为托,且曰:"延徽在此,契丹必不南牧。"故终同光之世,契丹不深入为寇,延徽之力也。

按上述记载,幽州人韩延徽在卢龙节度使刘仁恭、刘守光父子手下任职。天祐四年(907年),刘守光派韩延徽出使辽国,辽太祖耶律阿保机见韩延徽对他持节不拜,大怒,就将他扣留下来,让他去放马。后来,阿保机采用了皇后述律平的建议,重用韩延徽,让他作为主要的谋士。韩延徽建议阿保机采取种种措施,安抚和优待居住在辽地的汉人,所以汉人很少逃跑。

在契丹居住得久了,韩延徽和阿保机玩了个不辞而别,逃回汉人的领地太原。当时的晋王李存勖想要重用他,但晋王手下的掌书记王缄妒忌

他,韩延徽怕了,就回到幽州探望母亲。探母之后,韩延徽最终又回到契丹,对阿保机说:"我思念母亲,想回乡探母,怕您不允许,我就自己偷偷地跑回去了。"阿保机待他更好了,让他当了宰相。他后来写信给李存勖,说自己回到契丹的原因是惧怕王缄的谗言,他还把老母亲委托给李存勖照料,并承诺:"只要我在,契丹一定不会南侵。"果然,在李存勖时代,契丹一直没有南下侵犯汉人的疆域。

我们之所以说韩延徽的事迹是《四郎探母》的本事,原因有三个:

第一,在以往的历史文献或文学作品中,杨四郎从未叫过"延辉",《四郎探母》给他起名"延辉",与"韩延徽"其名不无关系。这一点,李一氓先生已经指出。需要注意的是,在明初杂剧《八大王开诏救忠》中,杨四郎名"辉",无"延"字。郑骞先生认为:"四郎名辉,至今平剧《四郎探母》,四郎名延辉,盖始于此。"这个推论并非没有道理,只是《八大王开诏救忠》中四郎"杨辉"仅仅被提了一下名字,"探母"的故事全无踪迹。

第二,韩延徽的事迹发生在辽、汉之间,与《四郎探母》相同。

第三,也是最重要的一点,韩延徽私自回家探母,正是《四郎探母》的核心事件。特别是他对辽太祖所说的"思母,欲告归,恐不听,故私归耳"与《四郎探母》主人公的言行如出一辙。

韩延徽的事迹在《辽史》《契丹国志》《资治通鉴》《新五代史》等文献中都有记载。王夫之《读通鉴论》评价说:

> 韩延徽为刘守光所遣,入契丹,拘留不返,因教以建牙、筑城、立市、垦田、分族类、辨昏姻、称帝改元,契丹以是咸服小夷,而契丹之俗变矣;阿保机之悍,亦自此而柔矣。非石敬瑭延而进之,莫能如中国何也。

韩延徽作为汉人,做了辽国的大臣,同时又念念不忘故国,回家探母,最后又回到契丹,做了许多有利于辽汉和解的事情。《四郎探母》的作者从这里取材,他的用意难道还不明白吗?

作者运用"移花接木"的手法,把小说、戏曲中杨四郎招赘番邦的故事,与史书中韩延徽的事迹相结合,并适当参考了《祥麟现》传奇中窃兵符的情节,成功创作出了《四郎探母》这部感人的戏剧,委婉地呼吁民族和解,值得赞许。

呼唤和平的《八郎探母》

《四郎探母》之外,京剧还有《八郎探母》,是连台本戏《雁门关》中的一部分,也叫《南北和》,晚清时为梅巧玲、王瑶卿的代表作。川剧、滇剧有《八郎回营》,湘剧有《八顺回国》,汉剧有《八郎招亲》,柳子戏有《南北和》,秦腔、徽剧、河北梆子、豫剧也都有此剧目。了解《八郎探母》,有助于认识《四郎探母》的深层主旨。

晚清天津杨柳青木版年画《八郎探母》(其一)

晚清天津杨柳青木版年画《八郎探母》(其二)

《八郎探母》说的是:

金沙滩之战,四郎杨延辉被俘,改名"木易",与辽国碧莲公主成亲;八郎杨延顺也被擒,改名"王司徒",与碧莲公主的妹妹青莲公主成婚。数年

后,宋、辽交兵于飞虎峪,八郎思念母亲,为青莲识破,代为盗令。八郎探母后想回辽营,孟良、焦赞责以大义,并盗取了他的令箭,利用令箭杀入雁门关,大败辽兵。萧太后知道后欲斩青莲,姐姐碧莲为青莲求情,并和青莲同至宋营挑战,想戴罪立功。不料交战中却被八郎和四郎的原配夫人蔡秀英和孟金榜所擒获。在宋营中,佘太君等人善待两位公主。萧太后这才知道,原来"王司徒"是杨延顺,"木易"乃是杨延辉。于是怒不可遏,将杨延辉连同其子、侄五人一同绑上城墙。佘太君也假装绑了青莲、碧莲向萧太后示威。此时八郎在城下、四郎在城上分别求情,请求双方化干戈为玉帛。萧太后也唯恐两个女儿被杀,不得已释放了杨四郎。宋辽双方终于实现了和平。

很显然,这个戏受到《昭代箫韶》和《四郎探母》的双重影响而生发出来,其主旨比《四郎探母》更明显,而且场面更加热闹。原本一个杨四郎招赘辽邦,现在变成四郎和八郎两个人,而且这两个人在宋朝都有原配夫人,在辽都有了孩子。到全剧的高潮,四郎和四郎、八郎的孩子,成了辽方的人质;而辽国的两位公主成了宋方的人质,双方剑拔弩张,一触即发,几条人命瞬间就要化归乌有。不但如此,由于双方的亲人命丧于对手,一旦开战,势必个个要复仇,人人杀红眼,后果之惨烈,可想而知。好在佘太君是清醒的,萧太后在关键时刻也认清了形势,调整了情绪,使紧绷的形势得到缓解。最后,两国议和,佘太君和萧太后成了儿女亲家。《八郎探母》的剧名又叫《南北和》,它呼唤和平的立意是相当明确的。

当然,《八郎探母》明显偏袒宋朝一方。萧太后要杀杨家将是真,佘太君要杀辽国公主是假,真真假假之间,戏就出来了。到后来,反倒是佘太君一再催促开斩,搞得萧太后进退两难,无计可施。

顺便提及,晚清剧坛还有《双探母》,又称《双回国》《南北和》。为什么叫"双探母"呢?就是四郎杨延辉和铁镜公主双双探母。很明显,四郎探母给两个家庭都造成了深深的遗憾,杨四郎无论留在宋营还是回归辽营,这个遗憾都不能弥补。于是戏曲艺人就让杨四郎和铁镜公主都回到宋营,和《八郎探母》一样,结果是宋辽罢战,南北议和,佘太君和萧太后成了儿女亲家。

别出心裁的《女探母》

除了四郎、八郎有"探母"的故事外,川剧、秦腔还有《女探母》,又叫《铁镜公主探母》,也是从京剧《四郎探母》生发出来的。川剧的剧本由清末民初著名的川剧作家黄吉安编剧。大概讲的是:四郎杨延辉招赘辽邦,与铁镜公主共同生活十五年,生下一名阿哥。四郎探母后,留在宋营未归辽邦。五年后,辽宋交兵,杨四郎随佘太君与萧太后对阵。铁镜公主获悉,盗令乔装,连夜出关,携儿子回宋营,探望婆婆、寻找丈夫,又随四郎到后营与四郎发妻相会。佘太君、杨四郎挽留铁镜公主,公主不允,约定破辽之计而去。五月五日,乘萧太后端阳节酒醉之际,铁镜举火为号,与杨延辉里应外合,大破辽兵,逼萧太后退位,阿哥继承大位,宋辽两国罢兵修好。

这个戏明显寓有化干戈为玉帛、民族和解的立意。只是那些令人伤感的人物关系变了:情深的母子关系变成了友好的婆媳关系;夫妻之间的"相见不如不见"的关系从杨四郎与结发妻子孟氏,变成了杨四郎与共同生活了十五年的铁镜公主;同时还增加了父子间、祖母和孙子之间的难分难舍,以及两房妻室的直接接触,等等。

《女探母》是川剧中上座率很高的剧目。钱穆先生曾发出疑问:杨四郎在辽邦被赦免之后会如何?而《女探母》则引发人们思考:杨四郎归宋又如何?显然,作品想说的是,只要战争存在,无论杨延辉怎么做,杨家和萧家的家庭悲剧都是必然的,无解的。

向《四郎探母》叫板的《三关排宴》

前面讲过,上党梆子传统剧目有《三关排宴》(又名《忠孝节》),是杨家将连台本戏的最后一个剧目。这个剧本由著名作家赵树理整理,1961年发表于《电影文学》九月号,1963年由长春电影制片厂拍成舞台艺术片,由赵树理担任总导演,产生了一定影响。《三关排宴》讲的是:

宋辽之间的战争打了数十年,双方终于同意在三关议和。此时杨延昭已死,宋方的谈判代表是佘太君和元帅杨宗保,辽方派了一个差官焦光普

先来参见佘太君。原来,这焦光普是当年杨延昭元帅派入辽邦的卧底。在交谈之中,佘太君想起儿子杨延辉,再三询问焦光普在辽邦可曾见过他。

焦光普无法隐瞒,就告知佘太君,四郎改名"木易",被萧太后招为东床驸马,萧太后的独生女儿桃花公主就是他现在的妻子。焦光普还告知佘太君,三关议和,"木易"驸马和公主都将随驾前来。佘太君听说后非常气愤,决定在两国议和时,要在萧太后面前揭穿"木易"的真面目。

辽营中的杨延辉,在得知这次将随驾赴三关议和之后,忐忑不安,坐卧不宁。经桃花公主再三盘问,才不得不在公主面前道出自己的真实身份。桃花公主大为震惊,要拉他去见萧太后。驸马苦苦哀求,桃花公主心软了,依旧瞒了母后,和驸马一起来到三关。

宋辽之间签署了停战协议,佘太君设宴庆祝。席间,佘太君有意向萧太后询问关于"木易"驸马之事。萧太后告知,驸马是你们南朝人,有功于辽,深为我邦所器重。佘太君听到此处,勃然大怒,一言道破驸马的身世。萧太后开始的时候还没愣过神来,经桃花公主一一解释,才知道自己被骗了十五年。哪里是什么"木易"啊,分明就是杨四郎!萧太后气得昏厥过去,经众人呼唤方才清醒。

萧太后苏醒之后,佘太君坚持要从辽国要回那不忠不孝不仁不义的杨四郎,萧太后只好同意。桃花公主也要随夫南归,遭到萧太后的斥责。桃花公主又羞又气,遂撞死于议事厅前。

此时的佘太君,虽然只剩下杨延辉一个儿子了,但她绝不宽恕这个"逆子"。杨排风的一席话更让杨延辉无地自容,于是杨延辉拔剑自刎。

很明显,《三关排宴》是对《四郎探母》的另一种回应。表面上看,作品想说的是,即使实现了和平,对以往的叛徒也不能容忍。但骨子里,佘太君想维护的是杨家"一门忠烈"的面子。

第五场《责子》是全剧的高潮。佘太君唱道:"虎斗龙争数十秋,七郎八虎一无留。眼前重见亲生子,反惹老身满面羞。"当杨四郎苦苦哀求母亲留他一命的时候,佘太君竟然再不做声,而让丫头杨排风说出了下面的话:

老太君主意定不好转扭,杨四爷再无须苦苦哀求。
真要是老太君把你宽宥,回杨府我还是替你发愁。
全家人禀忠心扬眉昂首,你算个什么人混在里头?
手下人也不愿把你侍候,对外人又不便让你出头。

像这样活下去将将就就,也不过是一个无期长囚。

劝四爷你还是思前想后,老太君她怎好把你收留。

杨四郎听了这番话无地自容,拔剑自刎。佘太君的反应是:

四郎!你死了?你死了好!哈哈!(转低)哈哈!(怆然)哈……

我们一再说过,文学和戏剧写什么、演什么并不重要,重要的是如何写、如何演。《三关排宴》塑造了一位大义灭亲的佘太君,谴责了杨四郎化名投降、不忠不义的行为,体现了当时的主流意识。不过,既然两国已经议和,连国家关系都到了"相逢一笑泯恩仇"的地步,那杨延辉的行为就真的不可宽恕吗?就非要置他于死地而后快吗?这个佘太君形象是不是太不近人情了呢?这些问题,都是需要思考的。《三关排宴》和《四郎探母》,究竟哪一部作品更受欢迎,哪一部作品生命力更强,这是需要接受时间的检验的。

第八集　揭秘杨门女将——以穆桂英为中心

戏曲、小说中的杨门女将，以佘太君为首，包括柴郡主在内的佘太君的七八个儿媳妇、八姐、九妹、孙媳妇穆桂英及烧火丫头杨排风等人。其实要算起来还不止这些人，因为杨六郎就不止一个妻子；杨四郎、杨八郎在宋朝和辽国都各有一个妻子。还有呼延赞的老婆，焦赞、孟良的老婆等人。在明代小说里，杨文广竟然有四个妻子。这个阵容是非常庞大的，所以后来才有"十二寡妇征西"。

试想一下，男人全都战死了，上阵的全是寡妇，这是一番多么凄惨的景象。上一集说过，从《四郎探母》《八郎探母》里，我读出来的是：要和平，不要战争。豫剧《穆桂英挂帅》里穆桂英有这样的唱词："争来的江山他赵家坐，哪一阵不伤俺杨家兵？"这戏词虽出于现代人，但放在穆桂英身上也并无不妥，这是穆桂英的觉醒，也是杨家将的觉醒。战争，只会给百姓带来灾祸，受益的始终是少数统治者。唐代著名诗人高适《燕歌行》诗说："战士军前半死生，美人帐下犹歌舞。"想通了这个道理，再去看杨家将戏曲，就不仅会看到杨家将忠君爱国、勇敢善战的一面，还会有更多的体悟。

草莽英雄木桂英

关于杨门女将是不是有历史人物作原型，我们已经说过佘太君和柴郡主了，穆桂英的事迹也谈到过一些。这次主要说：戏剧形象穆桂英有没有历史人物作原型？我想先把答案说出来："没有。"

以往的历史是男人的历史，所以历史文献中丈夫没妻子的现象非常普遍，这个话我们已经不止一次说过。虽然不排除个别杰出女性登上历史舞台，也不排除有个别女英雄建功立业，但这都是偶然的、个别的、特殊的、有条件的。从总体上说，正统的儒家文化，没有给女性树碑立传的传统。女性的建功立业，基本上只能走民间的、口述的、非正统的途径。北朝民歌《木兰辞》中的主人公究竟是谁，到现在都搞不明白。杨业的妻子是谁，由于史书不载，民间竟然由于杨业被称为"令公"而为他编出一个"令婆"来。至于杨延昭的妻子是"柴郡主"，这完全是出自民间善良的愿望和幻想，想让杨家将往"皇亲国戚"上靠，以此来对抗奸臣的迫害。

至于穆桂英，就更是虚构的了。为什么这样说呢？连他的丈夫杨宗保都是虚构的，那穆桂英怎么可能实有其人呢？戏曲、小说编出来一个巾帼英雄穆桂英，对男权至上的观念给予挑战，这才是最需要强调的。同时，有了穆桂英，才可能有杨文广对不对？这样杨家将就有第四代传人了。

杨六郎的儿子杨宗保，最早出现在元末明初的杂剧中，而穆桂英的出现则更晚，最早出现在明万历年间刊行的小说中。

请注意，穆桂英最早出现的时候不叫"穆桂英"，而是姓树木的木，叫"木桂英"，而且她还有个别名，叫"木金花"。她是木阁寨寨主——定天王木羽的女儿，明代小说说她"生有勇力，曾遇神女传授神箭飞刀，百发百中"。这就是小说对穆桂英最早的描述。

这个"木桂英"，后来渐渐变成"穆桂英"了。刚开始变的时候，"穆桂英"还是"木阁寨寨主木羽"的女儿，到后来，"木阁寨"变成"穆柯寨"了。杨家将演义的不同版本，很清楚地揭示出这条演变轨迹。

有学者认为，穆桂英虽然是虚构的，但应该可以从杨氏的眷属中找到原型。比如欧阳修为杨琪写的墓志，记杨琪曾经娶"慕容氏"为妻。慕容氏是鲜卑大族，也是世代习武。杨琪是杨延昭的儿子杨文广的堂兄，既然杨琪可以娶慕容氏为妻，那杨文广也可能娶慕容氏。果然，有人在乾隆《保德州志》里找到了这样的记载："延昭子文广，娶慕容氏，善战。今州南慕塔村，犹其故地云。"有人认为，"木"或"穆"都是"慕容"的音转，《保德州志》里记载的杨文广所娶的"慕容氏"，就是明人小说

1913年梅兰芳演出京剧《穆柯寨》剧照

中杨宗保所娶的"木桂英"或"穆桂英"。

这个说法，根据不足。杨文广的堂兄杨琪娶"慕容氏"为妻，可能是事实，因为出自宋代文献。但杨文广也娶"慕容氏"为妻，就不大可信，因为出自清代地方志，当时穆桂英的故事已经流传很广了，所以这种说法应当是附会。清代地方志已经附会出了"佘太君"的原型"折太君"，再附会出"穆桂英"的原型"慕容氏"，也是不难理解的。

其实，穆桂英作为一个艺术形象，是逐渐丰满起来的，并不以某个历史人物为原型。

明代小说中穆桂英的事迹，我们已经讲过一些。因为破天门阵的需要，孟良到穆柯寨向穆桂英借降龙木，不料打不过穆桂英，反把自己头上的"金盔"当作了买路钱。杨宗保领兵来战，被穆桂英生擒，招作女婿，差点被他爹杨六郎杀掉。杨六郎自己来战，也被穆桂英活捉。

清宫大戏《昭代箫韶》中的木桂英，在明代小说的基础上又有发展。其中最有戏剧性的，是"招亲"这个桥段。杨宗保去五台山请五郎协助破阵，路过木家寨被擒。木桂英因其师父金刀圣母曾预言，桂英与宗保有"夙缘"，于是便主动向宗保示爱、求婚。宗保再三不允，最后为破天门阵，才勉强答应。在这一出戏里，木桂英虽有大胆示爱的一面，但毕竟是女孩，一语出唇便羞红了脸。桂英的羞涩求婚，宗保的宁死不从，桂英婶母宁氏（丑扮）的插科打诨，使得桂英对宗保"放又放不得，斩又斩不得"，这一描写为后来的梆子和京剧所借鉴。至于木桂英为救杨宗保到宋营挑战，更能显示出木桂英超群的武艺和豪爽的性格，这我们前面已经讲过，不重复。总的来看，《昭代箫韶》对木桂英的塑造，是这个连台本戏中最光辉耀眼的部分。

中国专制时代讲求父母之命，媒妁之言，就连崔莺莺羞羞答答地在西厢房和张生幽会，都是"叛逆"行为。而穆桂英呢？简直就是抢亲！不是男抢女，而是女抢男！良家妇女哪有这样找老公的呢？所以我们可以说，"木桂英"是个草莽英雄，是个女强盗。杨令婆的态度也出人意料，孙子被一个女强盗招作丈夫，令婆不但不怪罪，反而不胜欢喜地说："此女真吾孙之偶也。"

小说、戏曲的写法太大胆，可以说是前无古人！

不仅穆桂英是如此，杨六郎后来的两个妻子、杨文广后来的三个妻子，也都是女强盗。我们说过，对于文学作品来说，写什么不重要，如何写和写得怎么样才重要。老是使用同样的手法，就暴露了作者手法单一，水平有限。在中国小说史上，《杨家将演义》无论如何进入不了一流作品的行列。它的贡献之一，就是为后来的戏曲提供了一些素材；贡献之二，就是在观念上大胆突破了儒家文化传统。

巾帼英雄穆桂英

明代小说中挂帅破天门阵的，不是穆桂英，而是杨宗保。由于杨宗保年纪尚轻，真宗就筑坛拜将，多赐给宗保一岁，封他为"吓天霸王、征辽破阵大元帅"，这才破了天门阵。不过穆桂英在这次破阵战役中，也参加了若干次战斗，而且每战必胜，大显神威。后来戏曲中的穆桂英形象，都是以小说为基础的。所以说，嫁给杨宗保之后的穆桂英，就像被招安了一样，一下子洗脱了绿林好汉的习气，成为杨门女将中的正式成员了。

天门阵是一个大阵，里面包含着若干个小阵。穆桂英首先破的是铁门阵，又叫铁门金锁阵，是天门阵中的第一阵，是咽喉紧要之所。她受杨宗保和军师的派遣，领兵三万，从左右合围铁门阵，把番将马荣斩于马下，破了此阵。后来的戏曲，演穆桂英大破天门阵，就是从这里延伸出来的。

戏曲中还有穆桂英"阵前产子"的情节，在明代小说中，这件事属于穆桂英的婆婆柴郡主，但穆桂英在关键时刻帮了大忙。

小说写道：穆桂英破铁门阵的同时，柴郡主破了青龙阵。当时军师钟道士提出要柴郡主去破青龙阵时，杨宗保说："我母亲有孕在身，如何去得？"钟道士回答："但去无妨，正要以孕气压此阵的妖气。"所以身怀有孕的柴郡主也带了三万精兵冲上阵前。她丈夫杨六郎很担心，主帅杨宗保便加派了孟良一同前往，以作协助。

柴郡主让孟良带一万军队攻打龙腹，她自己率领两万主力攻打龙头。她的对手是辽国的铁头太岁。正当柴郡主和孟良前后夹击对手的时候，柴郡主用力过猛，动了胎气，腹痛难忍，突然坠下马来，产下一个婴儿。铁头太岁见郡主落马，拍马就要来捉。此时穆桂英正巧赶到，截住铁头太岁交战。铁头太岁被柴郡主生产的"腥气所冲"，一时头晕，被穆桂英一刀砍死。于是番兵大乱，孟良也率领部下趁机攻进来砍杀了不少番兵。穆桂英扶郡主上马，把刚生下的小婴儿包裹好放在自己怀里，回营见令婆。

这件事情，被后来的戏曲写成是穆桂英阵前产子，并亲自把婴儿裹好，

背在背上继续交战,大破天门阵。

在小说里,穆桂英接应完柴郡主,继续投入战斗,配合黄琼女破白虎阵,把辽国的大将何庆射落马下。又接应令婆,攻打通明殿;接应八娘、九妹,射中辽军董夫人的眼睛,使其坠马而死,救出了八娘、九妹。又和八娘、九妹、令婆等人一道攻打七个仙姑阵。

需要说明,在明代小说和清宫连台本大戏里,破阵都是个"系统工程",杨六郎、杨宗保两代人的抗辽事业,似乎就是破阵。这个阵的名称虽然不都叫天门阵,但都是包含着七十二个乃至一百多个小阵的超级大阵。这个大阵破了,辽邦也就失败了,投降了。所以穆桂英虽然神勇,但她成为杨门女将之后就参加了这唯一的一次大战,而且也从来没有挂过帅。但后来的戏曲分场演出,天门阵成了穆桂英归宋后的第一战。她数次挂帅,既破天门阵,又破洪州,还挂帅征东、征西。有时,她是在杨六郎、杨宗保战败被围的情况下挂帅出征;有时,穆桂英挂帅,点杨宗保为副帅或者先锋。总之,穆桂英升格了,从将军生成了元戎,更加威风八面了。

豫剧《穆桂英挂帅》所塑造的穆桂英形象影响最为广泛。这个戏是二十世纪50年代在豫剧传统剧目《老征东》《杨文广夺印》的基础上改编的,其主要情节为:

杨家将自破了天门阵之后,杨六郎、柴郡主先后亡故,只剩下了佘太君、杨宗保、穆桂英和他们的儿子杨文广、女儿杨金花等人。佘太君因宋王无道,携子孙辞官回河东隐居已二十余年,但始终惦念着朝中大事。一天,佘太君听说辽东安王兴兵造反,边关陷入危机,遂派文广、金花前往京城打探,看看朝廷派谁挂帅征讨。此时,宋王正命令王强召集京师武将,在校场比武点帅。奸臣王强想让自己的儿子王伦夺帅,以便掌握军权,独霸朝纲。文广、金花在京城看到王伦在比武场上趾高气扬、不可一世,心中不忿,遂与王伦校场比武。结果文广刀劈王伦,气得王强要杀文广。宋王听说文广是杨家将的后代,大喜过望,便命穆桂英挂帅,文广、金花为先锋。文广、金花归来,将帅印交给穆桂英。

穆桂英因对宋王昏庸、听信谗言不满,不愿意挂帅出征,用绳索捆了文广,准备进京辞官请罪。佘太君则以国事为重,劝说穆桂英。穆桂英终于回心转意同意挂帅出征。出征之日,五十三岁的穆桂英全身披挂,威风凛凛。

这个戏里的佘太君、穆桂英已经有所觉醒。特别是穆桂英,她本来是不愿意挂帅的,因为她明知杨家将拼死拼活,保住的依旧是赵家的江山。皇帝每到危急的时候都拿杨家将当枪使,一旦稍稍安定下来就又昏庸无道,听信谗言,这使她深感寒心。但安王的造反,也会使宋朝的百姓遭殃。就是在这种左右为难的处境中,穆桂英听从了佘太君的劝说,披挂上阵了。剧本为穆桂英设计了一大段唱词,著名豫剧表演艺术家马金凤的演唱,特别能表现出巾帼英雄穆桂英的威风:

　　辕门外三声炮,如同雷震,天波府里走出来我保国臣。
　　头戴金冠,压双鬓,当年的铁甲又披上了身。
　　帅字旗,飘如云,斗大的穆字震乾坤。
　　上写着:浑天侯,穆氏桂英。谁料想,我五十三岁又管三军!

马金凤主演的《穆桂英挂帅》剧照

　　1958年,豫剧《穆桂英挂帅》由上海电影制片厂拍成电影,影响很大。梅兰芳主演的京剧《穆桂英挂帅》就是从豫剧移植改编的。梅兰芳饰演穆桂英这可不是第一次了,早在1913年他就演出过《穆柯寨》,1959年他又一次在《穆桂英挂帅》中扮演穆桂英,这也是他扮演的最后一出戏。
　　明代小说里的穆桂英,晚年可没有戏曲中这么威风。小说中,穆桂英

五十岁生的杨文广。按这个年龄,可就没有穆桂英挂帅了。穆桂英挂帅时五十三岁,杨文广才三岁,怎么去夺帅印呢?可见,在穆桂英形象塑造方面,后世戏曲和明代小说相差非常大。

穆夫人和她的儿子杨文广

明代小说里的杨文广,和戏曲中的形象明显不同。在小说里,杨文广被宋仁宗选中,宋仁宗把自己的女儿长善公主许配给了杨文广,只是还没有完婚。杨文广这个驸马,比他爷爷杨六郎的郡马身份还高一格。

这时候的穆桂英,已经成了穆夫人,安享晚年了,战场厮杀的事基本上和她无关了。只有一件事,广西侬智高叛乱,当时仁宗命杨宗保代狄青为元帅,杨文广代魏化为先锋,前往征讨。结果杨文广被包围在柳州城中,朝廷征求穆桂英的意见,希望杨门女将中有一位前往救援。此时杨文广的妹妹宣娘自告奋勇,领兵前往,穆桂英表示同意。

小说中的杨文广是个情种,他都是驸马了,但在征南回朝的途中竟然又讨了三房妾。在这一点上他又超过了爷爷。他爷爷杨延昭是郡马,后来又娶了两房妾,总共三个老婆。杨文广是驸马,仁宗的女婿,竟然又娶了三房妾。

有一次,文广领兵来到宜都山。宜都山窦天王的女儿锦姑拦住去路,要买路钱。文广与锦姑交战,被锦姑用套马索套住坐骑,活捉回寨。锦姑见文广仪表堂堂,就命手下喽啰去向文广提亲,被文广骂了个狗血喷头,说自己是"天朝女婿","岂能与

1959年梅兰芳在京剧《穆桂英挂帅》中饰演穆桂英剧照

山鸡野鸟为配"。另一个宋将魏化前来叫战,也被锦姑生擒。锦姑令魏化作伐,再次向文广提亲。魏化提出,文广是当朝驸马,只是尚未完婚,按大小次序,锦姑应该为小。锦姑满口同意,于是文广就与锦姑成亲了。

第二天文广辞别锦姑要走,一位叫杜月英的焦山寨美女前来挑战,二人大战数十回合,不分胜负。锦姑竟然力劝文广纳此女为妾,说此女"才能胜我十倍,且颇贤达"云云。这真是怪事,把纳妾写成了荐贤!杨文广在一天之内娶了两房"姨太太",出身都是女强盗。

过不几天,杨文广又娶了一个妾,叫鲍飞云,也是武艺高强,貌美如花。先是她的父亲鲍大登拦住文广要买路钱,被文广打败。飞云上场,却把文广活捉了。这个鲍大登可不是一般的占山为王,而是称孤道寡,自称"圣上"了。他见女儿、老婆有意招文广为婿,就来了个"牛不吃草强按头",把文广按倒在地向他这个老丈人跪拜。

杨文广在回朝途中娶了三个妾,宋仁宗毫不知情,见他征南有功,就封杨宗保为"无敌大元帅宣国公",封杨文广为"无敌大将军忠烈侯",又命文广与他的女儿长善公主完婚。不久杨宗保病故。这里插一句,小说写杨宗保生病是狄青害的,这完全是瞎编的,杨宗保封"公",杨文广封"侯"都是瞎编的。接下来的故事也完全是瞎编的,而且越编越离谱,越编越神奇。

杨文广回朝了,他娶的那三个妾怎么办呢?找他去吧!于是鲍飞云会同焦山杜月英、宜都窦锦姑,一起往汴京寻夫去了。穆桂英还好说,问清楚情况以后,看到三个漂亮的儿媳妇来拜婆婆,她们虽然都是绿林出身,可当初自己不也一样吗?所以就认下媳妇,好生款待。但仁宗可不干了,一定要将杨文广治罪。幸亏包拯一再求情,魏化也帮着说明情况,文广才被释放。奇怪的是,文广被释放后,突然化作一只鹤,冲天而起。这真神了!

小说写杨文广化鹤归家,隐居了四十年,到他六十岁的时候,穆桂英早已去世了。穆桂英五十岁生的杨文广,杨文广都六十了,穆桂英呢,算起来也一百一十岁了,当然不可能在世。这一年西番新罗犯境,朝廷命张茂丞相率兵征讨。文广的四子怀玉不忿,拦住大兵讨要先锋印。张茂命令推出斩首。宋神宗的弟弟周王听说了此事,立马命令给怀玉松绑。他暗想,张茂本来就不是帅才,现在既然杨家还有后,不如奏明圣上,让杨家领兵征番。注意,这一段其实就是豫剧《杨文广夺印》《穆桂英挂帅》的故事来源。

神宗接受了周王的建议,命杨文广为元帅,杨怀玉为先锋,出征西番。下面的战斗越写越神,一个杨文广可以变出十几个杨文广。他们的对手也

神,口中念咒,可以使"天昏地暗,日月无光"。

历史演义小说写到这里,已经令人无法卒读了。所以讲到这里还得多说两句。我们的剧作家千万别低估了观众的智商。现在有一些影视作品,利用高科技,3D、4D技术,画面搞得很花哨,云里雾里,但立意不高,写不出能够动人心魄的故事。许多著名编导栽在这上面。其实古今中外的名著早就做出了榜样,能够打动中国人也能打动外国人,能够打动古代人也能打动现代人的作品,才是最好的作品。明代的杨家将演义小说前半部还不错,后边越写越差,提供了反面教材。

不断被改编的"十二寡妇征西"

小说中写杨文广被困白马关,神宗听信谗言,不派遣朝廷官兵救援,这才有了"十二寡妇征西"一事。十二寡妇中,为首的是杨文广的妹妹宣娘,其次还有杨文广的女儿满堂春。这满堂春的丈夫是谁?她年纪轻轻为何守了寡?作品都没有交代。因为此时穆桂英已死,所以十二寡妇中的成员,应当都是杨文广的同辈或晚辈,我们就不一一考究了。

但在后来的戏曲中,十二寡妇的辈分被大大提前了。扬剧《百岁挂帅》、黄梅戏《十二寡妇征西》、豫剧《五世请缨》,都是佘太君挂帅,穆桂英当先锋,也有不少剧种是穆桂英挂帅。香港拍的电视连续剧,剧名就叫《穆桂英十二寡妇征西》。

扬剧《百岁挂帅》,由吴白匋先生等编剧,1959年由上海电影制片厂拍成舞台艺术片。该剧讲的是:杨府正在忙着庆祝杨宗保的五十大寿,突然传来噩耗,镇守边关的元帅杨宗保中箭身亡,西夏国大将王文率军进犯宋朝边境。杨家众女将悲痛万分,而且他们对宋朝的君主也感到寒心,但最终仍以国家利益为重,百岁的佘太君亲自挂帅,带领十二寡妇及重孙杨文广出征御敌。最后,十五岁的杨文广刀劈王文,报了家仇国恨,佘太君率领大军凯旋。《百岁挂帅》中的十二寡妇,除了佘太君之外的十一个人分别是:柴郡主等杨家将第二代传人的八个妻子、八姐、九妹、穆桂英。这样的安排,是比较合理的。

总之,杨门女将的故事,在明代小说中开始出现,到清中叶以后的京剧和地方戏中,主要的故事越来越向佘太君和穆桂英这两个人物身上集中。

迄今为止,山西、河北、陕西等省都流传着关于穆桂英遗事的传说,并保留着许多穆桂英活动的地名。可以肯定,这些传说和地名,都是在戏曲、小说的影响下附会出来的,不可能是这个人物产生的蓝本。

杨排风和杨八姐的故事

关于杨门女将的话题就要结束了,但还有好些事没讲到。例如烧火丫头杨排风的故事、杨八姐的故事等。

京剧、汉剧、滇剧、河北梆子等剧种都有《杨排风》。杨排风只是杨府的一个烧火丫头,为解救被擒的杨宗保,自告奋勇,带兵出征。孟良、焦赞不服气,她先打焦赞,再打孟良,最后打败辽国大将韩昌,救回了杨宗保。这故事不用说是虚构的。还有的新编剧,演杨排风与潘仁美的孙子潘少春谈恋爱,这故事褒扬自由恋爱,不计门第,不计前嫌,立意是好的,但没有任何文献与现实依据,完全不能算历史剧了。

前排左起第四手执龙头拐杖者为杨排风

明末清初李玉《昊天塔》传奇第二十三出,写奸臣谢金吾(丑扮)强拆天波府时,一个"烧火阿婆上,打丑下"。有人认为,这就是后来戏曲中杨排风的原型。其实"杨排风"之名及其事迹,最早出现在清中叶的《昭代箫韶》第四本,时杨六郎被辽兵围困在见龙谷,孟良返汴京求救兵,佘太君命杨排风与众家将出征。孟良不服,与杨排风比武,被杨排风用棍打倒在地。再晚些时候的皮黄本《铁骑阵》,杨排风成了佘太君的贴身丫鬟。民间的木版年

画,杨排风手执龙头拐杖站立于佘太君身旁,印证了杨排风的这一身份。

《杨八姐游春》是新编地方戏中相当流行的一个剧目。杨八姐到郊外春游,恰巧与宋朝的皇帝遇上了。皇帝看上了杨八姐,派丞相王延龄到杨府找佘太君提亲。于是佘太君开口要彩礼:

> 我要上一两星星二两月,
> 三两清风四两云,
> 五两火苗六两气,
> 七两黑烟八两琴音,
> 火烧的龙须三两六,
> 一搂粗的牛毛我要三根,
> 雄鸡下的蛋我要八个,
> 雪花儿晒干我要二斤。

在这部戏里,杨八姐坚决不愿嫁给皇帝,佘太君奇特的彩礼清单,充分体现了民间价值观和民间智慧。这样的故事当然不可能从史书中找到半点痕迹。

关于杨八姐的戏,还有一部《挡马过关》,也很有名。该剧讲的是:杨八姐女扮男装,入辽邦刺探军情,途中路经一酒肆。酒肆主人焦光普是焦赞的弟弟,流落异域,见八姐,拟盗其腰牌,重返故国。八姐怀疑他是奸人,与之搏斗。后经焦光普说明真情,二人同心协力杀死前来搜查的辽将,一同回转三关。这部戏很可能是根据清中叶戏曲集《缀白裘》第十一集所载"梆子腔"《挡马》改编的。《缀白裘》里的这出小戏,很有东北二人转的风格,而且剧本中多次提到"满洲",所以我怀疑这是清初流行在东北地区的杨家将题材的小戏。另外《缀白裘》里还有一出梆子小戏《阴送》,演杨七郎的鬼魂护送迷路的杨八姐(剧中为"杨八妹"),篇幅短小,剧情简单,就不多说了。

结束语

和《长生殿》《赵氏孤儿》相比，杨家将戏曲不是一个作品，而是一个作品群。这个作品群，不是一人一时之作，而是从北宋的"里儿野竖"就开始流传，经过南宋的话本，元杂剧，明代的戏曲、小说，到清代宫廷的连台本大戏，再到京剧和其他许多剧种，逐渐丰满起来的。直到现在，还有新的杨家将故事被编出来。

作品中的主人公，也不是一人一事，而是一个大家族。其中，男性人物主要有杨业、杨六郎、杨四郎、杨宗保、杨文广和焦赞、孟良及寇準等人；女性人物主要有佘太君、柴郡主、穆桂英、杨排风和八姐、九妹等人。

在南宋的杨家将话本中，应该已经有了后来的"金沙滩"故事的雏形。到元杂剧中，把宋辽战争和忠奸之争交织在一起，奠定了后来杨家将戏曲、小说的基本走向。

在这个基本走向之下，杨家将戏曲就像滚雪球一样越滚越多。流传至今的元代杨家将戏只有五六种，但现在戏曲舞台上，以杨家将为题材的剧目竟然达到三百多出。

从杨令公碰死李陵碑的故事，生发出了元杂剧的《八大王开诏救忠》和《孟良盗骨》乃至后来的《潘杨讼》。从《孟良盗骨》，至少生发出《五台会兄》和《洪羊洞》两部戏。从元杂剧中杨四郎失踪，到明代戏曲、小说中招赘番邦，再到晚清的《四郎探母》，再到后来的《八郎探母》《女探母》《双探母》《三关排宴》，竟然形成了杨家将"探母"系列剧目。

描写"杨六郎私下三关"的故事，元杂剧有《谢金吾》，晚清生发出了《双吊孝》《探地穴》《寇準背靴》。就连大家所熟知的《三岔口》，也是从"私下三关"派生出来的。焦赞因杀死王钦若女婿谢金吾被发配沙门岛，任堂惠奉命暗中保护。当他们行至三岔口时，和开店的刘利华发生误会，引起任堂惠和刘利华夜间摸黑打斗。

在杨家将戏曲中，同一个题材，不同的剧种，在改编、移植的时候，剧

名、故事、人物、演法都不尽相同。最终形成了杨家将戏曲姹紫嫣红、千姿百态的局面。另一方面，由于剧作家观念、水平的参差不齐，便形成故事内容的雷同与自相矛盾并存，以及不同作品的主旨大异其趣这种现象。至于同一个角色在不同的剧本里叫不同的名字，在杨家将戏曲中更是司空见惯。

杨家将戏曲是历史剧，但又不是严格意义上的历史剧。用"×实×虚"的量化原则去套杨家将戏曲是不合适的。除了杨业、杨延昭、杨文广之外，其他的杨家将成员几乎都是虚构的。尤其是杨门女将，佘太君、柴郡主、穆桂英等人，谁是她们的"原型"根本找不到。明叶盛《水东日记》卷二十一"小说戏文"条云：

> 今书坊相传射利之徒伪为小说杂书，南人喜谈如汉小王（光武）、蔡伯喈（邕）、杨六使（文广），北人喜谈如《继母大贤》等事甚多。农工商贩，钞写绘画，家畜而人有之；痴騃女妇，尤所酷好，好事者因目为"女通鉴"，有以也。

"女通鉴"这个说法，形象地描摹出杨家将戏曲在民间的巨大影响，同时也揭示出了民间文学、口述历史和历史真实的明确分野。文学艺术不能够和史书强行对接，戏剧形象和她们所依据的素材，是不断被编入戏剧的。因此，我们不需要勉强为她们寻找"原型"，而更应当从这些戏剧形象身上，深刻认识文学的本质和发生演变的规律。

关于杨家将戏曲和宋辽战争，到这里就告一段落。我们对历史剧的介绍与品评，也告一段落。

谢谢大家！

后 记

在本书即将付梓的时候,想起许多往事和曾经给过我帮助的人。

本书是我应邀在央视《百家讲坛》演讲时所用的讲稿。书中的"《长生殿》和杨贵妃"部分,其实是1994年到1997年之间,在日本九州大学和竹村则行先生合著《长生殿笺注》时开始涉及的。竹村先生是研究杨贵妃的专家,他带我参观了位于日本山口县大津郡油谷町二尊院的"杨贵妃墓"。更重要的是,《长生殿笺注》的工作,使我对《长生殿》和《长生殿》所描写的李杨爱情,以及李、杨所处的时代有了许多过去不曾有的新的认识。所以,当央视《百家讲坛》栏目邀我做主讲人的时候,我第一个想到的就是《长生殿》和杨贵妃。

关于《赵氏孤儿》的部分,是在旧讲稿的基础上修改的。其中《赵氏孤儿》在欧洲的流传一节,曾得到台湾"中央大学"法文系教授许凌凌老师的指教。许老师还慷慨馈赠了一些图片,本书使用的十八世纪《中国孤儿》首演时女主角的戏服图,1889年巴黎万国博览会上仿制的《中国孤儿》首演时身穿戏服的男主角成吉思汗的人偶图,均是她亲自在法国巴黎歌剧院图书馆拍摄的。

2011年年初,台湾"中央大学"博士生叶怡均和她的夫君,带我们去拜谒"冬皇"孟小冬的陵园。"孟小冬"这个名字已经被许多人遗忘了,记得那天我们打听了好久,才找到她长眠的地方。书中的孟小冬墓的照片,就是那次拍摄的。

关于杨家将戏曲,以往曾经写过几篇论文,但书中的多数篇幅是新写的。特别是关于《四郎探母》和穆桂英的部分,完全是另起炉灶。在写作中,看到暨南大学张春晓博士的大著《两宋民族战争本事小说戏曲故事演变》一书,后经程国赋教授介绍,春晓博士以大著相赠。还有,川剧《女探

母》的剧本极难寻觅,四川省川剧研究院研究员杜建华女士找到二十世纪50年代的油印本,嘱托她的学生曾浩月拍照并发来电子版。

本书所使用的梅兰芳、梅巧玲的剧照,均由梅兰芳纪念馆提供。豫剧《程婴救孤》的剧照,由李树建先生授权。我在此感谢梅兰芳纪念馆馆长秦华生先生,中国剧协副主席、河南省剧协主席、豫剧《程婴救孤》中程婴的扮演者李树建先生,河南省艺术研究院研究员谭静波女士等人,他们的慷慨相助,为本书增色不少。

此外,去年春,我带博士生李杰去山西、河南考察"赵氏孤儿"传说,实地拍摄了不少照片,本书也选入了几张。在晋中,钱永平博士做向导,她的学生任毅为我们驾车。在晋南,孔美艳博士做向导,她的夫君高小元先生做司机,调查结束后一直把我们送到开封。在河南,老友张大新教授、河南师范大学丁永祥教授和河南大学彭恒礼博士,都全程陪同我们进行实地考察。

本书的定位是通俗读物,这也是《百家讲坛》所要求的。然而,它的成书却先后经历了二十年时间,得到了海内外那么多专家、同行的鼎力支持。想起著名学者、老同学、《百家讲坛》资深主讲人王立群教授曾说过:"有人认为上《百家讲坛》是'小儿科',可我为了这个'小儿科',付出了'七根火柴棍'的代价。"这里所说的"七根火柴棍",指的是他心脏里装的六根支架和一根奥运火炬。立群兄因上《百家讲坛》而名声大噪,又荣幸地成为奥运火炬手,但个人健康也因此受损。其中甘苦,自非我等局外人所能尽知。可是,上电视讲课绝非易事,我却是实实在在体会到了。

《百家讲坛》不像前几年那么火了,用一句时髦的话,叫作回归了"常态"。本人不指望成为"学术明星",只是想一如既往地在中国戏剧史的研究领域里坐冷板凳。虽然如此,还是不能忘记,山东大学马瑞芳教授曾力荐我上《百家讲坛》,栏目制片人那尔苏先生早在数年前南下广州,和我进行最初的接触。后承校友、栏目编导于洪先生,栏目编导孟庆吉先生等人青睐,使节目录制成为可能,其中于洪先生为节目录制付出的辛劳最多。

还要说明,中山大学在读和已经毕业的博士生任广世、张诗洋、陈燕芳和林斯瑜等同学协助审看样片,把关纠错,使播出的电视节目和本书避免了不少失误。

大象出版社慨然同意出版拙著,并在最快的时间里高质量完成了本书的编校工作,老友、社长王刘纯兄亲自为本书和电视节目题写书名和栏目名,张前进先生、李小希女士在编校方面细心把关,争分夺秒,牺牲了大量休息时间,令人感动。

在此,谨向以上提到的诸位先生、女士深鞠一躬,以表谢忱!

最后需要说明,拙著的三个部分篇幅长短不够统一,一般都比电视上所讲的有所扩充。在电视上,《赵氏孤儿》部分是旧讲稿的缩编本,这次恢复了原貌,所以篇幅尤长。同时由于是讲稿,未能将所借鉴、参考的学术成果一一注明。这是本人的责任,和栏目编导与图书编辑无关。至于书上、电视上的错误和疏漏,当然也是本人造成的。

期待着读者、观众批评指正!

康保成于中山大学中国非物质文化遗产研究中心
2015年8月19日,时小外孙童童一周岁